管好你的钱

适合中国人的财富增长指南

罗元裳——著

北京联合出版公司
Beijing United Publishing Co.,Ltd.

图书在版编目（CIP）数据

管好你的钱：适合中国人的财富增长指南 / 罗元裳著. — 北京：北京联合出版公司，2023.5（2023.8重印）
ISBN 978-7-5596-6853-0

Ⅰ. ①管… Ⅱ. ①罗… Ⅲ. ①投资—通俗读物 Ⅳ. ① F830.59-49

中国国家版本馆CIP数据核字（2023）第064897号

管好你的钱：适合中国人的财富增长指南

作　　者：罗元裳
出 品 人：赵红仕
责任编辑：管　文

北京联合出版公司出版
（北京市西城区德外大街 83 号楼 9 层　100088）
雅迪云印（天津）科技有限公司印刷　新华书店经销
字数 319 千字　　700 毫米 ×980 毫米　1/16　　23 印张
2023 年 5 月第 1 版　　2023 年 8 月第 2 次印刷
ISBN 978-7-5596-6853-0
定价：68.00 元

此书献给每一个尊重财富的人

以及我的同事和家人，

咱们一起做了一件有意义的事情

行业赞誉

- 这是一本专业严谨、干货满满又饱含诚意的理财宝典。在这本书中你能看到关于财富的认知误区、理不好财的行为偏误、具有含金量的专业方法，以及罗总自己的理财秘籍。我相信对所有想学习理财的人来说，本书都值得您细细研读。

  ——肖雯，盈米基金 CEO

- 过去十年，中国屡屡以崭新的方式影响全球对中国的认知。从全球视角来看，中国经济在各方面都有自身独特的成长力，有许多赛道都值得深度挖掘。在全民理财的时代，提升投资思维是每个人的必修课。这是一本非常值得一读的理财宝典，诚挚推荐给大家！

  ——杜猛，上投摩根基金副总经理兼投资总监，
  上投摩根中国优势基金经理

- 读过这本书的人才会明白它的含金量，罗总这一次在新书中将自己的理财心法与方法倾囊相授，一字一句都是金。相信罗总在写这本书时，一定投入了极大的心力，想学习理财的人，别错过。

——汪洋，景顺长城基金 ETF 与创新投资部总经理，

景顺长城创业板 50ETF 基金经理

■ 授人以鱼不如授人以渔，罗总此次的新书做的正是这样的事，她将从业近 20 年的理财方法和心得倾囊相授，没有晦涩难懂的咬文嚼字，而是以实实在在的案例，从破除错误的财富认知开始，把如何理财这件“小事”逐渐讲透。理财是一夜暴富吗？不，它更应该是一种理性的、长期的资产规划。《管好你的钱》从普通投资者角度出发，带着满满诚意，希望能帮大家找到适合自己的理财之道。

——郎骋成，富荣基金研究部总经理兼

富荣沪深 300 指数增强基金经理

■ 如果财富是一门学问，那么理财就是每个人的必修课。不管是对于个体还是对于一个家庭，学会守财、理财，才能为自己的生活建好护城河。《管好你的钱》这本书，从思路，到规划，再到方法，都讲得清清楚楚，认真读完，定能从中获益。

——向伟，浙商基金智能权益投资部联席总经理兼首席 AI 负责人，

浙商智能行业优选混合基金经理

■ 守财是一门学问，如何进行资产配置，如何让自己的财富稳健增长，是当下想要理财的人都在关心的问题。

——尹海影，创金合信基金 FOF 投资一部负责人，

创金合信增福稳健养老目标一年持有期混合基金经理

■ 《管好你的钱》是一本非常实用的财务管理指南，可以帮助你了解个人理财的基本原则，还提供了许多实用的建议和技巧，帮助你更好地掌控自己的财务状况。非常推荐。

——杜习杰，上投摩根锦程养老 FOF 系列基金、尚睿 FOF 基金经理

用户好评

■ 2017 年通过罗老师的课程，认识了罗老师，成为“7 分钟”的用户。作为月收入只有 5000 元的普通人，在过去的 5 年里，我通过理财，不仅赚到了额外的活动经费，为平淡的生活增添了许多乐趣，更让我敢于相信，未来我能通过理财，成为百万富翁。

我推荐更多像我一样的朋友，静下心来读一读罗老师的新书，了解理财的真相，通过学习理财技能，感受理财的魅力，最终享受理财带给你的快乐！

——J.YU（钟游）

■ 我是一个非常普通的“打工人”，在我的生活圈子里几乎接触不到美罗这样的职业财富规划师，但是跟随“7 分钟”我不仅学会了做基础的家庭资产配置、购买基金，还学会了可转债这种适合“小白”的理财工具。最最重要的是，我学会了像有钱人一样去思考，去做配置，这是我思维上的提升。虽然市场依然震荡，但是我相信未来 10

年、20 年以后我可以通过理财去享受中国经济增长的红利。我一直说“理财治愈焦虑”不是一句空话。罗老师的新书《管好你的钱》浅显易懂，用生动的语言给你解释了一层层复杂的金融逻辑，更是你打开理财新世界的钥匙，它教你换一种思维去看待问题。希望你也能和我一样，早点遇到罗老师，因为思维的改变就在一瞬间！

——洛克橙（刘宇程）

■ 在成为“7 分钟理财”会员之前，自己摸索理财也近 10 年了，自以为自己很懂，实际上因为好多认知误区而踩了不少坑。还记得 2017 年底不经意地看到罗老师的直播，后来看了罗老师写的第一本书《7 分钟理财》，总能把晦涩难懂的金融名词用大白话给大家讲得透透的。4 年多了，跟着罗老师，学了不少科学理财的方法，不光是通过理财赚钱了，还不断地打开了对金融更深层次的认知，罗老师真的是我理财路上的开悟老师啊！在罗老师的新书《管好你的钱》发布之际说一声“特别地谢谢你”，理财路上有你和你的团队的陪伴真好。

——赖皮马（陶剑）

■ 我是 Tete，我跟着“7 分钟”已满 6 个年头，最初面对市场的涨涨跌跌，心里各种过山车，焦虑、恐慌、欣喜、侥幸等情绪起起伏伏。慢慢地，经历了市场先生的各种变幻莫测，我的心态逐渐变得更加平和和坦然，面对浮盈浮亏真正开始从容淡定，我非常非常感谢“7 分钟”陪伴我的这些年。虽然理财是一场没有终点的内心修行，但如果没有专业团队的陪伴，我会孤单、会害怕，而有了“7 分钟”，我更加勇敢、更加平和、更加有对赚钱的笃定与信心。

——Tete（张特）

■ 在理财上的困惑、疑问、困难、挑战，相信你一定会在《管好你的钱》这本书中找到你寻觅良久的答案，相信你一定会在书中找到勇气来面对理财中遇到的困难，相信你一定会在书中找到理财盈利的方向和信心。

5 年的“7 分钟”会员，是美罗真正把我领上了理财之路。此书的内容是一个宝藏，是深入研究和大量了解用户困扰后的结晶。特别是已经工作的女性，建议一定读一读，理财可以让你更有生活的底气和勇气，让你成为更好的自己。

读完这本书，观看一次直播，甚至看几个短视频，美罗的热情和笑容都可以让你相信，明天的阳光依旧灿烂，学习理财变成了一件简单又高效的事。

——暖云（史云丽）

自序
卷首语

001 第 1 章 拥有多少财富，是认知决定的

1.1 为什么总有人理不好财？ / 003
1.2 框架依赖：你看到的，都是别人想让你看到的 / 006
1.3 易得性偏误：不要在记忆中搁浅真相 / 018
1.4 羊群效应：害怕失去才会真的失去 / 030
1.5 短视效应：点与点之间最美的不是直线，而是有价值的曲线 / 038
1.6 禀赋效应：你是否认真地错过？ / 050

057 第 2 章 理财中，左右你收益的偏见

2.1 经济不好，能赚到钱吗？能。 / 059
2.2 产品不好，会有收益吗？会。 / 064
2.3 资金不多，理财有用吗？非常！ / 070
2.4 理财拖延症，要不要治？要！ / 078

087 第 3 章
这些理财产品，去掉包装谁最可爱？

3.1 债券基金：低风险必备 / 089
3.2 可转债：拼收益利器 / 101
3.3 股票基金：性价比之王 / 108
3.4 股票基金分类，一次讲透 / 117

129 第 4 章
理财收益高低，80% 由资产配置决定

4.1 四个不可不知的经典资产配置模型 / 131
4.2 为自己定制资产配置方案 / 143
4.3 我从业近 20 年的配置心法 / 155
4.4 保值账户买什么？ / 161
4.5 增值账户买什么？ / 165

175 第 5 章
买入理财产品的奥秘

5.1 如何选产品？ / 177
5.2 每个产品买多少钱？ / 189
5.3 多长时间买完？ / 192
5.4 日定投、周定投、月定投哪个好？ / 201
5.5 手把手基金操作指南 / 207

219 第 6 章 用对买卖方法，助推收益翻倍

6.1 方法比产品更重要 / 221
6.2 基金应该什么时候买？ / 230
6.3 基金亏了怎么办？ / 237
6.4 赚了，要不要卖出？ / 244
6.5 八种止盈方法 / 251
6.6 资产再平衡：让风险实时可控 / 272

283 第 7 章 我的独门理财心法

7.1 理财和投资不一样 / 285
7.2 未来一定会涨吗？ / 288
7.3 我补仓的方法 / 295
7.4 我的止盈“心法” / 305
7.5 胆识 = 收益 / 314
7.6 理财是“反人性”的 / 318
7.7 收益终将奖励给理性的乐观主义者 / 324

327 结语

333 致谢

自序

如果这本书在2023年出版，算一算，我在理财这波涛汹涌的大海里已经“修行”了18年。

我出生在北京一个很普通的家庭，从小妈妈就经常教育我要“靠自己”。儿时的我理解的“靠自己”，就是自强自立，把每一份功课都做好，我做到了，也做得还不错。直到大学毕业离开校园，那时我本想去时尚杂志做一名编辑，可最终阴错阳差去了银行。

从2005年起，我从每个月5000元的工资中拿出一点钱开始尝试投资基金，毕竟要自己真金白银地入场，才能更好地体会客户的投资感受，和他们站在一起。也正是在那之后赚到的一点点钱，给我带来了“靠自己”的另一个惊喜——原来我不仅可以靠自己的工作获得收入，我还可以靠自己的投资能力获得收益。而当时那份看似微薄的收益给我带来的安全感，甚至比收入带来的安全感更高。因为收益是可以不依靠在职公司，不依靠行业平台或体系，不依靠任何人，只需要像妈妈说的“靠自己”，就可以得到的。

渐渐地，从第一个10万，到50万，再到500万，我体会到了理财带来的安全感。

在银行工作的那些年，从理财经理到支行行长，我发现每个家庭最终都逃不过“财富保值”这个话题，也都或深或浅地参与其中。我看着身边每个家庭的财富变化，过程中那些喜怒哀乐都深深地印刻在我的脑海里。在金融机构工作的时候，我对理财的认知是，只要有科学的知识，大家就能理好财。

于是，我在 32 岁，也就是毕业后的第 10 年开始创业，掏心掏肺地和用户讲知识，希望能够以更中立的视角帮助大家将理财做得更好。因为告别了光鲜的平台，没有所谓的“金字招牌”做背书，我怕大家不信任我。为了让我分享的买卖方法都有严谨的数据支撑，我购买专业金融数据、搭建算法模型，以过往 20 年投资市场的真实走势为依据，以概率统计为基础，研究测算出了在不同市场背景、不同收益阶段下，适合中国市场的理财理论和操作方法，再通过互联网打破信息不对称，做用户的“理财辅导师”。

2018 年，我的第一本书《7 分钟理财》出版了，销量突破 10 万册，公司从几个人做到 300 人，有上百万用户认可和喜欢我们。用户们知道我是真心对他们好，他们也用自己的方式表达感谢和回馈我们的真心，这种正向的循环不断地激励我和团队，我感觉自己真的很幸运。

但创业之路不可能是一帆风顺的，尤其是在理财服务行业，我们难免会遇到市场的波动。我本以为把最实用的、经过无数次概率统计验证的方法提供给用户，他们就能实现财富的保值和增值，但人性在过程中跳了出来，给我上了一课，让我有了痛彻的领悟。

我记得那是 2018 年年底的一天，我在庆丰包子铺吃早餐，9 点 30 分打开手机，市场又跌了，我的眼泪掉进了馄饨汤里……

其实我并不害怕市场下跌，但我担心用户心态崩溃，导致非理性地卖出，在这种情况下辅导压力太大了。我们拼尽全力地辅导，虽然最终结果做得很好，但在深度追踪几万用户的投资行为的过程中，我意识到，理财方法的不足原来只是阻碍财富增长的“冰山一角”，知识的欠缺只是最显而易见的障碍，并不是最核心的。我像剥洋葱一样一层一层地挖掘真相，最终发现，错误的认知和心理偏误才是人与人之间财富差异的最大根源。也就是说，是认知的误区导致了错误的投资行为，最后带来了投资收益的损耗。

理财是反人性的，想要在理财上获得成功，背后需要有一套完整而独立的认知体系。如果你没有掌握它，哪怕你学历再高，是某个领域顶尖的人，在理财上你同样是一个“小白”，难免沦为被收割的“韭菜”。这正是我写第二本书的重要原因。如果说第一本书是工具书，面对的是理财这件事，那么第二本书最大的不同，就在于我想讲的，是理财中的人。

虽然不敢说我是业内最懂用户的人，但只要不出差，我每周都会在线上和我们的用户做交流。从 2015 年到 2022 年第二本书出版，这 8 年的时间里一直如此，我的同事负责每天辅导用户，我负责每周倾听用户的想法。

我想将这些年用户遇到的真实问题、理财上踩过的坑归纳总结，找出底层原因，把最有效的方法提炼出来。这些问题几乎是 90% 的人都会遇到的。也许你曾经听到的也未必是理财的真相，而这一次，我来把真相告诉你。

曾经有一位投资做得很棒的专家，在和他谈起用户在理财中的感受时，他说：“世界上有一类人，你无法帮助他们，财富本身就不是每个人都能享受的。”我听到这句话，只能对他礼貌地笑笑，他漠视用户感受的态度，让我心中“意难平”。

但从另外一个角度，我也能理解他为什么会持有这样的态度——毕竟他只需要对产品负责，管好产品净值是他最重要的工作。可我不同，我是和用户站在一起的，我们对人负责。你的产品再好，如果我的人没赚到钱，那也是徒劳。所以，让我的用户赚到钱，才是对我来说最重要的事情。

出版社的编辑对我说："出过书的（投资）人有很多，但我们发现，大部分都是巴菲特这样的投资高手写的有关股票的书，可有多少人能成为每天紧盯市场的投资高手呢？所以读他们的书只能长知识，在实际生活中很难运用。而研究投资心理的书又偏重理论，很难落地；讲攒钱、存钱的书太偏重认知，对理财没什么帮助。市场上真正教人如何做好理财的书太少了。你懂用户，理解投资心理，又能钻研方法、落地实操。我们看到了你的不同，也希望你的不同能够通过这本书，让更多的人在理财上有所收获。"

用户给我们发来消息说："这些年，只有你们的辅导，让我真正赚了钱。在你们出现之前，市场上几乎没有机构或者个人是把理财的基础知识、产品、方法与投资心理和认知偏误结合在一起讲的，所以我之前得到的信息都是碎片式的，东一个、西一个，非常不容易理解，也没有办法很好地应用于实践。而'7 分钟理财'是独立的辅导机构，你们通过打通这些行业中断掉的节点，让我能够在修炼'心法'、掌握方法之后，有效地用产品动手实操，在真刀真枪的实战中获得实实在在的回报，收获理财中的小确幸。非常感谢你们。"

说到真刀真枪，我的一位同事曾经这样描述过我们在行业中的作用。她说，基金公司是造枪的，负责把枪做得漂亮，争取扩大销量；银行和基金销售平台是卖枪的，负责告诉你哪个牌子、哪批枪更受欢迎；教授、学者给你讲战略布局，负责告诉你战场残酷，上战场后应该怎么排兵布阵才能获得最后的胜利。

他们都很重要，但关键的是，他们都不会陪你上战场，而投资理财就如同战场。出发时，我们怀揣着如生命般宝贵的东西——钱，一旦开始冲锋，前路硝烟弥漫，你什么都看不清，瞬间就忘了上场前的排兵布阵，只能抱着枪凭本能往前冲。过程中偶尔击中两个目标，但也没什么成就感，因为对方也有枪，可能比你的还高级，而你自己受的伤却让你真切地感受到了疼。

你的内心有没有必胜的信念呢？出发的时候可能是有的，但打着打着也就没了，交战之中，硝烟四起，内心只剩恐惧……

那“7 分钟理财”是干吗的呢？我们是和你一起冲锋陷阵的战友——我们在出发前和你一起研究布局，看如何提高获胜的概率；我们陪你去买武器，帮你挑既好用、便宜，又便携、顺手的；我们和你一起上场，24 小时陪伴着你，提醒你跳过脚下的暗坑，掩护你躲过飞来的子弹；我们懂你出发时必胜的信念，更懂你上场后真实的恐惧；最重要的是，这一路我们要护你周全——毕竟，有你，才有我们。

也正因为我们是战友，我衷心地希望我们能一起获得最后的胜利——拥有更多的财富，给家人带去更好的生活。

所以，接下来的路，我会继续陪你前行。

卷首语

理财带给你的最大收益是安全感

真正的安全感不只来源于金钱，更来源于打理金钱的能力。

你知道“挣钱”和“赚钱”的区别吗？

每当我抛出这个问题的时候，很多人瞬间就愣住了，然后一脸蒙地反问我：“什么意思，这不是一个意思吗？”

如果你此刻也处在蒙的状态，那你先把书放下，去找一支笔和一张纸，把这两个字写下来。你仔细看下，挣钱的“挣”字怎么写，偏旁部首是什么？赚钱的“赚”字怎么写，偏旁部首是什么？

没错，挣钱的“挣”字是提手旁，意思是挣钱需要靠手，靠我们的劳

动力，我们必须付出劳动才能获得相应的回报。而赚钱的“赚”字是贝字旁，意思是赚钱靠的是钱，是我们的资产，只要我们好好打理自己的资产，让钱去生钱，那么我们不需要“996”甚至“007”也可以获得回报。正所谓金钱永不眠，你得按时睡觉才能保持第二天挣钱的劳动力，但钱不需要休息，哪怕是放到活期账户里，隔夜也有银行给你默默计息。

在过去的十几年，很多行业都乘着国家快速发展的东风，或多或少地享受到了一些时代红利，再加上中国人民骨子里勤奋、积极的优秀品质，大多数人的收入都在逐年提升，在生活越过越好的同时积累了一定的财富。而近几年，随着国家经济增速的整体放缓，如果你感觉自己所在的行业挣钱效应不如早年，收入增长越来越难，“挣”得越来越累，那么“赚”钱，也就是提升理财技能这件事，你就更应该重视起来。

过去很多人对理财存在偏见，觉得理财跟炒股没什么区别，觉得只有靠双手创造的才能称得上“财富”，其实不然。踏踏实实挣钱，对本职工作勤勉尽职，努力提升自己的职业价值，当然值得称赞，但除此之外，具备理财的能力、学会赚钱，要比能挣钱让人有更踏实的安全感。《纳瓦尔宝典》中提到，钱只是一个符号，只有在你睡觉、休假时，不用自己付出劳动时间就可以获得的资产，才能称得上真正的财富。

所以，我觉得理财需要被重新定义——理财是世界上最公平的权利，它不嫌贫爱富，不分男女、年龄、地域、学历、家庭、身材、相貌，甚至都不分穷人与富人，唯有会和不会、做和不做的人。它不是炒股，不是投机，更不是一夜暴富，它只是把辛苦挣来的钱好好利用起来，让它们继续帮我们赚钱、为我们打工、帮助我们获得更多元化的收入而已。也许理财无法让你一夜暴富，但它可以让我们普通的生活提高品质，也能让我们在面对不确定因素时，增加对抗风险的勇气，拥有面对未知的安全感。如果说挣钱是为了自己和家人有更好的生活，那具备理财的能力就是为美好生活又增添了一道

“护城河”。

我们公司有一位“90后”同事叫张聪，28岁就靠攒钱和理财有了50万元的资产。我问他为何那么爱理财，他说因为没有安全感，怕失业，需要多元的收入。他还给我展示过一个小本本，封皮上是自己写的“财富之路”四字，里面记录了他掌握的知识和自己的反思，而且都是手写的，他说这样印象更深刻。

我们有一个会员叫“Wishkah”，他是我们的超级铁粉，线下活动也参加过几次，人特别热情。2022年，他的公司要搬到外地，但他不想离开这座城市，就离开了公司，但2022年找工作非常难，我问他会不会担忧，他说：“没关系，没有经历过失业的人生是不完整的。”这是他自嘲的说法，但我知道他理财账户里这些年攒下的本金和投资获得的收益，应该还可以支撑他度过低谷期。而另一位演员用户非常热爱戏剧，但还没有出名，靠演戏的收入暂时还不足以养活自己，她就用家里给的一笔积蓄去做理财，拿收益补贴日常生活，维系自己的小梦想，坚持自己不妥协的人生。

每个人的人生都会遇到坎坷，而如果我们懂理财、会理财，能有点被动收入，就可以在跨越人生沟壑的时候过上稍微体面一些的生活，那时你就会发现，理财能力就是起伏的人生中的“救生圈”。

我们的很多用户就是靠学习理财、做好理财，让自己生活得越来越幸福。理财现在已经成了他们的爱好，成了他们健康生活的一种方式，甚至是习惯。

“大果”，私营业主，月薪1.7万元，理财收益32万元；*

“Tete”，科技工作者，月薪1.5万元，理财收益13万元；

“连旭”，公务员，月薪4000元，他们全家都特别喜欢理财，理财收益

* 数据由用户本人提供，收益统计截至2021年12月21日。

已经达到 11 万元；

“开心”，退休高级工程师，每月 4700 元退休金，她的退休生活过得非常开心，因为她通过理财已经获得 29.1 万元的收益；

“大雁”，白领，月薪 5000 元，理财收益 4 万元；

“Lee 春哥的春天”，用理财收益给老婆换了一辆车，喜提奔驰后第一时间给我们送来巧克力；

“J.Yu”说，以前不觉得自己这辈子能赚到 500 万元，但是现在敢去想了，有朝一日会通过理财实现的。

还有他们——用户“谭小勇”和“崔媛媛”，是一对夫妻，夫妻俩一定要一人买一个服务，独立学习操作。他们说，有了我们团队的陪伴，面对波动，他们学会从容不惊、宽容接纳。这些变化也被他们带入了工作与家庭中。

我曾经用真实市场中的产品和收益，带用户回到 18 年前，看看从那时开始理财，到今天结果会怎么样。如果从 2003 年开始，每个月存 3000 元，买某款业绩排名仅为中上等的基金，18 年后，本金积累了 68 万元，你猜猜账户里会有多少钱？500 万元！你没有看错，会产生 400 多万元的收益。我的小秘书当时听到后问我：“这是真的吗？”我说：“是。”她说：“唉，我妈妈当年怎么没有这样的意识。”我会心一笑：“我妈妈也没有。”我从 2021 年开始做少年财商课，就是因为我们的会员都迫切地希望他们的孩子早点接触理财知识，不要像自己 30 多岁了才有理财意识。用户“洛克橙”说，“理财治愈焦虑”真的不是一句空话，她觉得自己懂理财懂得太晚了，生了宝宝后常跟我说，希望宝宝比她更早学理财。

没错，理财应该是每个人都能享受的一种健康的生活方式，它甚至和收益多少都没关系。身体要洗澡，房屋要打扫，辛苦挣来的钱更应该认真对待、好好打理。

不过话说回来，理财这件事，看别人做起来容易，赚得眼红，轮到自己做却总感觉市场跌宕起伏，赚得艰难。这个难点其实不在于理财本身，而在于我们自己人性中的弱点。比如，很多人在手机 App 上点外卖会琢磨好久——吃盖饭、麻辣烫，还是吃蔬菜沙拉？怎么凑满减最划算？红包怎么叠加最省钱？一不留神，30 分钟就过去了。但在选基金的时候，他们却只是打开 App，点击收益率排名，扫一眼热门的基金——好，就你了！3 分钟搞定！

十几块的外卖你花半个小时研究，但几万块的投资常常几分钟内就“下单”了。小事斤斤计较，大事懒得钻研，如果你也如此，那么你已经患上了“Charmin 综合征”。Charmin 是美国宝洁公司生产的一款卫生纸，几乎在美国任何一个超市里面都可以看见。华尔街的传奇人物彼得 · 林奇发现，很多人在买宝洁公司股票前花的时间，还不如花在挑 Charmin 卫生纸上的时间多，于是他把这种现象叫作 Charmin 综合征。他说大多数人在投资的时候，会突然出现一种名叫 Aha-moment 的情况，就是一拍脑门、一拍大腿，算了算了，不想那么多了，一切随缘，就买它吧。你看，你在研究理财上付出的时间都不如你研究外卖吃什么的时间多，那你理财做不好，也就不能怪别人了吧！我同事说，他的一位朋友每次投资亏钱之后都会抱怨：“资本市场都是割‘韭菜’的，我们散户就是玩不过资本家，理财根本没用。”他呵呵一笑回应对方：“你也不想想资本家花了多少精力玩你，你这才花了多少精力，还想干翻资本家呢？”

我们普通人想把理财做好，不需要干翻资本家，只要拿出一点精力学习，拿出一点耐心坚持，在过程中克服人性中的那些弱点就好了。就像前面我提到的那些用户，他们在理财中也都不是一帆风顺的，每个人都经历过亏损，但是最终他们都能够战胜自己，变得一年比一年更强。

接下来我会从人性、心理、认知的角度出发，启发大家在思考方式上发生一些转变。而你们最爱听的——选哪个、怎么买、什么时候卖，虽然是我擅长讲的，但放到了本书的后半部分。因为你所有的投资抉择都是由你的思考方式决定的。大脑的思考是战略，动手的实操是战术。只有战略没有战术，你只能做个空想家，赚得到知识，赚不到钱；只有战术没有战略，再好的方法得不到极致的发挥，最后也会一无所获。只有做到战略和战术相配合，你才能事半功倍。

这本书将通过四个阶段，帮你实现战略、战术的双向提升。

第一个阶段：带你了解心理认知偏误产生的原因，为你揭开最容易犯的 5 个认知偏误的面纱，帮助你认识到自己人性中的固有缺陷，完成投资中对情绪的控制，用坚定的自律精神使自己在投资中保持理性。

第二个阶段：带你破解 4 个最典型的左右你收益的偏见，实现认知上的突破。我们永远赚不到认知范围之外的钱，破除理财偏见，才能拥抱收益。

第三个阶段：教会你科学的理财方法，包括资产配置的方法、产品买卖的方法，等等。书中所写的每个理财方法都有概率统计验证，同时均可落地实操，力求每位读者都可以看得懂、学得会、用得上。

第四个阶段：我分享了自己的迭代之路，希望可以给你启发，让你告别实操中的纠结情绪，最终形成自己的方法体系，轻松自如地享受理财。

希望读完这本书之后，你能和我一样，把理财当成一种爱好，不仅通过它积累个人财富，更重要的是在赚钱的过程中克服人性的弱点，让自己变得更有智慧——懂得克制、培养耐心、心态平和、积极乐观、遇事有向前（钱）一步的勇气。学会理财，就是学会复制幸福。

相信我，别人的幸福不仅可以复制，还可以粘贴哟。

延展阅读——财富计算器：定个 500 万小目标

我曾经做过很多次实验——每当我把基金账户的收益展示出来，几乎所有人都会对理财产生浓厚的兴趣。是啊，每当看到身边的人赚到钱，我们就会受刺激。一位作家曾经说过："最令人烦心、最令人头疼的事莫过于看到朋友发大财。"巴菲特也曾说过："驱动这个世界的不是贪婪，而是嫉妒。"

现在，我就要做点惹你嫉妒的事情，来助推你更有兴趣读完这本书。你看，这些都是"7 分钟理财"用户们的真实收益情况，他们可以，我相信你也一定可以。

我 22 岁在银行做贵宾理财经理的时候，坐在我办公桌对面的都是有 50 万元以上存款的客户。当时我就想，什么时候我才能有自己的 50 万元呀？如果只是从当时的工资收入看，

延展阅读

这可能要存上很久，但事实上，我人生中的第一个 50 万元实现得比预期要早得多。所以，我们先定个小目标，然后用行动一点点地去实现它。

洛克菲勒在写给儿子的 38 封信中提到：“人生的起点并不代表终点，命运是由你自己的行动决定的，而不是出身。”靠天靠地不如靠自己，一个人只有依靠自己的能力去完成自己的事情，才不会对结局感到失望。而依靠自己解决问题，就增加了掌控自己命运的机会。聪明的人总是会让事态沿着自己意志的方向发展。

梦想计算器

现在，我来教你如何使用梦想计算器，给自己定一个小目标。

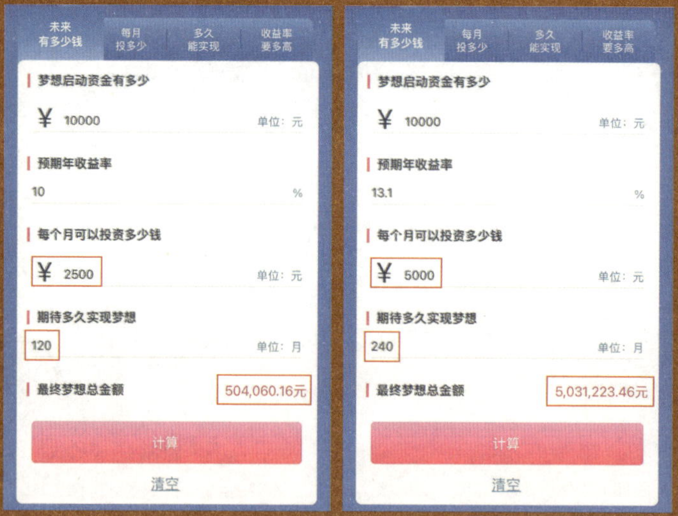

延展阅读

比如，你现在手里有 1 万元的存款，预期每年 10% 的年化回报，接下来每个月计划攒出 2500 元参与投资。如果你坚持做到了，10 年后你的账户里就能有 50 万元了。

还是这 1 万元的存款，如果我们给自己更多的时间，比如坚持 20 年，每个月再努努力多攒一些，比如攒出 5000 元，在理财能力上也再拔拔高，争取获得 13% 的年化收益，以上这些你如果真的都能做到，那 20 年后你的账户里就能有 500 万元了！不要觉得 13% 的年化收益很难，认真看完这本书，我相信你一定会找到答案。

你也可以根据自己实际的资金情况，用梦想计算器算一算。你只需要输入“现在有多少钱”“接下来每个月能攒多少”“能坚持投资多久”这几个简单的数字就可以，预期收益率只要填写在 5%—15% 这个范围内，就都是合理预期，也都是可能实现的。

让我们从今天起给自己定个小目标吧。《有钱人和你想的不一样》的作者哈维·艾克说，穷人相信“人生发生在我身上”，而有钱人相信“我创造我的人生”！

01

拥有多少财富，是认知决定的

很多时候，我们理财收益不理想，

往往不是败给了操作方法，

而是败给了自己的认知。

1.1 为什么总有人理不好财?

很多人都羡慕别人通过理财“赚”来的幸福，希望自己也能学会理财，带来更多的“睡”后收入，于是怀揣着兴致和好奇，徘徊在理财大门的门口向里张望，想要找到财富的神来之光，照亮自己理财的第一步。殊不知，每个享受理财快乐的人，都经历过“万事开头难”，就像你每次大声呼喊着“我要理财！”，仿佛都能听见财对你说：“你可别理我了！”

别难过，理财从来就不是一件简单的事，它最大的困难在于知易行难。想要达到理想的效果，我们需要学会很多方法去克服人性中的弱点。就像健身减肥，谁不想拥有完美身材，拥有六块腹肌呢？每个人在运动开始之前，也都对它满怀热情、充满期待。拉开衣柜，看看你曾经为健身置办的那些装备，哪一件不记录着你当时满满的激情？

然后呢？你的腹肌在哪儿？在厚厚的腹部脂肪下，隐秘而伟大。你的曲线在哪儿？在2尺8的裤腰里，每次你喊“小肚小肚”，它都大声地回应你“我在我在”。

但你说，健身减肥究竟有多难呢？原理也不难，每个人都知道做好两件事就够了——管住嘴，迈开腿。能难到哪儿去，就做这两件事都做不到吗？唉，还真就做不到！

因为它们每一条都是与人性相悖的，理财也是一样。曾经我以为，投资者教育的难是因为不懂，所以用户会踩坑、会盲目，只要我教给他们正确的方法，就能解决所有问题。但创业8年来，在和团队一起实操的过程中，在帮助过数万用户后，我才悟到，错误的理财方法原来只是在理财道路上阻碍我们获得收益的“冰山一角”，而在神秘的冰山之下，是你不容易看到的错误认知和心理偏误。也正是那一个个的“人性”带来的挑战，使得我们在理财的过程中丧失了理性，最终导致方法也部分地失效了。

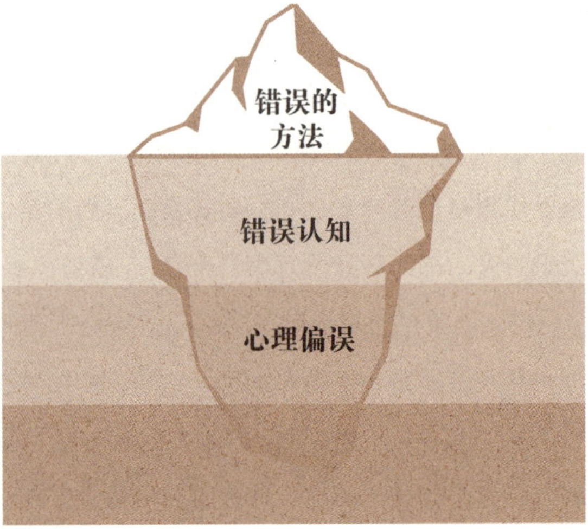

所以，想要把理财做好，就得先理解人性，知道自己跨不过去的坎究竟是什么，才能用有效的方法把它们一个个地跨过去。

查理·芒格曾说：“在投资中，情商远比智商重要。做投资你不必是一个天才，但你必须具备适合的性格。”每个人都会因为恐惧或者贪婪，而把自己置于不理性的情绪之中。如果不能解决这个障碍，就算我教你再厉害的方法，你情绪上的恐惧和贪婪也还是会形成一道障碍墙。

我常把理财产品比作宝剑，把理财方法比作舞剑的招式。如果你没有把舞剑招式学好，宝剑再好你都舞不起来，甚至可能会伤到自己。你认为只要自己假以时日、勤学苦练，就能够成为武林高手，但事实上你还忽视了一件事情，也是最重要的事情，那就是认知。只有认知打开，方法才会更自然、更轻松地被你理解，进而更快速地被你掌握。而如果你意识不到底层认知的存在，或者没有完全开窍，无法具备强大而扎实的底层认知，那么教给你再好的招式，你都有可能练着练着就走形甚至放弃。

舒泰峰在《财富是认知的变现》中讲过："财富是认知的变现，投资者往往不是败于科学，而是败于认知。"

所以，必须先了解最常见的那些心理认知偏误，先学心法，再学方法，才有可能事半功倍。就像我把科学有效的理财方法教给你，你不得心法，最终的结果也不过就是"填鸭"，无法真正地解决投资中遇到的种种困难和问题。

每个人都有认知和心性上的缺陷，那究竟是哪些心理障碍在干扰我们一次次的投资决策，最终影响了赚钱呢？在接下来的几个小节里，我会分享几种在辅导用户过程中常见也非常典型的情况，让我们一起找出错误行为背后的原因，以及克服它们的有效方法。我希望陪伴你一起磨炼自己的心性、面对自身的弱点，而这个过程反过来对我们的投资收益也会有巨大的影响。

1.2 框架依赖：你看到的，都是别人想让你看到的

收益率高，收益就高吗？

举一个用户的案例吧。那是在 2018 年 1 月 26 日之后，市场刚刚经历了 8 连跌，有一个懂一些理财知识的用户觉得机会出现了，准备在市场的低点开始他的基金定投。他打开手机 App，一个名叫“慧定投”的跳屏广告吸引了他。

从广告中他非常直观地看到，智慧定投真的是个“黑科技”。最吸引人的一点就是，它会时刻追踪指数的估值，通过测算估值高低，自动实现低位多投、高位少投。姑且不说普通投资者根本无从了解估值的高低，就说帮你测算追踪的功能，是不是已经够智慧的了？！

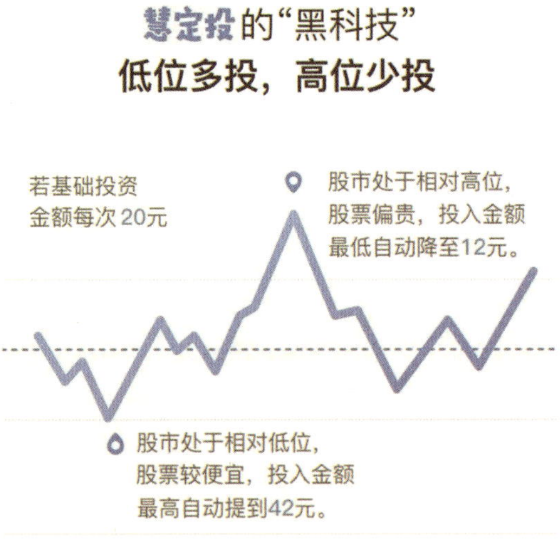

长期执行“低位多投，高位少投”的策略，买入股票的平均成本被大大摊低。当股价上涨，更容易盈利。

传统定投本身就具备“低点多买份额，高点少买份额”进而拉低

成本的特质。智慧定投的“智慧”之处就在于，低点多买，高点少买甚至不买，拉低成本的效果会更加明显。从广告中展示的历史收益率来看，智慧定投的收益率也确实比普通定投高了很多。这位用户觉得，智慧定投可真是不错，堪称“定投 plus”“定投 PRO”，于是果断地决定参与，还颇有眼光地选择了白酒基金作为标的，开启了他定投的智慧之旅。

投资开始之后，市场的下跌依旧没有停止。从 2018 年的高点算起，全年累计跌幅达到 30%。但这位用户一点也不害怕，因为他充分理解基金定投的“微笑曲线”，想要后面收益更好，先跌后涨是件好事，何况有智慧定投加持，越跌买得越多，那等未来反弹的时候一定就能赚更多，等着瞧吧。

果然，在忍过了一年大跌之后，自 2019 年起，市场开始大涨，这“盛市”如他所愿。看到朋友圈里有人开始晒收益了，他想自己可是有智慧定投的人，用这“黑科技”肯定比这帮土老帽儿强，也想去炫耀一下。他打开手机一看，果然，收益率一栏赫然显示涨了 88%！他瞬间自信心爆棚，怎么样，就问你这“黑科技”强不强？！他的余光往持仓收益那儿一扫。什么？只有 3977 元？

这算错了吧？少了个零吧？

后来我们帮他进行了认真的分析，结果发现，他当时设置了每周扣款一次、每次扣款500元的智慧定投，在一年52周、到2019年年底两年共计99次扣款的定投过程中，虽然他的扣款账户里一直留有充足资金，却只成功扣款了9次，其余的90次并没有扣款。也就是说，本来计划投入5万元本金的他，最终只“智慧”地投入了不到5000元。

这是因为智慧定投的扣款规则是根据市场的估值水平，高位不扣钱，低位才扣钱。虽然白酒基金2018年跌了29.7%，但其估值大部分时间都处在高位，不符合扣款条件，所以系统只完成9次扣款，共计4500元。我们得承认，这9次扣款确实都扎扎实实地买在了两年间的低点，算下来，收益率确实高达88%，但用户真正赚到手的钱却远远低于他的预期，只有3977元。

跟我们聊起这件事的时候，用户说，如果当时没有被广告吸引，只是做普通的定投，收益应该也比智慧定投多。本来以为自己赶上了一波大赚的机会，最后发现白折腾一场。

我们用普通定投帮他计算了一下：同样的时间长度、扣款频次、扣款金额，唯一不同的是不设置“智慧”模式，无论上涨还是下跌，都简单粗暴地正常扣款，就做一个最淳朴的“傻瓜”定投。由于每周都扣款，买入成本不一样，普通定投最终的收益率确实没有智慧定投高，只有35.65%。但用户能赚到多少钱呢？17649元，远远高于“智慧”模式下3977元的收益。因为完全按照用户设置的每周扣500元成功扣款，投资的本金多了，获得的收益自然也就多了。

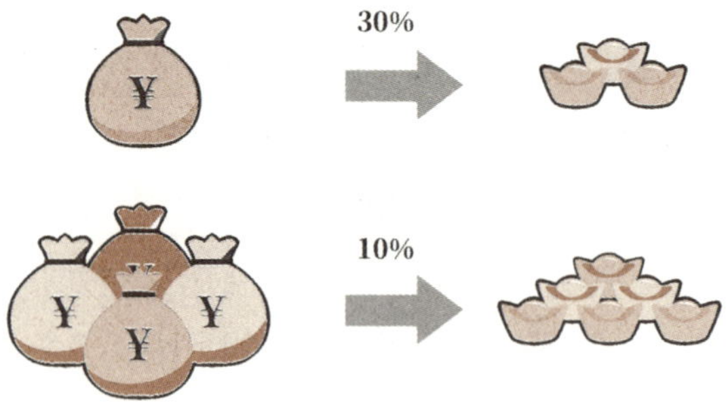

那么问题来了，这位用户明明有意识、懂知识，所选的标的在投资期内也是具备投资价值的好产品，命运也给了他赚钱的机会，可为什么结果却和他想要的完全不一样呢？

他自己事后复盘的时候说，就是因为当时看到这些话，觉得说得太好听了。

看到这里有人可能会怀疑：这个宣传是不是本身就不真实呀，能高出这么多吗？用户被这个假数据给骗了吧？为了进一步验证广告里的数字到底是不是错了，我的团队做了数据测算。

我们按照宣传图上显示的日期2021年12月3日，计算过往3年智慧定投和普通定投的收益情况，对白酒基金进行了双周扣款一次、每次扣款1000元的设置。如果采用智慧定投的估值扣款模式，在过往3年的时间里，因为估值在绝大部分时间都处于高位，不符合扣款条件，所以最终仅有1次扣款成功，投资本金共计1000元，最终产生收益2890元，收益率是289%。而采用普通定投，在同样的3年时间里，每双周扣款一次，一共买入79次，投资本金共计79000元，最终产生收益64602元，收益率是81.78%。

两者相减，确实智慧定投的收益率比普通定投高出了 200% 多，平台展示的数据是真实的。

如果只看这张宣传图片，这多出来的超过 200% 的收益率，换谁看了都会动心吧。要是不选智慧定投，那感觉可真是错过了一个亿呢。但其实，你看到的，也只是别人想让你看到的。

收益率是怎么误导你的？

你仔细想想，在理财的终点，你真正需要的是什么？仅仅是收益率这个数字吗？高出来的 200% 多的收益率除了能让你炫耀自己好像很厉害之外，并没有为你的生活带来什么真切的改变。你去餐馆吃饭，总不能在吃干抹净之后跟老板说："哥们儿，我有钱，你看我这账户收益率多高，有 200% 多呢，这顿饭付你 5%，不用找了……"你的衣食住行、人间烟火，都是需要用真金白银去支付的。所以，帮你支付账单的是收益，而不是收益率。

当然，我们这里也不是一竿子打死地说智慧定投就一定不好，任何投资工具都有其适合的人和市场，重要的是我们如何选择适合自己的。我们之前给用户做理财辅导的时候仔细研究过智慧定投，当时就已经发现，其中的设计在某些极端的市场情况下并非"智慧"之选，不建议用户忽视市场现状直接参与。但为了真切地站在用户的角度感受他们的难处和心理，那些用户踩过的坑，我要求自己必须也去上脚踩一踩，这样才能更好地做投资者教育，帮助更多的人。

于是，我把自己放到用户的立场上，在 2021 年 12 月 3 日看到那么牛的宣传后，立刻设置智慧定投每天投 100 块，看它能不能也给我一个超出 200% 的收益率。

2021 年 12 月 10 日是设定的第一次扣款的时间，结果到 2022 年 7 月 8 日，我打开账户一看，好家伙，大半年过去了，收益率是个 0——累计定投次数是 0，本金是 0，收益也是 0。这可真是投了个寂寞。

一次都没有扣款的原因也很简单，因为这 7 个月来，虽然市场有下跌，但是都没有跌到满足智慧定投的扣款条件。

那么，同样的时间里，如果我们放下所谓的“智慧”，老老实实去做个普通定投，收益如何呢？同样是日定投 100 元，一共扣款 13900 元，收益是 933.7 元，收益率 6.72%。你看，无论是收益还是收益率，智慧定投这会儿又不如普通定投了。

智慧定投 VS 普通定投				
定投方式	定投次数	投入本金	收益	收益率
某平台智慧定投	0	0	0	0%
普通日定投	139	13900	933.7	6.72%

注：测算2021年12月10日—2022年7月8日，招商中证白酒指数A(161725)，通过日定投100元的收益情况。
数据来源：Wind资讯、7分钟理财统计整理

不要骂智慧定投，市面上也有一些扣款条件设置得比较合理的智慧定投，只不过你在做买卖决策的时候受到了一些视觉上的冲击，很容易在图片和文字的诱导下轻易地做决策，而没有更深入地分析和对比。关键还是要自己能看懂。

在刚才这个案例中，影响我们决策的最根本的因素是框架依赖效应，也是世界上最严重的认知偏误之一。

2002年诺贝尔经济学奖得奖人、普林斯顿大学心理学教授丹尼尔·卡尼曼通过研究发现：针对同一个问题，表达方式的不同会导致倾听者截然不同的决策判断。他把这种现象称为框架效应。这是行为经济学中非常著名的经典研究，心理学上把这种对同一事物或问题的不一样的描述会导致不一样结果的现象称为框架效应。

框架效应告诉我们：在人际沟通中，关键不在于说什么，而在于怎么说。

先看一个小故事。有个吝啬鬼不小心掉进河里，好心人趴在岸边喊道：“快把手给我，我把你拉上来！”但这个吝啬鬼就是不肯伸出自己的手。好心人开始很纳闷，后来突然醒悟，冲着快要沉下去的吝啬鬼大喊：“我把手给你，你快抓住我！”这个吝啬鬼一下就抓住了好心人的手。

一句话，或者一段话，就像是一个无形的框子被扔进了倾听者的大脑中，这个无形的框子会影响或限制人的思维。思维被框住之后，这个无形的框子最终就会影响判断或决策。

生活中我们经常会受到框架效应的影响，一般而言，人们更喜爱用积极框架描述事物。例如，现在有两盘牛肉，一盘牛肉的标签上写着“75% 瘦肉”，另一盘牛肉的标签上写着“25% 肥肉”。大多数人会选择标有“75% 瘦肉”的牛肉（因为人们喜欢瘦肉，厌恶肥肉），但实际上两盘牛肉的材质是完全一样的，有 75% 的瘦肉就会有 25% 的肥肉，有 25% 的肥肉就会有 75% 的瘦肉。又如，一个医生跟病人说：“手术后一个月内的死亡率是 10%。”病人害怕了，不敢上手术台。而另一个医生对病人说：“手术后一个月内的存活率是 90%。”病人想都没想就说：“大夫还是您医术高超啊，我愿意配合！”医生可以设计不同的框架和患者沟通，帮助患者建立信心，提高治愈率。

丹尼尔·卡尼曼研究框架效应的典型案例是亚洲疾病问题：假定美国正在为预防一种罕见疾病的暴发做准备，预计这种疾病会使 600 人死亡。

现在有两种方案：

X 方案：可以救 200 人。

Y 方案：有三分之一的可能救 600 人，有三分之二的可能一个也救不了。

调查结果显示大多数人更愿意选择 X 方案。因为“救人”是一种收益，所以人们不愿意冒风险。

现在来看另外一种描述，有两种方案：

X 方案：会使 400 人死亡。

Y 方案：有三分之一的可能无人死亡，有三分之二的可能 600 人全部死亡。

调查结果显示人们更倾向于冒风险，选择方案 Y。因为“死亡”是一种损失，人们不愿意受到损失，所以愿意赌一把。

而事实上，两种描述完全是同一回事。救活 200 人等于死亡 400 人；三分之一的可能救活 600 人等于三分之一的可能一个人也没有死亡。它们只是在表达框架上用了不同的方式：一个用词是拯救生命，另一个用词是失去生命。

回到投资理财上，宣传者很容易构建对自己有利的描述方式。还是刚才的智慧定投案例，宣传图片上描述："过去 3 年，智慧定投比普通定投收益率高 206%。"如果换一种描述方式："智慧定投比普通定投收益少 6 万元。"你又会如何选择呢？两种表达都是客观事实，只是一个用收益率表达，一个用收益表达。想一想，是不是我们在理财的时候很容易因为对方表达方式的不同，影响了最后的投资决策？

现在市场上的金融产品种类繁多，宣传也铺天盖地，很多用户在接触某款产品或某种理财方式的时候都只看大概，只了解框架，只听别人怎么说，没有认真地深究细节就草率地做了判断。理财没有捷径可走，我们要用理性去认识问题，而不是用感性去解读问题。

我再来举个例子。我们先试一试不受框架影响，来讨论一个话题：按照排名买基金到底好不好？很多人这时可能会犹豫："好？不好？不知道呀。"但我告诉你，这时一旦框架效应出现，你就连刚才最基本的理性——犹豫都没有了……

我相信很多人都有这样的经历，你想买基金，刚点击完某 App 的图标进到初始页面，马上就会有一个"基金榜单"扑面而来，配图文字还很震撼——"来看看，是哪些基金在上半年牛气冲天呀？！"你出于好奇，心想我不买，我就看看，点了一下，于是下一个页面里上半年业绩排名前十的基金以及它们的收益率赫然出现在了你眼前。大写加粗的鲜红色收益率从视觉上疯狂地刺激你，旁边还有一个忽闪忽闪的"立即买入"按钮，仿佛在呼唤着"买我买我"……这时候你就要小心框架依赖效应，认真思考这个问题——只凭借上半年的收益率榜单买基金，是大概率正确的做法吗？

如果把2021年全年所有的主动管理型股票基金，共400多只，按照它们的收益率进行排名，那么我们看看排在前5名的基金在接下来的半年，也就是2022年的1月到6月，表现得怎么样。

结果是，前5名中，有3个都跌出了前200名，其中有个别基金的“走位”甚至堪称“拉胯”。去年排名第三的，在今年上半年排名落到了92%的位次；去年排名第五的，今年上半年落到了99%，这成绩可都垫底了。你要是不小心买了它们，那可真是……一顿操作猛如虎，仔细一看原地杵。

2021年排名前五的主动管理型股票基金，接下来怎么样了？

基金名称	2021年表现	2021年排名	2022年上半年表现	2022年上半年排名	2022年上半年排名百分位
前海开源公用事业	119.42%	top 1	-10.52%	216	53%
建信中小盘A	67.26%	top 2	2.79%	6	1%
招商稳健优选	66.09%	top 3	-18.69%	372	92%
中庚小盘价值	65.15%	top 4	-3.13%	52	13%
宝盈国家安全战略沪港深A	64.84%	top 5	-24.10%	401	99%

注：统计2021年前成立的主动管理型股票型基金，2021年和2022年1月1日至2022年6月30日的表现和同类排名情况。
数据来源：Wind资讯、7分钟理财统计整理

首先，排名靠前证明有实力，很优秀。“这些业绩表现突出的基金，怎么我一买，它就不行了呢？”这个其实也不难理解。虽然优秀的基金经理都是很厉害的人，但每个人布局的板块会有不同，有的先涨，有的后涨，所以每年的“绩优生”总是轮换。涨得太多了，业绩也会回落，跌得多了也会反弹。所以，透过概率学的统计结果，我们可以得出这样的结论——不要无脑购买上一年度收益率排名前10的基金。

如何摆脱“框架依赖”？

基金经理郎骋成说：“大家很容易陷入追逐热点的旋涡中。”没错，人永远不可能赚到认知范围之外的钱。我们要做的，是不被“框”住。

在理财领域，框架依赖效应确实很容易让人掉入语言的旋涡。我们要时刻提醒自己，想要破除框架，就要遵循客观数据，能测就测。我们再来看两个案例。

我们曾经帮助用户研究过一款结构性存款产品，虽然合同写明了保本，但我们测算了一下过往5年的数据并做了概率统计，发现用户只有5%的概率能达到合同中8%的最高收益的触发条件，95%的概率收益为0。用户看了我们的分析后非常惊讶，因为销售给他的描述是收益最高能比普通定期高3倍，最差也能保本。你看，这个用户差一点就被框架依赖框住了。

我也曾经看过这样的一段描述，大概意思是：“按照此策略投资1年，经过测算，有90%的概率平均获得10%以上的回报。”当时我看后吓了一跳，不是心动，而是疑惑，怎么统计出来的，我也要算一算。

经过独立研究后，我发现这句话还可以表达为“按照此策略投资1年，有50%的情况是负收益”。有人可能想说：“不对呀，人家是90%的概率赚好多，你怎么测出来是50%的概率会亏钱，这两者的概率加起来已经超过100%了呀。”没错，它的表达中最关键的一点就是用了平均的概念。这就好像你们公司只有3个人，总监一年收入100万元，团队长一年收入10万元，你一年收入5万元。这个公司对外宣传平均工资是一年38万元（115万/3），宣传得没错，你和团队长也别不承认，只是总监以一己之力把平均值拉高了而已。所以，上面表述里包含了一些负收益的情况，只是也有一些正收益极高的情况，大家一平均，就产生了“平均获得10%以上的回报”。

商家为了宣传自己的商品，肯定都会选用最有吸引力的表达，这是正常商业行为，人家没有错。但你要知道，你看到的，只是别人想让你看到的。我们无法控制别人，只能提升自己。所以，想要彻底摆脱框架依赖效应在投资理财中带来的那些问题，最根本的方法是：第一，提醒自己不要冲动，要先能意识到“框”；第二，在不同维度上参考更多的数据，能测就测，跳出“框”去做选择。如果这两点你认为都有点难，觉得自己没有精力和专业度去做更好的判断，怎么办呢？最后一招就是找专业、可信赖的机构进行咨询，当然，那就是我们啦。

在这一小节的最后，我们试一下，看看你能不能克服框架依赖效应做出正确的选择。下图中的这两张桌子，你觉得它们的长宽比哪个更大呢？

A

B

其实两张桌子的长宽比是一样的。如果你不信，可以拿出尺子量一量，量到你相信为止。

1.3 易得性偏误：不要在记忆中搁浅真相

买房是最划算的理财吗？

我先来问个问题。如果真的有时光机，你可以带着现在自己手里的钱，随着时间倒流回到 20 年前，那时你会选择拿这笔钱投资什么呢？

我相信你的答案肯定是坚决的一个字——“房”！没错，在过去的 20 年里，买房是最厉害的理财方式，这几乎是所有人的一致答案。我们几代人共同见证了中国房地产市场的大幅上涨，很多家庭都在这个过程中享受到了房产增值带来的巨大福利，以及自己生活质量的逐步提高。房地产价格上涨背后的逻辑其实非常清晰，就是过去 20 年中国整体经济的飞速发展、城镇化水平的提高以及不断发行的货币所带来的通货膨胀。说白了，在过去的 20 年里，它就该涨。

我是在 2005 年大学毕业的。现在回想起来，真的是庆幸自己生在了好时候，有机会早早“上车”买了个小房子。再之后，小房子变成中房子，中房子变成大房子，越住越舒适的同时，持有房产的价值也在上涨。你说，是我特别有眼光吗？是我比别人聪明吗？我觉得都不是。这就是单纯的时代红利而已，我是房产红利的受益者，但这部分的红利跟我个人的努力关系并不大。就像我同事小孙跟我讲，这些年她家的生活能够越过越好，不过就是因为她爸爸十几年前手里有点小钱，对金融也不懂，做生意又不会，所以只能傻傻地买了很多套房子，结果一不小心被动致富了，甚至实现了财富阶层的跨越……

买房到底给我们带来了多少投资回报呢？我们以深圳的房价为例。从2010年到2020年，11年的时间里，深圳的住宅商品房平均销售价格从18954元/平方米上涨到了56844元/平方米，涨幅接近200%。也就是说，11年前500万元的房子，价值增长了1000万元，现在值1500万元了。

但买房真的是过去11年最好的理财方式吗？

比如我问你，在这同样的11年里，中国市场的偏股混合型基金涨了多少？虽然你说不出来具体的数值，但我想你肯定会说："基金涨多少能咋地呢？那中间还得亏呢。不管怎样，买基金肯定赶不上买房！别想了，肯定差远了！"

来跟你分享一下中国市场上的真实数据：从2010年到2020年，同样的11年间，A股市场的偏股混合型基金指数从4350.94点涨到了11795.08点，涨幅达到了171%。换句话说，你11年前买房的那500万元如果用来买基金的话，按平均值来算，现在也有1355万元了，并不比你的房子差多少。

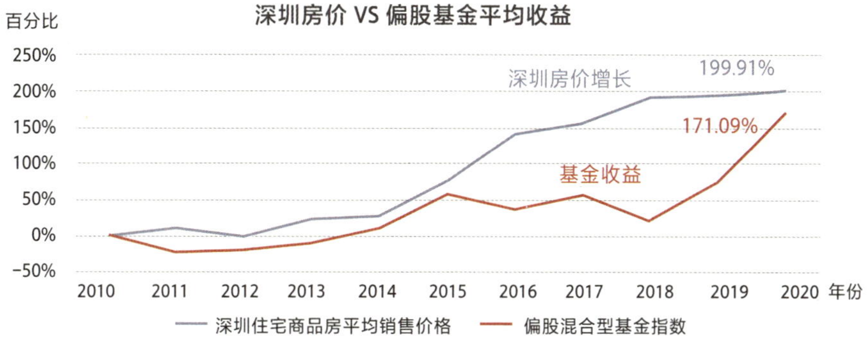

数据来源：国家统计局、Wind资讯、7分钟理财统计整理

而且你要知道，深圳的房价并不能代表全国的平均水平，毕竟房屋价格的地域差异还是很大的。一线城市的房产由于绑定了更多、更优质的教育和医疗资源，溢价率会更高，通常涨幅会高于同期的其他地区。既然深圳房价的涨幅属于全国的"优等生"，那我在测算基金数据做对比时只用平均值，

貌似对基金来说也不公平。

如果我们也找找基金中的“优等生”，倒也不用太优，毕竟选基金 11 年收益的冠军来给你看数据也不客观。我们测算了这 11 年间，偏股型基金中收益排名在 20% 位次的那只基金——农银汇理策略价值（660004），发现它的净值从 1.1980 涨到了 4.1467，11 年的涨幅达到 246%。相当于 500 万元的房子，已经涨到了 1730 万元。

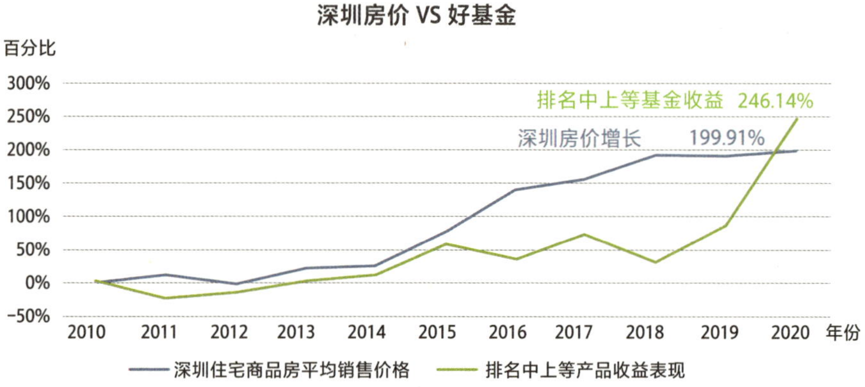

数据来源：国家统计局、Wind 资讯、7 分钟理财统计整理

你看，谁说买基金肯定不如买房的？答案未必如此。虽然我前面说自己早年买的小房子变成了大房子，但对比之后就会发现，如果当年不选择买房，直接去买基金，我现在的资产说不定会更多。长期投资基金，收益未必比买房差，这个事实，我相信很多人不知道。我们这里并不是在探讨买房好还是买基金好，我想跟你分享的也不只是真相本身，而是想更进一步探讨我们为何离真相那么远。因为只有找到认知上的偏误，在未来我们才能不错过更好的投资机会。

是什么在阻碍你做出正确的判断？

导致我们都忽略了“买基金不比买房收益差”这个真相的心理认知偏误，叫“易得性偏误”，由认知心理学家、美国科学院院士阿莫斯·特沃斯基和诺贝尔经济学奖得主丹尼尔·卡尼曼在 1974 年提出。他们发现人们由于受记忆力或知识的限制，进行预测和决策时大多利用自己熟悉的，或能够凭想象构造而得到的信息，导致赋予那些易见的、容易记起的信息过大的比重。但这只是应该被利用的信息的一部分，还有大量的其他必须考虑的信息，它们对于正确评估和决策同样有着重要的影响，但人们的直觉推断却忽略了这些因素，以上现象就是易得性偏误。

简单地说，人们在日常生活中会获得大量的信息，而在决策时，通常会基于容易获得的信息做判断。又因为这些记忆中的信息并不是完全准确的，有时有用，有时可能会导致你判断失误。“泰坦尼克号”被称为世界上最大的豪华游轮，它还有一个称号，叫“永不沉没的梦幻客轮”。然而它还是撞上了冰山，最终沉没。当时因为没有足够的救生艇，事件中有超过 1500 人丧生，成为迄今为止最大的一次海难。人们认为它“永不沉没”，所以没有准备足够的救生艇，这就是典型的易得性偏误。

美国心理学家阿伦森在《社会性动物》一书中指出，人类的大脑“不尽完美之处如同他们的奇妙之处一样多。这种不完美的结果就是，许多人们自以为最终‘搞清楚’的事情也许并不正确”。

易得性偏误之所以是人性共有的弱点，是因为我们的大脑结构。人类在进化的过程中会尽力地寻找捷径，思考是一件很辛苦的事情，仅占全身体重 2% 的大脑，一旦思考起来需要消耗人体能量的 20%。而人类的祖先以狩猎为生，为了保存有限的能量去获取食物，我们的大脑会尽量将复杂问题简单化，以减少能量的消耗，才能确保最终可以生存下来。所以，在易得性偏误中，仅靠记忆中的信息来做判断的习惯，不过是人类在进化过程中为了活命而形成的本能。而面对这种本能，我们通常不自知，甚至有时候还更加固执——大部分人由于受其直觉思维系统的影响，根本不愿意承认自己长期抱有的某种想法是错误的，因为那会让我们看起来很傻，好像这样就是否定过去的自己，于是也就不愿意认真听别人的话是否真的有道理。所以，当一个新的声音出现的时候，因为不愿意承认自己之前的无知，我们通常会用自己记忆中片面的信息去打压新声音。

就像一个用户曾经跟我讲，他通过科学理财获得了一些回报，好心分享给同事，但是换来的却是嘲讽和很多负面的信息。开始他还和同事争辩，说："这是科学，你应该多了解了解再做判断。"后来他觉得累了，算了，不想争辩了，就自己安静理财挺好的。过了一段时间，同事又来问他："你收益怎么样？"他怕解释起来麻烦，就说没挣多少。其实他已经挣了十几万元了。

或许曾经某一瞬间，我们每个人都是上面那个"杠精"同事——我们一叶障目、自以为是地听风就是雨。每当我们遇到新信息的时候，哪怕它本质上是客观的，但只要和我们记忆中的不一样，我们就不愿意接受它。这其实就是易得性偏误在作怪。

美国社会学者苏珊·菲斯克在 1991 年的研究中提到，人类是"认知吝啬鬼"，即人们总是在竭力节省认知能量。她将人类的认知行为总结为以下三点：

1. 通过忽视一部分信息以减少我们的认知负担。

2. 过度使用其他信息以避免寻找更多信息。

3. 接受一个不尽完美的选择，因为这已经足够好了。

考虑到我们的信息加工能力有限，我们总是试图采用"把复杂问题简化"的战略，通过忽略或屏蔽一部分信息，以减少自己的认知负担，这就是我们上面解释的“少动脑，省点能量”。这个现象不要说在狩猎时代，就是在现实生活中也非常常见，你想想社交媒体上每天有多少被过多、过度地解读和转发的信息，有多少人沉迷于短视频带来的“喂饭”般只言片语的散碎知识，你又有多久没有像现在这样认真地看一本书了呢？是不是也都是因为觉得思考很累？最终，在这个信息超载的世界里，随着时间的碎片化，人们对很多经典的东西都产生了屏蔽、厌恶甚至抗拒的心理。

所以这一节的标题就叫，“不要在记忆中搁浅真相”。

你看，电影、电视都在渲染谁谁谁炒股失败了，跳楼了；谁谁谁投资赔了几十万，倾家荡产了。你身边那些亲朋好友中一定也有理财亏钱的人，他们说出来的都是：“理财风险很大，那是个赌博，你不小心就会当‘韭菜’被人割掉。别玩啦，还是老老实实攒钱买房吧。”

但如果我说，我这里有款产品，你考虑下要不要投资。它的投资门槛非常高，最低投资金额也要七位数，兜里钱不够的话，还得多花利息去借钱。它的收益也不怎么稳定，国家出台一个政策，市场出现一点风吹草动，保不齐半年就要跌个20%，账面上一下子就会少大几十万，甚至接下来好几年都未必能涨回来。同时，这个产品流动性也一般，你手头缺钱的时候着急卖，可能几个月甚至几年都卖不出去；而手头宽裕想着抄底买，以后可以多赚一点的时候，也可能好几个月都没人卖给你。你会想买这个产品吗？

有些朋友可能已经发现了——你说的这个，好像也是房子吧！没错，你看我只要稍微修改一下你的“记忆”，你的选择可能就会发生改变。

所以，想要通过投资理财获得财富，我们就要深刻理解自己的本能，了解自己有哪些错误的认知，并了解其背后的原因，然后不断地提醒自己克服人性的弱点。只要我们能不断地自我反省，有意识地克服更多的心理偏误，我们就可以在提升认知的同时，离理财高手更近一步。

如何破解“易得性偏误”？

解释到这儿，我相信易得性偏误你已经了解得差不多了。但我猜有部分人还会有个“有理有据”的困惑：“美罗，在过去的 10 年里，房和基金我都买了。我真的就只在房产上赚到了钱，基金上没赚到钱，这个你又怎么解释呢？”

这个问题我不解释。我上来就解释，你会觉得太说教了。这样吧，我来问你几个问题，你试着自己来找找答案。

你买房前，花多长时间看房？你买基金前，花多长时间研究基金？

你买房后，多长时间关心一次房价？你买基金之后，多长时间关心一次基金净值？

你持有多久会卖掉你的房产？你持有多久会卖掉你的基金？

你拿家庭资产的多大比例买房？你拿家庭资产的多大比例买基金？

上面的几个对比式的问题，你的答案是不是都不同呀？

没错。买房之前，我们要考虑位置、户型、朝向、周边配套设施、开发商物业水平，等等，不花上几个月实地踩点几个甚至十几个楼盘，是不会做出购买决定的。可你买基金呢？是不是用手机划拉两下，没几分钟就买了？

买入房子之后，你会天天在房产中介 App 上看房价吗？不会吧。关键房地产市场里也没有一个像股票交易所那样实时报价、瞬间买卖的交易系统。所以，即使房价在短期内发生波动，大家也感受不到；或者即使感觉到了，反正也没法立刻卖出去，那就干脆放着，无所谓了。而基金呢？很多人买入之后，恨不得把自选基金的实盘信息做成手机屏保，时刻关注。

即便我告诉你最近房价涨得很快，你会在买入一个月之后就卖掉房子吗？不会吧。因为买卖房子的手续费太高了，而且交易时间又长，我们认为未来房子还会继续涨，一般会持有三五年以上才会考虑卖出，所以我们形容房产投资收益的时候，一般用的词都是“长期收益”。而基金呢？它的手续费和买房相比就低太多了。而且我们动手点点屏幕就可以完成基金操作，几乎很少有人能坚持持有某只基金产品长达 5 年以上，所以我们很容易在聊到基金收益的时候，只关注短期涨跌。

最后，我们买房的时候通常会拿出家里的钱一次性投入，甚至要凑齐全家人的钱包才能够得上门槛。正是因为本金投入得多，每个人都是被动“重仓”持有，所以几年后我们会跟朋友说，当年买的那套房升值了几十万、上百万了。你能在房产投资中更明显地感受到赚钱了，因为你用的是我们前面讲到的知识点——比收益，而不是比收益率。而基金呢？在这么多年的理财辅导过程里，我们还真是从来没见过用户用“凑钱包”的方式“重仓”某只基金的，都是在家庭可用于投资的现金资产中拿出一定比例去买基金，投入的本金小，即使涨势比房价更凶猛，你赚到手的收益和房子比也是微乎其微的，所以我们也不会跟朋友聊自己的基金赚了多少钱，感觉不值一提。

所以你看，房子由于天然的属性——总价高、持有时间长、交易困难，自然会让我们赚得更多。如果我们国家有一个房地产交易电子盘系统，可以让你实时看到自己投资的房子的价格涨跌，然后让你也可以随时一键点击，把这套房子卖出或者买回来，那我相信，过去 10 年里在房产投资中被割“韭菜”的人肯定也不会是少数。

易得性偏误让人在理财时很容易有先入为主的偏见，现在试一试，我们还会受哪些类似的影响？你说选择投资指数基金和选择投资主动管理型基金，哪个更好？

我想很多人可能会说：“投指数基金呀，巴菲特说的。”没错，巴菲特曾多次在公开场合提到：“通过定期投资指数基金，一个什么都不懂的业余投资者往往能够战胜大部分专业投资者。”

而如果你真的选择相信这个信息，去投资指数基金，效果怎么样呢？

我们就以沪深300指数基金为例，把它和市场上主动管理型基金中的股票型基金做个历年收益的对比。

从2005年到2022年年中，17年半的时间，指数基金的平均年化收益是8.95%，而主动管理型基金的平均年化收益是16.32%，几乎是指数收益的1倍。

基金多数年份跑赢指数（2005年至2022年）

时间	沪深300指数	主动管理型股票基金
2005年	-7.65%	2.98%
2006年	121.02%	133.91%
2007年	161.55%	128.18%
2008年	-65.95%	-50.88%
2009年	96.71%	70.99%
2010年	-12.51%	2.86%
2011年	-25.01%	-24.72%
2012年	7.55%	5.68%
2013年	-7.65%	15.47%
2014年	51.66%	23.68%
2015年	5.58%	47.02%
2016年	-11.28%	-12.39%
2017年	21.78%	16.06%
2018年	-25.31%	-24.33%
2019年	36.07%	47.03%
2020年	27.21%	58.12%
2021年	-5.20%	9.62%
2022年年初至6月30日	-9.22%	-9.42%
2005年至2022年6月年化收益（复利）	8.95%	16.32%

注：主动管理型股票基金采用Wind“普通股票型基金指数”代表。

数据来源：Wind资讯、7分钟理财统计整理

不是说指数基金好吗？那是因为你听到了这句话的文字部分，而忽略了文字背后的应用环境——巴老爷子说的是美国市场，而你在哪里投资？你明明是在中国市场里呀。

我在 2018 年年初出版的第一本书《7 分钟理财》里，跟大家分享了投资指数基金和主动管理型基金在两国市场上产生结果差异的原因。这里我把最近几年的数据再做一次整理，看看有没有什么变化。

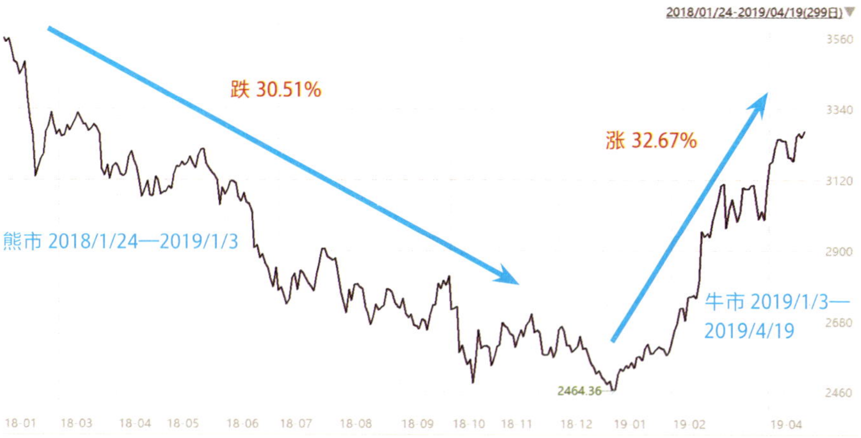

2018—2019 年大盘走势

指数基金在熊市 / 牛市中的排名情况			
指数名称	市况	阶段涨跌幅	排名
沪深 300	熊市	-32.35%	497/708
	牛市	38.76%	175/840
中证 500	熊市	-35.28%	590/708
	牛市	40.62%	132/840

注：主动管理型基金选取统计起始日前成立的偏股混合型基金和普通股票型基金。统计 2018/1/24—2019/1/3 和 2019/1/3—2019/4/19，指数涨跌幅在主动管理型基金涨跌幅中的排名情况。

数据来源：Wind 资讯、7 分钟理财统计整理

2018年之后的市场呈现出了一个深V走势，先跌后涨。代表大盘股的沪深300指数跌了32.35%，排在了同期所有主动管理型基金中后1/3的位置。不过之后市场大涨，沪深300指数涨了38.76%，排在了前1/4，跑赢了同期市场上3/4的主动管理型基金，这个成绩还是很不错的。同时，代表中盘股的中证500指数也表现出同样的情况——熊市跌得惨，牛市涨得多。

基于这些数据带给我们的真实信息，我们在辅导用户做基金投资的时候不会简单地复制"股神"的指点，告诉大家"定投指数基金，你就能超过大部分专业投资者"，或者"挑主动管理型基金，它们长期更好"，而是建议大家将指数基金与主动管理型基金相结合，在不同的市场环境下有侧重地进行投资——市场震荡的时候主动管理型基金收益更好，可以多投；而如果市场已经开始止跌企稳了，指数基金反弹的效果会更好。只有结合客观信息，避免易得性偏误，才能精进自己的投资。

那么，易得性偏误在"心法"上有没有解药？我觉得有，那就是保持好奇心，保持探索自己认知边界的热情。

爱因斯坦说过："我只是对世界很好奇，对生活很热情，我并没有什么特别的天赋。"他总结自己的成功经验，就是几个关键词——好奇心、自我批评、专注、坚持不懈。

文艺复兴时期的达·芬奇也是拥有超级好奇心的代表，他热爱艺术，也钻研数学、医学，研究飞行器，观测天空和星辰。美国著名的科学家和发明家爱迪生一生在专利局登记过的发明有1000多种，他说他一生的成就主要归功于自己强烈的好奇心。牛顿也说过："真理世界就像一片汪洋大海，而我只是一个好奇的孩子，偶尔拾起一两块美丽的贝壳。"我们不需要与大科学家去比谁的好奇心更强，我们只需要在探索更好的理财方法的同时保持持续的好奇心，做任何一个投资决策的时候不轻易地下结论，放下既有的主观偏见，多去了解一下，或者问问我们这样中立的投教机构，这些方法都可以帮助我们在投资的时候避免再次出现易得性偏误。

最后，让我们试着克服易得性偏误，带着好奇心，来看这一小节最后一个问题——基金收益很高了，需要止盈吗?

在直播的时候，曾经有人在评论区说："我的基金是当年 2 块的时候买的，现在已经 4 块了，我那个基金经理就是大神，止盈就是错过了未来的收益，肯定是不对的。我的实操例子就是最好的证明！"

听到这句话，你现在的感受是什么? 如果是"他说得有道理"，那你还没有克服易得性偏误；如果是"我应该多问问"，那么恭喜你，通关成功，对自己不笃定的事情保持好奇心。

这位朋友说的结论，从他亲身经历的角度来说是没错的；但如果从更全面的角度看，也并不全对。具体关于基金止盈的方法，我们会在后面的章节中详细展开。

很多时候，我们理财收益不理想，往往不是因为败给了操作方法，而是因为败给了自己的认知。请记得开篇那句话——不要在记忆中搁浅真相。

1.4 羊群效应：害怕失去才会真的失去

理财里也有“海王”吗？

我们在前两节里了解了框架依赖效应、易得性偏误，也知道了如何更好地克服它们。在这一节中，我再跟大家分享另外一个典型的认知偏误，先通过一个用户的案例来了解一下。

我们有一个用户叫“赖皮马”，投资理财已经有 10 年经验了。按理说他在市场里真金白银地“学习”了这么多年，可以算得上经验丰富的投资者了，收益应该也是不错的，但事实并非如此。他自己对收益很不满意，于是找到了我们。

刚开始接触他的时候，听他介绍完自己的投资经历，说投了 10 年对收益不满意，我们还以为这位投资老手对自己的收益比较谦虚呢。后来在帮他梳理现有持仓产品的过程中，我们发现了一个问题——他的投资账户里有超过 100 只基金，林林总总，盈亏各异。我们帮他算了一下，他没有说谎，也没谦虚，这么多年下来，他确实没赚到什么钱。别说他自己不满意了，就连我们看完都觉得，嗯，10 年下来，这收益水平确实是有点抱歉了。

想要更好地帮助他，我们得先了解一下他的过往——是什么造就了今天这个他。我问他：“为什么明明知道自己的精力有限，投太多的东西肯定是管不过来的，但还是买了这么多只基金呢？”

面对我们的问题，他非常坦诚，说他过去经常拿自己买的基金和朋友持仓的基金去对比，每当发现自己的基金比别人涨得慢或者比别人亏得多的时候，他就会着急上火，就想把别人手里那只“好基金”也买到自己手里，毕竟曾经错过了一次，这往后的收益可不能再错过了呀。同时，他在银行的理财经理发现他爱买基金，也总是频繁地向他推荐——我们行马上要出一只爆款基金，基金公司多么牛，基金经理多么厉害，他管理过的基金曾经排名多么靠前、拿了多少奖，现在他要出新产品啦，只在我行限额发售，明天 9 点开抢，募集金额满了就截止，卖完了可就没了，我们网点现在已经有多少客户预约下单了……一听到这些，他就又坐不住了，怕错过这么好的产品，于是又买了起来。

就这样，他陆陆续续地在各种渠道买了超过 100 只基金。当时他自嘲地说，自己现在基本上就是买了个大盘回来，但这还远不是他们“业内”的顶尖水平。他曾经参加过一次基金公司组织的线下活动，听说现场最多的有买了 300 只基金的人呢。几年下来，他也真切地发现了自己的问题——一直在盲目地追身边各种短期上涨的所谓的“好基金”，追得辛苦疲惫，时间、精力、本金一样也没少花，但收益根本不行。

当我和他说我要写本书，想把他的故事分享出来，他欣然答应，强调一定要把他的案例当作反面典型告诉大家，希望大家不要像他一样在理财上做个“海王”。

“赖皮马”是非常典型的一类用户。他具备了理财上的一些基本常识，对于 K 线图、最大回撤、夏普比率都如数家珍。但他并不具备投资中底层的心理认知，也就是我们之前提到的“心法”，修炼得不够，没有办法把投资方法形成体系，所以到了实际操作层面，无法灵活地运用所学的这些知识，也就不可能有更高的收益。他后来自己也总结了，说过去的 10 年犯得最明显的错误有三点：一是意识上认为自己的收益只能靠基金的上涨获得；二是选择产品的时候认为过去一段时间业绩领先的基金就一定是好基金；三是具体到自己的基金买卖方法，用他的话说就是，“10 年了，小学还没有毕业”。

帮助他认识到自己的问题后，我们在后续的理财方法辅导上，从四个方面对他的持仓进行了调整：一是削减掉一些投向相似的基金，在同类型里面找好的——不要看到就买；二是通过单笔买入、定投等方式，调节他的买入速度，优化买入方法——不要上来就全仓买；三是除了对不好的产品及时止损外，更让他学会了如何在收益好的时候卖出止盈——不要只想着买，不想着卖；四是在市场下跌的时候，尽量在值得长期持有的产品里去补跌得多的，这样未来自己的收益可能会更高——不要以为亏得多的就不值得买。

这些方法和他之前的操作模式相比有了 180 度的大转弯，我们帮助他把眼光从关注产品的收益，转到了更专注自己获得的收益上。经过 3 年的辅导，“海王”上岸了，现在他已经盈利 50 万元了。

“海王”背后的“羊群效应”

“赖皮马”的案例确实是个个案，毕竟能有百只基金持仓经历的用户确实屈指可数。但在辅导用户理财的过程中，我们发现像“赖皮马”这种“别人买啥我买啥”的行为并不少见，很多人在被问及“当时为什么会买这款产品”的时候，答案都是“我看我朋友当时买了挺好的”，或者“我朋友推荐我买的，他说挺好的”。

看到了吗？在投资这件事上，人类出现了一种共性——羊群效应。而之所以称之为羊群效应，是因为这话还得从羊说起。

羊群本身是一种很散漫的组织，平时也经常左冲右撞，但一旦有一只羊动起来，其他羊也会一哄而上，哪怕头羊跳下悬崖，后边的羊也会不假思索地跳下去。羊群效应在行为金融学中也是比较典型的现象。很多人在投资理财的时候非常容易受到其他投资者的影响，而这种盲目的从众行为让很多人放弃了自己的独立思考，跟风投资，成了一个无意识的投资者。比如，看到某一个基金产品最近涨幅巨大，大家都去追，结果就是大家一起买在阶段性的高点上。下面这张图中几个标出来的市场节点，就非常清晰地反映了这个现象。

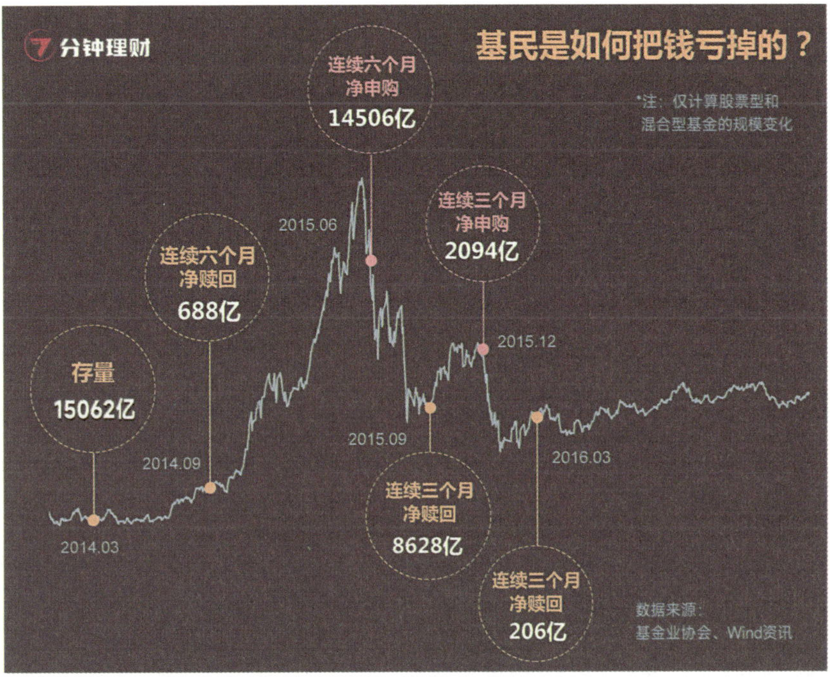

在市场刚刚起步上涨的时候，有人就坐不住了，开始小富即安地赎回。其实如果赎回的人满足于自己已经赚到了的小钱，离开市场，那其实也是好的，至少他们是盈利的。但你相信我，他们的钱虽然走了，心是不会走的。在卖出之后，他们还会继续暗中观察，期待自己可以有第二次盈利的机会。接下来，只要市场继续上涨，不管是刚刚赎回的那些人，还是听说最近市场不错也想借机分一杯羹的人，都会被吸引来，大家一起形成巨量的净申购，组团买在高岗上。

紧接着，暴涨之后的市场开始释放它的风险——暴跌来临。大家纷纷逃窜，出现了大量的净赎回。但我说过了，离开市场的人是不会甘心的，他们会在下一次高点的时候再买回来，然后在低点的时候因为受不了亏损而再一次“割肉”离场，最后可能还骂了一句：“中国 A 股都是骗人的！”

有些人看到这里会说：“哎呀，这都是愚昧的普通人犯的错误，我是聪明的，我不会跟着这帮‘傻羊’一起跳下去。”

哦？你很聪明吗？那我介绍一个比你更聪明的“傻羊”给你认识认识吧。

1720 年 12 月的某一天，伟大的科学家牛顿在自己的日记中写下了一句经典名言：“我能算准天体运行的轨迹，但算不出人类的疯狂！”是什么让当时 77 岁，贵为英国皇家学会会长及英国皇家铸币厂厂长的牛顿发出如此的感慨呢？是股票。

1711 年，为了掠夺南美殖民地的巨大财富，英国成立了一个南海公司，并且发行了最早的一批股票。当时正是私人资本急速膨胀但苦于投资无门的年代，所以一开始股票涨势非常惊人，正巧牛顿手头有点闲钱，心想那我也炒股吧，结果不到两个月就赚了 7000 英镑。当然牛顿可不是没见过钱的普通人，前文说了，人家可是当过皇家铸币厂的厂长，他那时候一年的工资是多少？2000 英镑。所以，他通过炒股，用两个月的时间轻轻松松赚了自己三年半的工资。他很开心，但也很理性，把钱都取出来，套现离场了。

谁知他取出来之后，南海公司的股票跟坐了二踢脚似的，噌噌噌地往上涨，涨了 8 倍。牛顿这时候坐不住了，筹钱去炒股——走！再买！追高去了……结果，英国随后颁布了一个《反泡沫公司法》，南海公司的股票开始大幅跳水，到了年底跌回到最开始的市值。牛顿无奈“割肉”离场，最终亏掉了 20000 英镑，是他 10 年的工资。这时他追悔莫及，说出了上面那句重要的人生感悟。

牛顿大概就是传说中理财圈里智商最高的那只“傻羊”了吧。

所以，觉得自己聪明的人不要自以为聪明，承认自己过去是“傻羊”

的人也不要气馁，不是只有我们普普通通的凡人才傻，才不思考，才盲目跟风，你看历史上这些知名的智者，他们在投资的时候照样傻里傻气的。

如何避免成为一只羊？

羊群效应之所以特别强大，让几乎所有人都无法战胜，是因为底层的认知偏误是人类共有的从众心理。从众心理，指个人受到外界人群行为的影响，而在自己的知觉、判断、认识上表现出符合公众舆论或多数人的行为方式。它本身就是人性的一部分，战胜它之前，你要先认识它、接受它，再去练“剑法”。

人类在进化的过程中，大致遵循两条路径：一个是自然选择，另一个是社会选择。我们必须遵循这些法则，才能活下来。自然选择很好理解，适者生存，不适者灭亡；而所谓的社会选择，指的是人类在经过自然选择存活下来之后，为了确保能够长期生存，形成了集体狩猎形式的社会群体。社会选择的意思就是在群体之中，个体如果得不到集体的认同，甚至被集体驱逐，就会面临死亡的风险。所以在进化的过程中，人性就保留下来了追求社会认同的心理倾向，也就是尽量表现得和别人一样。这样做，一方面使我们在群体中得到了切实的保护；而另一方面，我们也通过不断地和同类比较，寻到了一种归属感和安全感——我还在这个群体中，我没有被抛下，我依然会是安全的。这，就是人性的本能。

在马斯洛的需求层次理论中，有一个层级就是爱与归属。人有与他人建立情感联系、得到认可与肯定、归属某一群体的需求。这就是为什么智慧会如此之难，越来越“自知”，才能越来越有智慧。我们需要在大脑里构建思维体系，提醒自己——本能启动了，注意你现在正在跟从，这并不是你自己真正的选择；需要认识人性，同时做到“反人性”。我们的老祖宗在《论语》里也是这么教育我们的：“众恶之，必察焉；众好之，必察焉。”

有投资失败教训的大文人马克·吐温曾说：“每当你发现自己站在多数人的一边时，就该停下来反思一下了。”

在理财中，想要获得成功的投资结果就需要独立的判断，然而社会认同的压力会驱使我们与周围的人保持一致。于是，市场上涨时，看到周围的朋友日进斗金，即使你本来对投资毫无概念，也很容易因为盲目跟风而入场，在大家共同“盲目”的努力下，泡沫就产生了。而当市场进入下跌通道，很多人又如刚才所说的“跳崖的羊”一般，争先恐后地出逃，造成一种群体性恐慌，社会认同的压迫再一次使你无法保持冷静，于是急三火四地跟风卖出……价格在踩踏中出现非理性的暴跌，每个人又变成了其中受害的一员。除非你是市场上涨前就买入，或者市场暴跌前就卖出的“领头羊”，否则你一旦进入的是后续“从众”的轨道，是不可能在疯狂的羊群中占到便宜的。

所以，想要把理财做好，突破从众心理带来的偏误是非常重要的，不要总是追求和你的同类保持一致，要尽可能地保持理性。但“理性”这两个字说起来简单，我们身为凡人，应该如何保持呢？这里我想分享我的一个感悟。

我每年都会抽出一段时间去寺庙附近住上几天。我发现一件神奇的事，有些寺庙很“灵”，吸引许多人从各地不远万里赶来许愿，回去之后的境遇就会如其所求，有如神助，然后人们不断地来还愿，再把这神奇的力量分享给周围的人，使得寺庙的香火越来越旺、越传越灵。虽然作为一个无神论者，我早年不懂其中的奥秘，只是单纯地出于敬畏，觉得大概是有些我所不知道的隐秘的力量，但是后来我慢慢在观察中参悟到了答案。

我发现每次我住到那附近，心里就会变得很安静，在那个远离噪声的环境下，我仿佛真的能够放下杂念，恢复冷静的思考。而这时，无论你许下的愿望或者所求的事情是什么，那些具体的心愿其实都来自你的理性，大都在你的能力范围以内，或者至少是离你的能力范围不远的。不会有哪个穷困潦倒的人“理性”地去寺庙许愿说：“佛祖啊，我要明天就暴富，拥有1个亿。”

只要是在自己能力范围内做出的决策，我们后续又有积极的意愿，乐于不断地为之努力，那结果大概率就是会变好的，于是就有了心想事成。

《乌合之众》的作者勒庞发现，人在独处的时候往往表现得很理性，但是一旦进入一个群体，性情就会发生变化，甚至表现出另外一种截然不同的特征。所以我认为，许愿灵验，客观上也是因为寺庙本身是一个让人安静的媒介，在那里独处的时候，特定的环境驱使我们回归冷静和理性，你不会有那些过于虚妄的欲求。你冷静地许下的那些朴实的愿望其实本身就离你不远，自然也是容易被实现的。

在辅导用户理财的时候，每当有人看到别人的账户收益，发现自己的不如别人，跑来跟我说：“美罗，你看他的收益比我高，是不是我买的产品不好啊？”或者说：“美罗，明明我跟他买的是同一款产品，他的收益比我高，是不是方法比我好呀？”我都会很平静地告诉他们，在理财这件事上，人和人之间单纯地比较收益率、比较收益金额都是不客观的，因为购买时间不一样，方法不同，风险承受力不同。无休止地比较并不会让我们获得更高的收益，只会让我们逐渐失去理性，更容易做出错误的投资决策。

我们想要获得更好的收益，真正需要做的是提升自己的理财能力，从理财心法上不断地自我检视、突破，战胜自己人性中的那些弱点。如果之前你能驾驭10万元，通过理财赚到2万元的收益，而现在你可以驾驭50万元，通过理财赚到20万元的收益，我会由衷地为你感到高兴，因为你的理财能力提升了，可以让更多的钱为你更高效地打工，这才是你真正的进步。

战胜他人，只能说明你是个有力量的人；我们只有战胜自己，才算是真正的强者。

1.5 短视效应：点与点之间最美的不是直线，而是有价值的曲线

长期持有很难吗？

富达基金曾经对客户数据做过一个分析，想看看到底是什么样的人能够在投资中获得更高的收益，结果发现是下面这三类情况：

1. 客户去世了，但是富达基金不知情。
2. 基金持有人打官司，导致账户长期被冻结。
3. 忘了自己有账户，长期没登录。

这个结果真的太黑色幽默了。但从中我们可以得到一个明确的结论：在投资中想要获得更高收益，你不必真的成为上面的三类人，但你必须像他们一样，在过程中或主动或被动地坚持长期主义。

你想获得更高收益吗？你太想了！那你能坚持长期主义吗？先别急着回答。

我记得那是 2018 年，市场一直在跌，跟年初相比，跌幅达到了 20%。我们那会儿每天都忙于给用户做“心理按摩”，让大家在下跌的时候尽可能地保持冷静，避免一些不理性的错误交易。很多用户当时都在问：“市场震荡，我要不要把我的基金先赎回来？”我跟他们说：“就算你害怕市场继续下跌，不敢补仓也没关系，至少现在持有的这部分你应该先忍一忍，别着急赎，同时定投也要坚持。如果你冷静思考之后，觉得可以理解市场短期波动不仅是正常的，甚至还是我们未来赚钱的机会，那么除了要保持定投别停，

你甚至还可以手动加仓，这样等后续市场涨起来，你一定会赚得更多。”

但无论当时我如何摆事实、讲道理地劝导，从结果上看，我的投资者教育工作还是留下了一点遗憾。在那段市场下跌中，有 1.3% 的用户没有接受我们的辅导，卖出了自己的基金，在市场的低点把自己当“韭菜”，主动地割掉了。虽然在我们的用户中只有 1.3%，但在整个市场中，这却不是少数。

最终到了 2019 年 3 月，之前下跌的那些产品的净值全部都涨回来了，很多人甚至还赚了 15% 以上的收益。

能陪伴用户熬过市场的灰暗时期，让他们最后赚到收益，我当然是欣慰的，但我更不想放弃那些在理财中遗憾收场的人。我想知道是什么阻碍了他们赚钱，为什么在入场的时候我们都已经沟通过，说好了要长期投资，他们明明也表示认可，但过程中他们却又这样轻易地放弃了呢？我想找到他们当时离开的原因，这样可以使我在未来的投资者教育中帮助到更多的人，把 1.3% 的比例降到更低。于是我去采访他们，问问究竟是什么原因使得他们当时放弃了对长期投资的坚持。

最后我发现，这些人主要有两种情况：第一种是跌怕了，不想再玩了，自认倒霉，于是“割肉”离场了；第二种是打算先卖了，然后等市场更便宜的时候再买回来，觉得这样就可以赚更多。

当然结果你们都知道，这两类人最终都没赚到钱。他们不是市场上第一批这么操作的人，同样，也不会是最后一批。2022 年年初，市场再一次重复了 2018 年的“下跌—反弹”，随着辅导的用户越来越多，我们发现这样的人又出现了。我身边一位拥有百万粉丝的财经主持人朋友给我发来微信说，在年初市场的各种短线操作中，自己的股票账户不仅一分钱没赚到，还倒亏了 70 万元。

果然历史不会重演，只会惊人地相似，而且，众生平等……

我们明明给了客户长期持有的信心，挑选出了我们认为值得长期持有的产品，也教给了他们在下跌过程中拉低成本的各种方法，其他投资者事后也都验证了方法的有效性，可是为什么他们当时不用呢？这 1.3% 的人反复出现，很明显不是方法的问题，是“心法”的问题——一定是有某些人性上共通的东西在阻碍着我们，我想找到它。

后来我发现，很多人投资的时候心态是这样的：只要钱投进市场，明天净值就得上涨，一个月下来必须赚到 20%，年底翻番，三五年就走向人生巅峰、实现财务自由……总之，就是只要看不到市场上涨，就索性卖出。而这种着急的心态，在日常的工作和生活中也比比皆是——打工人想早点升职，创业者想早点上市，年轻人想早点退休，退休的爸妈说自己就想早点抱孙子。

确实，我们生活的方方面面都随着社会的快速发展变得越来越高效——外卖 30 分钟就能送达，快递当天就能收到。然而，我们在受惠和习惯于这些高效带来的便捷的同时，也变得越来越等不起了——我的餐怎么超时了？我的快递什么时候能送到？只是这种着急、等不起、不耐烦，在投资的时候变现得更加明显罢了。

为什么理财这件事很难“延迟满足”？

急于求成、着急看到收益这件事其实不能完全怪我们，它不仅是人性的本能驱使的，和大脑本身也是有关系的。

人脑中有一个叫“伏隔核”的区域，伏隔核中的神经元可以促进多巴胺的释放，而多巴胺是一种神经传导物质。神经科学研究证明，每当我们得到一点奖励，我们的一些大脑神经元就会产生多巴胺，多巴胺负责把兴奋及开心的信息反馈给我们。所以，人类喜欢获得正面的新信息，喜欢得到来自他人的赞赏或者物质奖励。而在投资的时候，那些交易软件可以让你每分钟都看到代表财富的数字在跳动，一旦它在上涨，你就会立刻感到开心。

但这种快感并不会持续存在，它的刺激强度和时间的早晚呈现出某种负相关性——只有当你在较早的时候获得奖励，你的大脑反射系统才会发挥作用，并在伏隔核和附近区域引发剧烈的活动，进而引发多巴胺的产生。这就使得在投资的时候，大多数人更愿意在今天得到 10 块钱，而不是明天得到 11 块钱。于是，我们不断地查看自己的账户情况，希望刺激我们的大脑，感受到快乐。然而市场的客观情况就是有涨有跌，最终结果往往事与愿违。

而这种着急背后的短视，除了跟我们的大脑结构相关之外，也是刻在我们的基因里的。我们的祖先在恶劣的原始生态下，随时面临各种生存威胁。俗话说，“躲得过初一，躲不过十五”，这都是乐观的表述，大部分时候可能是“有今天，没明天”。而当人们的首要任务是活着的时候，短视就是一种本能的反应。甚至我们的祖先只有短视，才能确保今天的生存，才有机会去思考“明天”。

社会发展到今天，虽然我们早就摆脱了生存危机，但“短视”“及时行乐”仍旧存在于我们的潜意识中，时刻影响着我们。既然短视融入了我们的血液，是我们人性的一部分，是我们与生俱来的本能，那我们就要坦然地承认它、接纳它，接受自己人性中不完美的这一面。而这种短视的本能在投资时表现出来的行为，在行为金融学里有个相应的概念，叫作“短视损失厌恶”。

短视损失厌恶是由著名学者理查德 · 赛勒和什洛莫 · 贝纳茨在 1995 年发布的论文里提出的。他们发现，投资者对于自己的投资账户查看得越频繁，通常回报就越低。短视损失厌恶是行为金融学非常经典的研究，同时为心理实验的方法提供了直接证据。他们设计了如下的实验：实验对象可以投资两只基金，一只是与实际的某 5 年期债券相对应的低风险基金，另一只是模拟股票指数基金的高风险基金，两只基金的预期收益都为正。实验对象必须了解风险和收益的分布，通过 1 个月、1 年以及 5 年评估期的比较，发现评估期的加长可以减少损失，因而提高对风险资产的投资比例。

如果厌恶损失的投资者不去频繁评估他们的投资绩效，则他们会更愿意承担风险，进而获得更高的长期收益；而过于频繁地评估收益，可能会导致长期收益被短期损失打败。过分强调短期损失，就是行为金融学家所称的"短视损失厌恶"。因为大多数人忍受不了短期价格波动的影响，总倾向于躲避暂时的浮亏，或者是赚一点钱就赶紧"落袋为安"，这样反反复复的操作不仅让自己多交了好多手续费，还损失了更多长期收益。所以，只有认识到"世界上不存在可复制的快速致富方法"，认识到短视不可能为你带来好收益之后，你才可能离获得好收益更近一步。

长期持有真的更"香"吗？

短的反面是长，我们先通过一组数据，给大家看看相比短视的择时，坚持长期投资会多给我们带来多少收益。我们找出了"7 分钟理财"在 2017 年年初辅导客户买过的一只基金——中欧价值发现混合 A（166005）。为什么会选择 2017 年？是因为这只基金经历了两次市场大的下跌，即 2018 年的贸易战和 2020 年年初的新冠肺炎疫情，过程中基金净值的最大回撤达到了近 20%。但是我们看看后来发生了什么。

如果用户是在 2017 年年初购买这只基金的，在入场之后一直持有，中间没有进行任何买卖交易，那么到 2021 年 12 月 31 日会获得 94.58% 的收益率。5 年的时间里，平均下来每年有 19% 的年化回报。但如果你选择择机入场，那收益可就是天壤之别了。

如果你错过了涨幅最大的 5 天，你的最终收益就会近乎腰斩，只有 56.62%；如果你错过了涨幅最大的 10 天，收益就基本只剩完整收益的 1/3，只有 32.78%；而如果你错过了涨幅最大的 25 天，你不仅不会有收益，还会亏损 13.77%。

错过涨幅最大的那几天，你的收益会怎样？

2017/1/1—2021/12/31	中欧价值发现 A
完整区间收益	94.58%
剔除最好 5 天后的收益	56.62%
剔除最好 10 天后的收益	32.78%
剔除最好 25 天后的收益	-13.77%

数据来源：Wind 资讯、7 分钟理财统计整理

仅仅是错过几天而已，收益的差距就有这么大吗？是的！原因就在于只要不离开市场，你的本金和收益就一直在其中做复利滚动。单看一天的盈利好像微不足道，但你要知道，后续每个交易日的涨幅都是在前一个交易日的净值上滚动计算的，相当于每天都在复利，让一个每天都在变大的“雪球”继续沿着湿黏的雪道一刻不停地向前翻滚。在这个过程中，雪球的接触面积越大，粘到的雪就越多，随着时间的拉长，这个雪球的体积就会大到让你惊喜。

所以，长期持有会让复利的威力在你的账户里“发酵”得久一些，你反而更容易获得好收益。

看到这里，有人可能会说：“如果我能够躲过下跌最多的几天，那最终收益还会提升呢，你也一起帮我算算呀！”

抱歉，我不会去测算这个数据，也没有必要去测算这个数据，因为这

个问题本身的底层逻辑就是错的。我们做这个统计想和大家分享的是，任何人都没有预测市场的能力——无论是预测涨幅最高的 5 天、25 天，还是预测跌幅最大的 5 天、25 天，这些日子都随机地分散在漫长的 5 年投资期里。你都没有办法在投资的过程中精确地挑出具体上涨的日子，当然同样没有办法精准地躲避那些下跌的日子。

如果能够坚持长期投资，不去在意短期的波动，不仅会让你收益更好，心情也会更愉悦。我再来跟你分享一组数据。

我们统计了 2017 年到 2021 年这 5 年中偏股基金指数的涨跌幅，累计涨幅达到 112%。而在总计 1217 个交易日里面，有 567 天，也就是在近一半的时间里，指数当天都是下跌的；而上涨幅度超过 2% 的交易日只有 52 天，只占总交易日的 4% 左右。

过去 5 年，偏股基金指数近一半时间是下跌的

	交易天数	下跌天数	涨幅超 2% 天数
天数	1217	567	52
占比	100%	47%	4%

注：统计偏股基金指数（885001.WI），2017 年 1 月 1 日至 2021 年 12 月 31 日单日涨跌幅情况。
数据来源：Wind 资讯、7 分钟理财统计整理

这就意味着，如果你不能战胜短视，天天去看账户的话，大概只有 4% 的时间是开心的，你损失了 96% 的快乐。

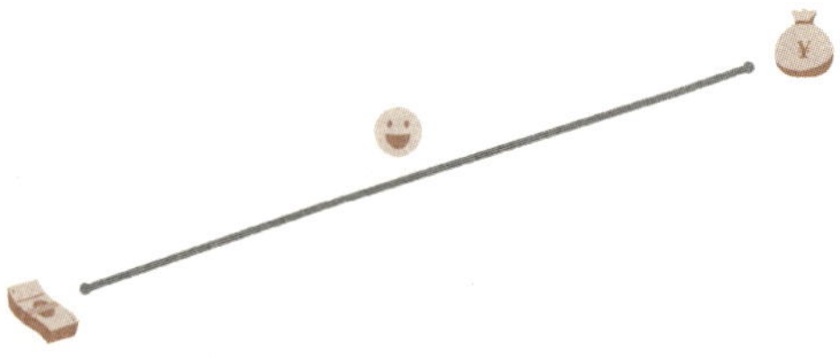

在绝大多数平平无奇的时间里，我们面对的要么是下跌的沮丧，要么是涨得不快的煎

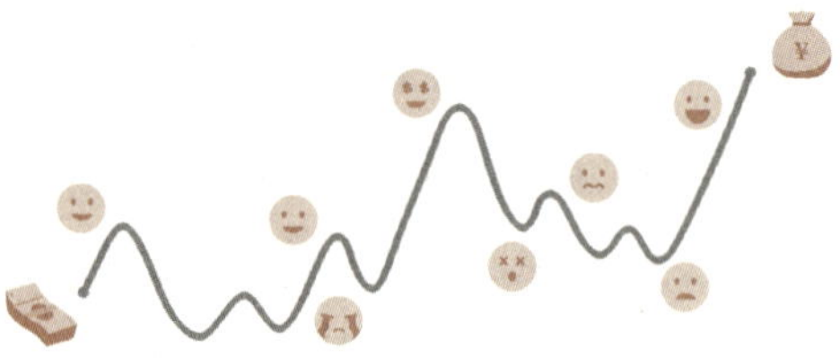

熬。赚钱的代价可真是不小呀。

但如果你相信长期持有的力量，能平静地度过这 1217 个交易日，把有限的时间和精力花在那些让你开心的事情上，那么 5 年过去了，没有错过任何快乐的你，也获得了投资收益，这难道不是双份的快乐吗？！

投资大师巴菲特在年少时就立志要成为百万富翁，这个初级目标在他 30 岁那年就实现了，但这时距离他登顶财富的巅峰还有非常漫长的一段时间。事实上，巴菲特近 96% 的财富都是他在 60 岁之后才获得的。在他 60 岁之前的时间里，财富正增长的速度和效应远不如 60 岁之后。换句话说，刚开始的时候，巴菲特的“雪球”变大的速度也是很缓慢的，但越到后面速度越快，这就是复利带来的力量——大钱生大力，大力出奇迹。

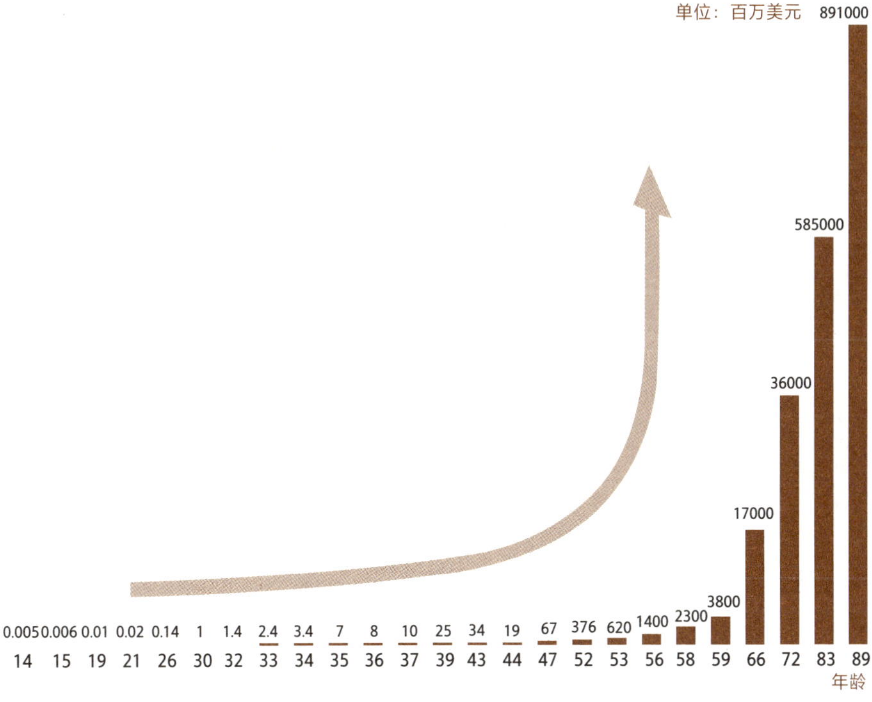

巴菲特的净资产变化（14—89 岁）

下图是一张和巴菲特的财富之路类似的图，是每个月 3000 元的定投，在 18 年过后积攒出 500 万元。那条财富积累的路径也不是简单的斜向上的，同样是通过长期投资，走出了一条优美的曲线。所以你看，如果你能在 60 岁之前完成自己的第一条财富曲线，那 60 岁之后，你想想吧，你得厉害成什么样。

每月 3000 元买基金，18 年后账户市值已达 500 万元

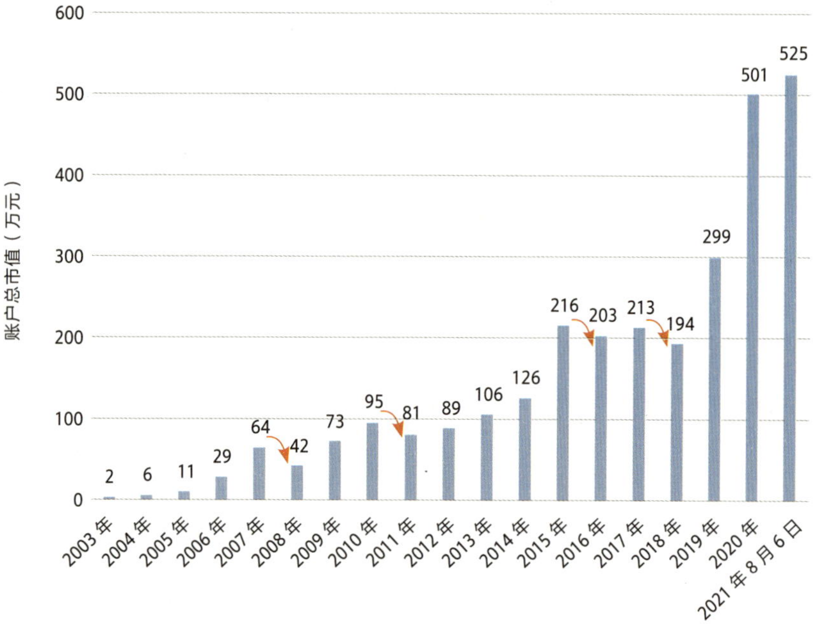

注：2003 年 8 月 6 日至 2021 年 8 月 6 日，测算嘉实增长（070002.OF）每双周周三定投 1500 元，截至每年度末收益情况

如何修炼“长期持有”的能力？

看到这里，有人可能会说：“美罗，我现在知道了要克服人性弱点中的短视和着急，坚持长期投资，未来可以期待一个完美上扬的曲线。但是，我

做不到呀，你看这市场动不动就跌个 20%。我一亏吧，心就抖；心一抖，手就抖；手一抖，账户的收益就被我抖没了……你可以教给我一些‘防抖’的方法吗？”

没问题，接下来就分享两个方法，帮你摆脱多巴胺在投资时的“快乐绑架”，克服人性中的短视本能。

先跟你分享我用的“安全边际法”。它简单、可量化，我一直都在用，你也能实操。

这个方法的底层逻辑，就是我在上一章讲到的经济与投资收益之间的关系。从长期来看，只要我们国家的 GDP 增长为正，增速变快变慢都没关系，只要经济在增长，社会在发展，我就笃定地相信这个大的背景，清晰地明白基金投资就是在通过挑选优质的上市公司，享受国家发展带来的红利，那我最后所有的投资结果一定是好的。你需要先认可这个底层逻辑，我们才能聊具体的操作方法。

但我也明白，难点不是等待长期的上涨曲线，难点在于如何度过难熬的下跌曲线，毕竟在中国过去近 30 年的市场里，一段段曲线中的浮亏变实亏才是阻碍大多数人收益的元凶。

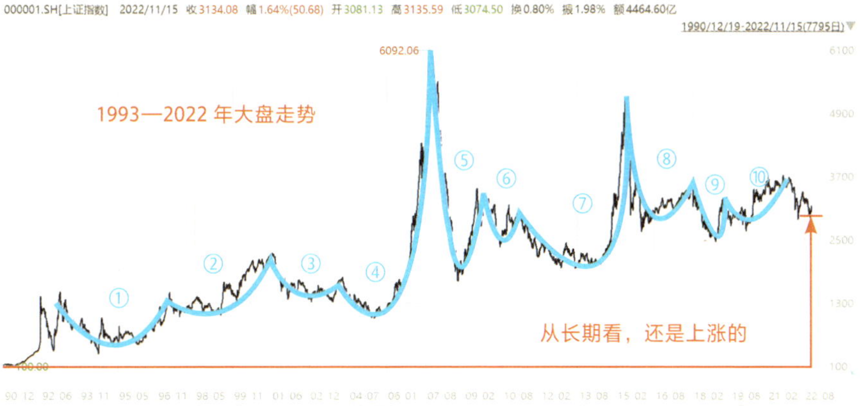

为了防止下跌的时候我们做出不理性的操作，安全边际具体要怎么设呢？简单地说，就是先问自己——我最多能承受亏多少钱，把金额写下来。

假如你觉得亏超过 10 万元就开始难受了，睡不着了，影响正常生活了，那你就把 10 万写下来，然后用它乘以 80%。好，你的安全边际找到了——8 万。然后你要告诉自己："不亏到这个数字就不用焦虑，亏损都是正常的市场短期波动，有跌才有涨。"

为什么要乘以 80% 呢？这是我在辅导用户的过程中发现的小秘密——很多人会高估自己的能力。写下的是 10 万，可一旦真正开始亏损，变得难受了，人就会失去理智。为了防止大家高估自己的能力，写下安全边际之后，我们先给自己打个折。如果你在后续市场的涨跌中发现，自己虽然经历着亏损，但随着"心法"的成熟、认知的提升、经验的累积，自己的内心也越来越强大，那就可以逐步提高安全边际的金额了。在后面的章节中，我会非常具体地分享如何找到适合自己的资产配置比例的方法，你可以结合着一起看，相信会帮助你更好地克服人性中短视的弱点。

记住哦，一定要把刚才算出来的数值写下来，不要偷懒。你可千万不要觉得这是形式主义，绝大多数投资者就是因为没有安全边际的存在，没有"形式"约束他们的行为，才会盲从市场的趋势，成为杀跌过程中"羊群效应"里的一只"傻羊"。写下来的仪式感会强化我们的记忆，助力我们遵守承诺，安全地度过市场波动的"边际"。毕竟余生很长，何必慌张，你说是不是？

除了用"安全边际法"克服短视之外，还有一个我同事正在用的方法，我觉得也不错，我把它叫作"目标金额法"。

她自己有三个定投账户，一直在坚持投资，很有远见。无论市场涨跌如何，她内心都极其淡定，没有像很多普通投资者那样焦虑，终止定投，甚至离开市场。我问她是什么让她内心这么淡定，想知道她修炼了什么"心法”，她说：“倒也没什么，就是我给账户都起了名字……”

她的三个账户分别叫“60岁的草莓蛋糕”“吞金兽的毕业证”以及“浪～～～费”。从名字上你就可以看出，三个账户分别对应她的养老金、子女教育金，以及你看到那个“浪”字后面的波浪线了吗？没错，那是一笔旅游基金，是她未来准备出去“浪”的钱。

正是因为她的每个定投都有清晰量化的金额目标，所以每到市场下跌、波动的时候，她只会在“心抖，手也抖”的时候问自己一个问题：“你钱攒够了吗？没有？你没攒够问那么多干吗？继续攒啊！”于是，靠着“不达目标不罢休”的信念，她逐渐心和手都不抖了，“目不斜视”地成了一个长期主义者。

前面分享的“安全边际法”和“目标金额法”都可以帮助大家在长期坚持的过程中，避免因短视，尤其是下跌过程中的短视，造成不必要的亏损。你不妨也试试看。

1.6 禀赋效应：你是否认真地错过?

框架依赖效应教会我们不要听别人怎么说，坚持独立思考；易得性偏误教会我们不要靠自己记忆里的信息做判断，保持辩证思维和好奇心；羊群效应背后的从众心理提醒我们拒绝盲目跟风，保持清醒；短视是人性本能，远见要靠后天训练。但知易行难，这些都明白了也还是无法获得好结果，因为还有一个著名的拖后腿的“心理怪兽”等待我们去发现和克服。

在过去 18 年辅导用户理财的过程中，我有一个非常重要的感受，就是几乎 99.9% 的人都曾经认真地错过，包括我自己。

先来说说我错过的经历吧。我记得非常清楚，那是 2018 年下半年，市场已经跌了快一年了，当时大盘的点位在 2600 点附近，我认为随着市场越来越便宜了，未来赚钱的概率已经越来越大了，于是我计划着如果市场继续下跌，我要加大自己补仓的力度，在便宜的价格处攒出更多的筹码。

虽然我在市场里摸爬滚打了这么多年，见识了几轮牛熊转换和无数个小波段的涨涨跌跌，已经是一个相对成熟理性的投资者了。但为了防止自己在未来可能继续下跌的市场上出现人性难免的恐惧心理，无法顺利执行补仓操作，我还是掏出了自己的小本子，庄重地把自己接下来的补仓计划写了下来——“如果市场下跌百分之几，我就补仓多少钱”。

当时我的想法很简单，脑子里想的和口头说的约束力都不强，我得把计划落到纸面上，给自己也来点仪式感，进一步地管理好自己接下来的投资行为。

随后，市场果然发生了补仓计划中假设的场景，出现了持续下跌，甚至越跌越快。

与此同时，用户们也开始越来越多地跟我们表达市场下跌给他们带来的焦虑，不停地问我们："万一接下来跌更多怎么办？现在补仓是最好的时机吗？要不要多留一点钱，等未来价格更低的时候再补仓呢？"

这无疑也让我的紧张情绪更加快速地发酵，理性的补仓和感性的恐惧互相缠绕，最终我害怕了，补仓的金额比自己当时计划的要少得多。

紧接着没多久，市场就在 2450 点左右止跌，开始了触底反弹。我本来打算补仓的基金，在短短 3 个月的时间里，反弹的幅度一度超过了 40%。我虽然也赚到了，但还是后悔自己买少了。我当时那么认真地制订了计划，但本应赚到的丰厚回报却被我认真地错过了。

你是否也曾如我一样认真地错过呢？

当然，我肯定不是每次都这么认真地错过，在投资的大部分时间里，我还是能够战胜自己人性的弱点的。比如下图中的这款产品，也是我的一次投资经历。

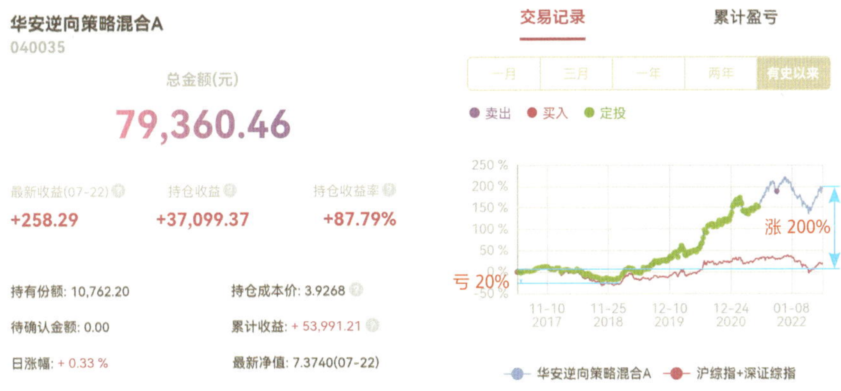

如果你和我一样，也是在 2017 年上半年买入的，那么一直到 2019 年年初，在这将近两年的持有时间里，你将忍受最多大约 20% 的亏损。想想在这种情况下，你会不会放弃它呢？

在购买之前我们认真分析，认为它是具备投资价值的，于是在它价值尚未被发现、价格还便宜的时候逐步买入，开始了建仓之路。只不过接下来市场整体行情偏弱，它也随着市场一起震荡下跌，让投资发生了亏损。但我始终没有放弃，一直在坚持定投和低位补仓，最终也没有错过后续的收益——这款产品从 2019 年到 2021 年赚了 200%。

为什么我们总是错过？

同样的我，同样的波动的市场，有时我懊恼自己错过，有时我又庆幸自己坚持了。虽然没有人能赚到市场上的每一枚铜板，但我相信几乎所有人在投资的过程中都曾有认真错过的经历。我刚才错过的是波动中获得收益的机会，而用户的错过则五花八门。

比如，我们给新用户做他现有持仓产品的分析，明明他已经被不好的产品套牢很久了，我们经过分析也认为这个产品未来不具备投资价值，建议他及时止损，不要在错误的道路上浪费宝贵的时间价值，也不要错过好产品可能带来的收益，但是用户就是不愿意撒手。刚开始做理财辅导的时候，遇到这样的事情，我总是不能理解。我心想：你还在等什么？不要浪费投资机会呀！然后拼命地跟用户沟通卖掉产品的方法——怎么卖、卖多少、卖完了买什么……最后发现客户就是不舍得卖。眼看着我们本来打算建议他投资的基金稳定地上涨，眼看着他错过了这么好的收益，唉……

但一声长叹之后，我逐渐冷静下来。“怎么卖”“卖多少”都不是关键，他“不卖”背后的“为什么”才是关键，我得找到这个“为什么”背后的心魔是什么，然后才能更好地对抗它、解决它。

这种不舍得的心理，就是著名的“禀赋效应”。

禀赋效应是诺贝尔经济学奖获得者理查德 · 塞勒在 1980 年提出的。禀赋效应的意思是，人一旦拥有某物，对它价值的评估要比没有拥有的时候高出许多。

和这个用户在投资中不舍得卖一样，我们生活中也有很多例子。比如你闺密发现自己的男朋友是个渣男，他既超出她的容忍范围，又不悔改。从理性角度来说，她应该立刻分手，及时止损，远离渣男。但闺密以各种理由表示自己既痛苦，又无法离开。这时候我们总会哀其不幸、怒其不争地说什么“你就是心软，你就应该怎样怎样”，但你会发现于事无补，无法帮助她解决问题。正是由于禀赋效应的存在，她将自己对渣男已经投入的时间和付出扩大化，进而导致对原本不值得的渣男评估了过高的价值。最终，她一想到要分手，潜意识察觉到即将损失之前投入的感情，不想让精力都付诸东流，这就使得利弊的天平开始变得不理性，最终导致她无法做出正确的抉择。

如果你没有类似的闺密，那你有没有这样的妈妈——攒了很多压箱底的东西，几年甚至十几年都没用上一次，但就是舍不得扔，宁愿让百十来块的旧物占据着几万块一平方米的房子……

你说，“未曾拥有”和“已经失去”这两种情况哪个更令人痛苦呢？它们都不如“拥有过，又即将失去”痛苦。

无论是拿着差产品不卖的用户，还是放不下渣男的痛苦的闺密，又或者是舍不得扔没用东西的老母亲，他们目前遇到的困境都来自禀赋效应。

行为金融学中通常用损失厌恶理论来解释禀赋效应的底层原因。“损失厌恶”这个概念最初源自以色列心理学家丹尼尔·卡尼曼和阿莫斯·特沃斯基于 1979 年发表的论著《展望理论：风险决策分析》，此后它成为行为科学最具影响力的概念之一，被广泛应用于投资、保险等领域。他们发表的论著中量化分析了损失带来的痛苦与收益带来的愉快之间的比例——前者至少是后者的 2 倍。放在投资的过程中，你可以粗略地认为，亏 10 万元带给你的痛苦大于赚 20 万元带来的喜悦。

而“损失厌恶”这种情绪之所以会出现，是因为在我们人类的大脑中有一块叫作前扣带回皮质的区域，它负责感知疼痛，当正常的期望值被打破时，它就会让你产生惊讶的感觉，所以它也被神经学家称为“哎呀中心”。研究表明，在钱突然减少时，38% 的神经元会被激活；但在现金奖励超过预期时，却只有 13% 的神经元被激活，而且这些被刺激到的神经元发出的信号比较微弱。同时，在大脑内侧的边缘有一个叫作脑岛的区域，这是大脑内部的主要反应中枢之一，用来评估那些引起负面情绪的事件，比如失去金钱。实验发现，人们在亏钱之后，脑岛的活跃程度是赢钱时的三倍。以上都是“损失厌恶”在神经学上的证明。其实人类的头脑和卵子的运作方式也非常相似。当一个精子进入卵子时，卵子就会自动启动一种封闭机制，阻止其他精子的进入。所以，人本身就是自我保护、防御型的，就是趋利避害的。

而在决策的过程中，正是因为我们对于利益和损失的权衡是不均衡的——对“避害”的考虑远大于对“趋利”的考虑，同时损失给我们带来的痛苦要大于相同的收益给人们带来的快乐，出于对损失的畏惧，我们往往会做出更为保守的投资决策，不愿意主动止损，宁愿被动套牢。

了解到这些底层原因，我自己也开窍了。用户不愿意卖，不是理财方法不好，也不是用户不信任方法，问题出在心理认知上。

如何战胜“禀赋效应”，避免再次错过？

好了，现在你已经知道禀赋效应带来的情绪影响，让我们对拥有的事物从情感上赋予更高的权重，导致自己不能理性、客观地面对问题，那我们接下来应该怎么破解呢？也就是说，如何让自己在投资的时候少错过一点呢？

理财是“反人性”的，这就需要我们克制自己在心态上的过度防御，尽量理性地平衡风险和收益，而“解药”就是概率学。在任何时候，概率学都可以帮助我们找出方向，把我们的情绪推向理性决策，而非感性判断。

概率学其实是一门关于未来的学问。在给用户做基金辅导的过程中，概率学真的是太重要了，但是很多人一听到“概率”两个字就觉得头大，感觉它特别深奥，是我们普通人不太能懂的深层次的知识。其实别管它是不是听起来“高大上”，你只要明白它让你在投资中做什么就可以了。概率学运用在金融投资上，简单来说就是搞定三件事——选未来涨的概率大于跌的产品、用赚的概率大于亏的买卖方法、坚持赢的概率大于输的理财行为，只要把这三件大概率正确的事都长期做下去，就行了。

在《7 分钟理财》这本书中，我已经跟大家分享了一些关于如何找到大概率涨的好产品，如何利用大概率赢的好方法去提升理财收益的实操建议，在本书后面的章节里，我也会跟大家做进阶版的分享。我用两个算式，先让大家感受下长期的力量。

$$1.01^{365} \approx 37.8$$

$$0.99^{365} \approx 0.03$$

你看这两个数字，1.01 和 0.99，其实相差很小，但一旦加入了时间这个维度，从长期来看，就会形成赢者通吃的局面。

一个决策系统只要有概率优势，在时间的作用下就能不断放大。我们要长期坚持，不必在乎一次结果的好坏，不要因为短期的不确定性而放弃长期的大概率的美好。“7 分钟理财”的每一个投教知识、每一个理财方法背后，都有概率的统计结果做支撑，只要你愿意和我们一起长期坚持，长期做大概率正确的事，减少不必要的错过，就能赢。

02

理财中，左右你收益的偏见

每个人对事物的认知都会经历从“不知道自己不知道”，

到“知道自己不知道”，再到“知道自己知道”，

最后到“不知道自己知道”这四个阶段。

2.1 经济不好，能赚到钱吗？能。

经济不好，市场就会下跌吗？

曾经有人问我这样一个问题："现在经济不好，挣钱都不如早几年容易了，理财，不是很容易亏吗？还不如把钱放在余额宝里呢，至少每天我还能看到一点收益。"这话乍一听好像很有道理，毕竟老话说"君子不立危墙之下"，咱们现在做事也总说要顺势而为。但经济不好，理财就一定会亏钱吗？

最近几年，经济学家们说起当下的经济情况，都会提到"经济寒冬"这四个字。甚至你不用去看专家的解读，仅从自己的日常生活里，都能体会到普通人在经济上越发艰难。于是，很多人就产生了这样的推导：经济增速都下降了，说明经济不好，那市场肯定就要下跌；市场下跌，产品就会亏很多；产品都亏了，你理财再厉害肯定也赚不到钱。

想要知道这个判断是否成立，我们先来解释一下其中提到的四个关键词：经济增速、市场涨跌、产品盈亏、个人收益。

首先，经济增速下降，市场就一定不好吗？未必。

我们先来理解下什么是经济增速放缓，就以大家最熟悉的经济指标GDP（国内生产总值）来举例。众所周知，过去的20年，我国的经济增速一直保持在比较高的水平，甚至在2004—2007年达到了双位数的增长。而在此之后，GDP的增速开始下降，2021年的数字是8.1%，在2022年的政府工作报告中，经济增速的预期目标被定在了5.5%。很多人会觉得增速降下来了，是不是说明咱们国家的经济不行了？事实上并非如此。因为增速本身是一个比率，无论是 10% 以上，还是 8%，抑或是 5.5%，它都是在正增长的。这就好像你在跑步，无论速度是每小时 10 公里还是每小时 5 公里，你都是在向前的，而不是在后退的。

但有些人会认为，跑得比以前慢了，那就是说明人没劲儿了，不行了呀。但增速下降并不能单纯地只看数字，更要结合经济总量的数值。10 年前，我们国家的经济总量只有 50 多万亿人民币，每年的增量有 5 万亿人民币，增速就达到 10% 了。而到了 2021 年，我国的经济总量已经达到了 110 多万亿人民币，一年 5.5% 的增长，那也将是超过 6 万亿的增量。

国家经济的发展就好像登山，当你在 1000 米的时候，如果向上爬高度的 10%，那只要爬 100 米就可以了；而如果你已经爬到了 5000 米，你向上爬高度的 5%，但距离足足有 250 米呢。而且在向上爬的过程中，各项气候条件也越来越严酷：越向上，气压越低，氧气越少，挑战的难度也越大。看似速度放缓了，事实上不仅达到的高度更高了，分量也变得更重了。体量变大的过程中，GDP 的增速放慢是非常正常的。所以，增速放缓，不代表着经济不增长。

解释完了经济增速放缓的逻辑之后，我们通过一些数据来帮助大家理解经济增速放缓跟市场涨跌的关联。

在下面这张柱状图上我们可以看到，美国在从一个小经济体发展到现在的过程中，它的 GDP 增速也是从原来的百分之十几，下降到近几年 3%—5% 的水平。甚至在有些年份，美国 GDP 还出现过负增长，也就是说经济总量不仅没有变多，反而还减少了。

我们以同期的标准普尔 500 指数来看一下，在 GDP 负增长时期，美国的金融市场表现如何吧。

美国 GDP 实际增长率和标普 500 指数走势图

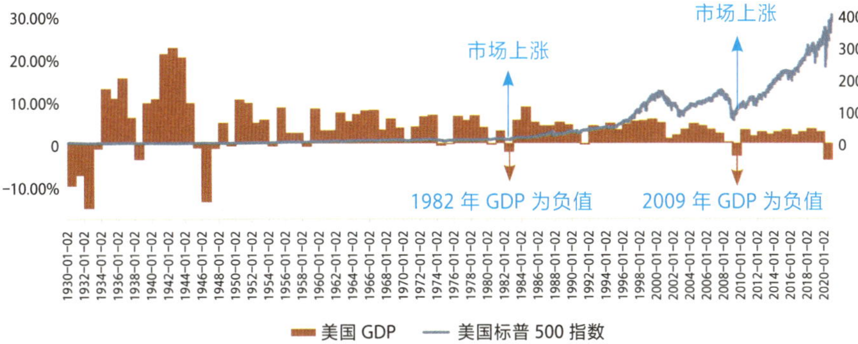

统计时间区间：1930/1/2—2020/12/31
数据来源：Wind 资讯、7 分钟理财统计整理

在 1982 年和 2009 年，美国 GDP 增长率出现了负值——分别是 -1.8% 和 -2.6%，而在同期，标准普尔 500 指数都是上涨的，涨幅分别是 14.76% 和 23.45%。而在离我们最近的 2020 年，美国的 GDP 又一次出现了负增长，增长率达到了 -3.4%，是近几年数据最差的一年，但当年的标准普尔 500 指数的涨幅是 16.26%。

经济不好≠市场不好		
年份	美国 GDP 增长率	标普 500 涨跌幅
1982 年	-1.80%	14.76%
2009 年	-2.60%	23.45%
2020 年	-3.40%	16.26%

数据来源：Wind 资讯、7 分钟理财统计整理

我们国家从改革开放到今天，GDP 的相关数据没有美国那么多，而且 GDP 增速一直都是正值，没有出现过负值。2019 年，我国的 GDP 增速还是 6%，2020 年受新冠肺炎疫情的影响，增速降到了 2.3%，大家都说经济太差了，外媒说“中国全年 GDP 增速创 40 年最低”。但在表现如此之“差”的

2020 年，我们的股票市场依然上涨了 13.87%，当年 A 股市场上偏股型基金的平均收益达到了 55.91%。

虽然这一年我们的 GDP 增速只有 2.3%，但中国仍然是全球主要经济体中唯一一个实现了正增长的国家。全球的“聪明钱”在对比之后，发现中国依然非常具备投资价值，都愿意到这里来投资。

所以，经济增速放缓，不代表市场一定不涨。经济增速放缓≠市场下跌。

市场不好，产品就不能赚钱吗？

接下来我们聊聊市场涨跌和产品盈亏之间的关系。

很多人都说：“市场不好，产品怎么能赚得了钱呢？即便有机会赚到，我们普通人也不具备那样的专业能力吧。”其实不然。

2004—2020 年这 17 年中，中国的 A 股市场，我们以上证指数为例，有 8 年是下跌的。那么，在这下跌的 8 年里，和 A 股波动最密切相关的偏股型基金也是下跌的吗？答案是“不”！

偏股基金与上证指数历年表现对比		
年份	上证指数	偏股基金平均回报
2004 年	-15.40%	0.26%
2005 年	-8.33%	3.10%
2010 年	-14.31%	5.31%
2013 年	-6.75%	12.73%

注：偏股基金平均回报用混合型基金指数（885001.WI）代表。
数据来源：Wind 资讯、7 分钟理财统计整理

实际情况是，这 8 年中有 4 年偏股型基金竟然逆势上涨！很意外对不对？为什么会出现产品比市场好的现象呢？这是因为，基金经理的工作就是帮大家在市场上挑选出更好的标的来投资。所以，他们管理的偏股型基金在大部分年份的表现其实都比市场要好——要么是跌得少一点，要么是涨得多一点。

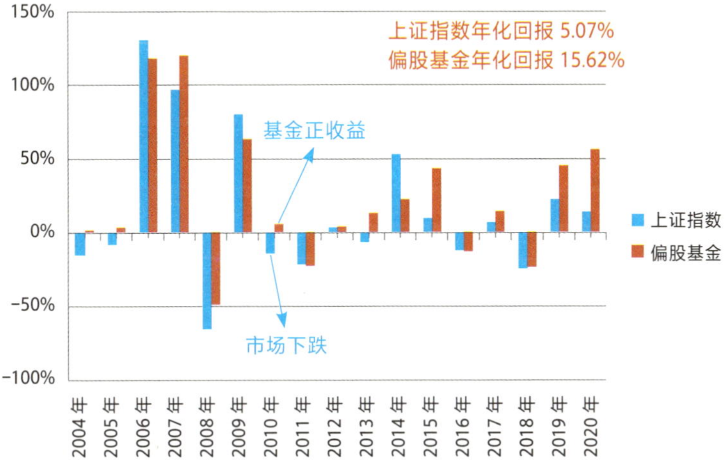

这 17 年来，代表市场的上证指数涨了多少呢？其实涨得不太多，只翻了一番，平均下来年化回报只有 5.07%。那同期偏股型基金涨了多少呢？涨了 10 倍，平均下来，年化回报达 15.62%。所以，市场涨跌≠产品盈亏。

讲到这儿，大家应该已经理解了，经济增速放缓并不意味着具体的产品收益就一定会很差。与此同时，恰恰是因为每个个体的感受都是真实的，各行各业挣钱确实都不如早几年那么轻松了，“挣”得更难了，所以我们才更应该好好理财，给自己多“赚”点呀。

探讨经济好不好，那是经济学家们操心的事，对于无法改变大环境的一个个真实的投资者来说，我更关心你是否能赚到钱。也正是因为你现在“挣”得难了，我才更想帮你“赚”得多一点呀！

2.2 产品不好，会有收益吗？会。

曾经有人问我这样一个问题："理财，说到底不就是买理财产品嘛，如果产品表现不好，我不就没有收益了吗？"这话乍一听好像很有道理，毕竟老话说"鸡窝里飞不出金凤凰"。我买的产品都没赚钱，我上哪儿赚钱去？但产品没赚钱，理财就一定没有收益吗？

我先讲个有趣的理论吧，我给它起了一个名字，叫"大长腿效应"。

大多数女孩在追求形体美的过程中都有一个共同的心愿，那就是希望自己的腿变得更修长、更好看，我也不例外。我去上瑜伽课的时候，有一门课程叫大长腿课，名字看上去非常吸引人。这门课的核心并不是靠整形手术或者敲断小腿重新接骨来达到增高的目的，而是教你提臀，让你通过锻炼，把臀部的线条逐渐上移，进而使你的双腿从视觉上变得更长。

看到这里，很多女生可能已经知道这门课的奥义了，但估计有些男生可能无法理解。腿不还是那个腿嘛，怎么就长了？那我再来给男生讲个例子，解释下"大长腿效应"。

村干部李书记在带领村里的农民兄弟脱贫致富的过程中，帮助大家在地里安装了一批太阳能光板。但没过多久，他就遇到了一个棘手的问题——在安装太阳能光板的地里，杂草逐渐开始疯长，高到影响太阳能光板的正常工作。很多人说："这有什么难的，把草除了不就得了，书记您说吧，是用除草机还是人工去拔，我们听你的。"

但李书记想的是，无论用哪种方法，问题都没有得到根本的解决，无论你是除掉还是拔掉，未来杂草还是会继续生长。聪明的书记想出了一个双赢的办法，他把村里的羊赶进了这片地里，羊吃饱的同时，草，也没了。

让腿变长的提臀课和羊吃草的故事都属于“大长腿效应”。想要解决问题，只凭第一反应、直线思维，往往无法获得最好的效果，而你只要认真分析，就一定可以找到更优的解决方法。

在真实的投资场景中，“大长腿效应”可以解释基金不赚钱、基民如何赚到钱的问题。

很多人都会觉得，基金产品的净值如果点对点没有增长，那买基金的人也不可能赚到钱。或者说，一年下来，基金产品的收益都没有达到10%，我怎么可能获得比10%更好的收益?

我来给大家分享一组真实数据。看，就是这么一条有价值的曲线，基金点对点没有涨，甚至亏了5%，但投资者却获得了13.76%的收益。而实现这种效果的方法就是定投和低位补仓，通过摊低成本来获得收益。

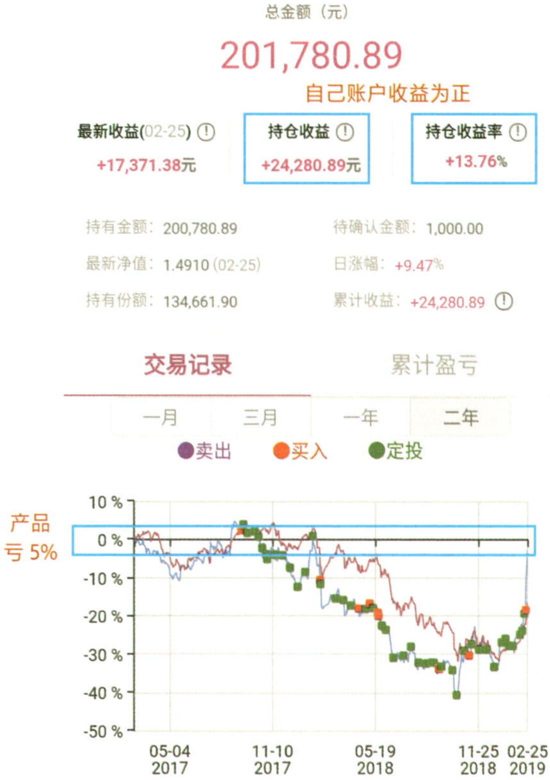

每个人在理财的过程中都追求更高收益，于是我们最本能的反应就是自己的收益只能靠产品净值上涨才能获得。但这只是方法之一，换个角度想想，其实我们还可以有更多、更好的方法。比如，让我们买人的整体成本变低，那后面的收益不也就变高了嘛。这就是“大长腿效应”最好的体现。

我们再来给大家看第二个例子，也是很多人经常遇到的情况。在选产品的时候，某个产品短期已经涨了很多，大家担心买在高点，但另一款的产品短期表现又不好，甚至还是下跌的。就比如下面这张曲线图上的两只基金，蓝色的这只买了就开始下跌，而红色的基金买了就开始上涨。如果让你选的话，你肯定觉得蓝色的这只也太差了吧，上来就亏钱，这投资体验感太糟糕了，不要不要。

定投先跌后涨的基金收益更高

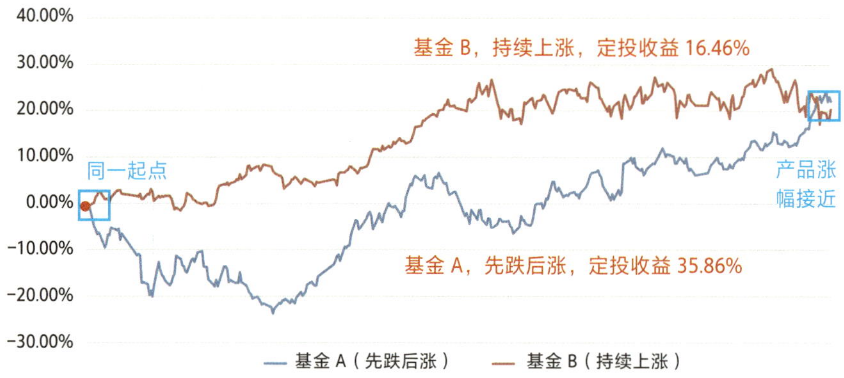

数据来源：Wind 资讯、7 分钟理财统计整理

没错，这两只基金买入之后体验感的差别是很大的，虽然结果没什么不同，点对点都涨了 20% 多，收益很相近，但是如果你是通过定投来参与投资的，两者的收益却相差很大——定投先跌后涨的蓝色产品收益是 35.86%，相比定投持续上涨的红色产品，蓝色比红色收益率高近 20%。所以你看，只要明白“大长腿效应”，任何时期我们都能找到赚钱的机会。

产品不好，就一定赚不到钱吗？

很多人在理财的时候总是觉得如果自己的基金不能立刻上涨，那它就是“废柴”产品，认为这个基金经理水平太差，甚至扬言要赶紧卖掉这只基金，似乎谁涨得快谁的账户收益就高，但事实并非如此。换个角度来看，虽然基金没有上涨，但只要方法正确，也可以获得不错的收益。

我常常把理财产品和方法比喻成剑和舞剑的能力。如果你想赢得比赛，必须有舞剑的方法；如果你不会方法，再好的宝剑给你，你仍然赢不了比赛。这就是很多人想找我要个好产品而我不给的原因，给了你好产品，不会用方法，它反而可能成为伤害你的工具。

所以，掌握科学的方法，哪怕产品收益一般，你也会有不错的收益。

我们说经济增速≠市场涨跌≠产品盈亏≠个人收益，它们之间不是必然的因果关系，但是为什么很多人感觉却相反，觉得自己理财怎么总是亏呢？原因其实很简单——大部分人都追涨，容易买到短期高点，而只有忍耐更长的亏损，才能获得回报。所以，知道自己认知的不足，发现不足背后的原因，和自己的情绪和解，然后我们才能继续进步、继续向前，在不确定的市场环境变化中获得一些确定的回报。

我们创业 8 年来，也一直在解决怎么让用户获得好收益这件事。

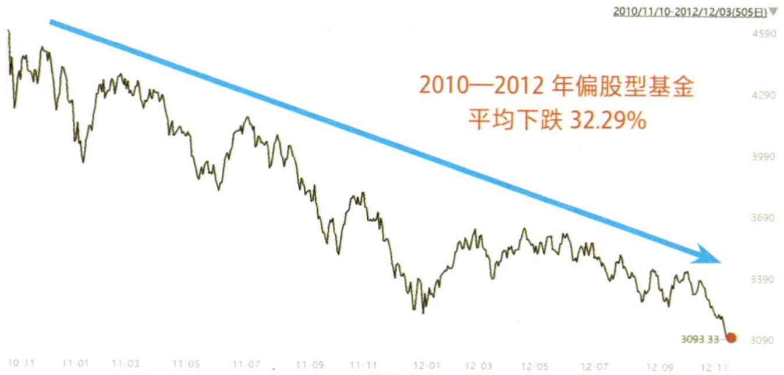

2010—2012 年偏股型基金指数走势图

第 67 页那张图是 2010 年到 2012 年偏股型基金指数走势图。从图中我们可以看出，在这段时间里，市场在持续下跌，我们用任何方法都很难赚到钱。但遗憾的并不是这段时间里没有赚钱，而是很多人熬不过这段漫长的时间，纷纷离开了这个市场。

而如果我们能够克服羊群效应，坚持对的方法，再多坚持 3 年，后面就能看到高高拉起的收益曲线。

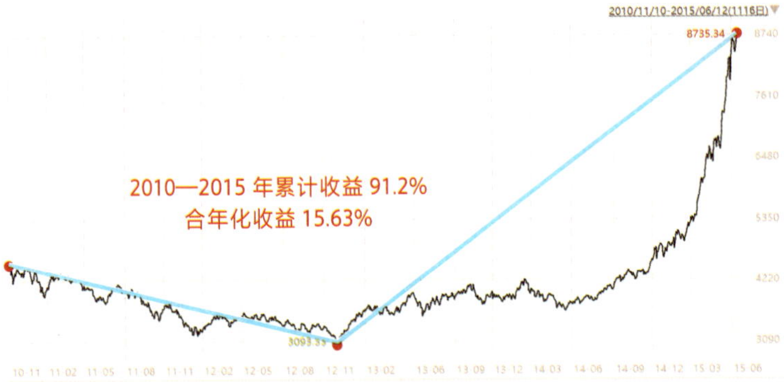

2010—2015 年偏股型基金指数走势图

如果用数据来描述这条先跌后涨的曲线，5 年的时间里，我们获得了平均年化 15% 的回报。这个收益已经算是非常好的了，初期的资产已经翻一倍了。

但遗憾的是，有 90% 的基民并没赚到那么好的收益。因为在每一个阶段性的弧线中，都有很多人无法忍受下跌对自己心理的冲击，无法克服羊群效应、从众心理，宁愿选择亏着出局。

更可惜的是，不少人虽然没有随着羊群的大部队在低点离开，好不容易忍到回本了，但因为没有理性的分析和科学的方法，不敢期待更高的收益，害怕好不容易涨回来的本金再一次亏回去，所以一回本就卖出了，完美地错过了接下来的上涨。

而当我们拉长时间，去看从 2004 年到 2021 年的偏股型基金指数走势图，你就会发现它是有规律的——这一个一个不断连接的弧线，就是一个个完美的微笑曲线，都能够给我们带来不错的回报。而其间每一次回本就卖出的操作，都是对微笑收益的辜负。

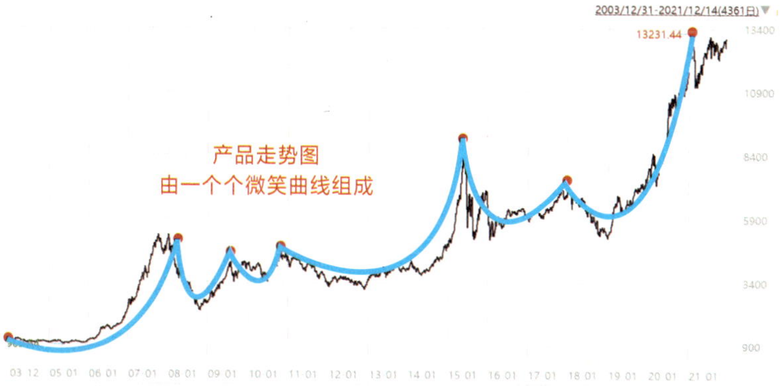

2004—2021 年偏股型基金指数走势图

我和我的团队结合中国市场的实际情况，对从 2001 年到 2022 年的市场涨跌数据进行分析研究后，选出了 47 种非常有效的方法，也得出了一个结论——只要方法对，再加上正确的心理认知，人人都可以赚到平均年化 10% 的回报。

基金经理刘欣说："理财是投入合理的金额，承担合理的波动，持有合理的时间，获取合理的收益，而不是扰乱我们的生活。"

所以，我们更要克服心理上的偏误。只要能克服心理偏误、改变认知、学会方法，你就可以学会在曲线上跳舞，获得好的收益。

要记得，点与点之间最美的不是直线，而是有价值的曲线。

2.3 资金不多，理财有用吗？非常！

曾经有人问我这样一个问题："我现在手里也没多少钱，这会儿学理财是不是没什么用呀，应该等钱多了再理财吧？"这话乍一听好像很有道理，毕竟老话说"巧妇难为无米之炊"，翻翻兜里发现比脸都干净，没钱，理财个什么劲儿呢？

但后来我发现，说这话的用户并不是没钱，他明明是有钱的，甚至还不是一般的有钱，活期账户上趴着 100 万元的现金……知道真相的瞬间，我都怀疑他是不是来我这儿"凡尔赛"来了。

那些你不知道自己不知道的事

在这些年服务用户的过程中，我发现"等有钱了再理财"这句话不仅被没有积蓄的人用作不开始理财的理由，一些明明有资产的人也会这么说。开始我以为是大家对"有钱"的理解不同，但后来我发现不是，这个错误的理念跟钱多钱少没关系，它只跟我们每个人在认知上的一个共同的误区有关，这个误区叫作"不知道自己不知道"。

很多人看到这儿也许会疑惑：我自己还不知道自己知不知道吗？好，那我就来给你做个小测试，看看你到底知不知道自己知道不知道吧。

一片 35 公顷的湖泊中出现了一块小小的浮萍，它覆盖的面积每天都会扩大一倍。如果这块浮萍覆盖整个湖泊需要 200 天，那么它覆盖半个湖泊需要多少天？

很多人这会儿估计已经准备把书放下，去找纸和笔了吧，心里还想着：这有什么难的，我算算不就知道了？

如果你果真如我所言，那我确定，你不知道！你不仅不知道，你还不知道自己不知道……

我先来告诉你答案吧，答案是 199 天。很简单，因为再过一天湖面就被扩大一倍的浮萍铺满了。

很多人也许会不服气，说这就是脑筋急转弯嘛，能说明什么呢？没错，这确实不是什么高深的数学题，每个人稍微思考一下都能理解。那我再问你一道题吧，你刚才不是想去找一张纸嘛，我们就拿一张纸来举例。

假设一张纸的厚度是 0.01 厘米，如果我们把它对折、对折再对折，无限对折下去，那么折叠多少次，这张纸的厚度可以从地球到达月球？

看到这儿估计你会觉得我疯了——月球离地球那么远，我不知道！我完全知道自己不知道！

来，我们一起找一下这道题目的答案。

一张纸的厚度是 0.01 厘米，当我折叠一次之后，它就会有两张纸厚，厚度变成了 0.02 厘米。而当我折叠第二次的时候，它并不是三张纸的厚度，而是四张纸的厚度。第三次折叠后，它已经有八张纸厚了。随着纸的厚度指数增加，第四次将是 16 张纸厚，第五次是 32 张纸厚……以此类推。

有些人看到这里可能会说："等一下，我知道一件事，据说一张纸在折 7—8 次的时候就折不动了。"没错，实际操作中可能会遇到这样的困难，但假设有一张任意大的纸，我们就是可以折叠无数次，当我们折到 27 次的时候，此时的厚度已经超过了 10000 米。

10000 米的厚度是什么概念呢？它比珠穆朗玛峰还要高。在不考虑低温和空气稀薄的情况下，你可以踩着它从高空向下欣赏美景。一个天文爱好者朋友曾经计算过，如果继续这个操作，我们将在第 32 次折叠之后进入外太空；在第 41 次折叠后，我们往下一看，此时已经离地球很远很远了，相比之下，我们离月球的距离倒是比离地球更近了。附加题来了：面对眼前还有不到一半的路程，我们已经折叠了 41 次，还需要再折多少次呢？上一道题中的浮萍马上就要翻倍了！没错，我们只要最后再奋力一折，42 次，就可以到达月球了！

我们从地球去往月球的路途看起来很遥远、很漫长，地月之间的平均距离有 384400 公里。而一张纸 0.01 厘米的厚度，加 42 次折叠，对比地月之间的距离就是两个非常小的数字。思考一下，是什么让我们用 0.01 厘米和 42 次就实现了 384400 公里的跨越呢？

没错，是复利的力量。你过去可能只是听说过复利，知道复利被称为地球上的第八大奇迹，但是你不知道复利的力量会让你通过折纸从地球到达月球，你不知道原来那些看似微小的东西也可以不微小，只要我们肯一遍又一遍地折叠，复利最终也会达到惊人的增长。你更不知道的是，自己原来不知道这件事。

没关系，不知道也没关系。每个人对事物的认知都会经历从“不知道自己不知道”，到“知道自己不知道”，再到“知道自己知道”，最后到“不知道自己知道”这四个阶段。

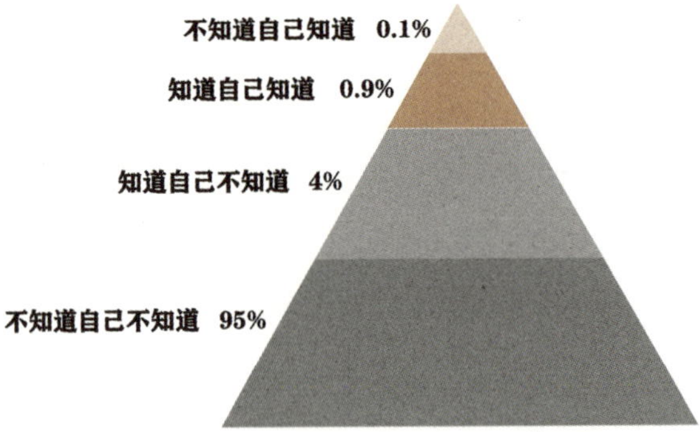

不知道自己不知道——以为自己什么都知道、自以为是的认知状态。

知道自己不知道——有敬畏之心，初具空杯心态，准备丰富自己的认知。

知道自己知道——抓住了事情的规律，提升了自己的认知。

不知道自己知道——永远保持空杯心态，认知的最高境界。

而 95% 的人在理财中遇到的种种困扰，都源于不知道自己不知道。这也是我写第二本书的初衷，只要我们能够意识到这件事情，我们就开始了认知进化之路。而我们一旦采取开放、谦虚的态度，承认自己有很多事情不知道，其实就已经进入了更高的层级，进入了少数人的行列。

前面的浮萍翻番和折纸去月球的案例，相信已经让大家感受到复利意想不到的威力了，但你可能觉得那个复利直接是按 100% 翻着倍来的，而理财哪有上来就没完没了翻番的好事？那接下来，我再给大家举一个跟钱相关的复利的例子，看一下即使不是一番一番的增长，复利在理财过程中究竟能为我们赚多少收益。

我曾经写过一篇文章，标题叫“每个人都有机会赚 500 万退休金”，很多人看了标题就觉得不可能，500 万哪是我们普通人说赚就赚到的，哪怕以年薪 20 万计算，也得不吃不喝工作 25 年才能攒出来呢。

究竟可不可能，我来算给你看。你先不要想不吃不喝 25 年这件事，这太残酷了，也没人能做到。理财的终极目标是拥有更好的生活，而不是在这个过程中把自己修炼成一个苦行僧。

假设你从 2003 年开始，每两周可以存 1500 块，一年就是 39000 块。如果你能自律地坚持 18 年，一共能攒出 60 多万。转头看看我们 500 万的目标，还差将近一个零呢，好像确实没戏。

不过，你觉得没戏是因为你还不知道中国公募基金过去 20 年里创造的收益，在复利的力量加持下会产生怎样的化学反应。

让我们从 2003 年 8 月开始，把每个月攒的钱以双周定投的方式投资嘉实增长混合基金（070002），这样到 2003 年年底，16500 元的本金有了 890 元的收益。看起来很一般，但你没有放弃，继续按部就班地定投同一只产品。到了 2004 年年底，你积累了 55500 元的本金以及 3861 元的回报，看起来还是很普通，毕竟这点钱好像也干不了什么大事。但就是在这样年复一年的积累下，奇迹慢慢地发生了——在 10 年后的 2013 年，你的账户里面已经有了第一个 100 万。

在惊喜的同时，我相信你一定也经历了别人不知道的痛苦——你的收益曾经从 5000 块跌到 2000 块，也从 10000 块缩水到 5000 块，在整个 18 年的投资中，你的收益缩水最严重的时候甚至从 50 万跌到 20 万。可这些你都忍了下来、扛了过去，于是奇迹就随之发生了——18 年过后，你的账户里面真的有了 500 万。这就是中国市场上真实发生过的事情。

每月 3000 元买基金，18 年后账户市值已达 500 万			
截止时间 （自 2003 年 8 月 6 日开始定投）	投入本金	收益	账户总市值
2003/12/31	16500	890	17390
2004/12/31	55500	3861	59361
2005/12/31	94500	10543	105043
2006/12/31	133500	151523	285023
2007/12/31	172500	471137	643637
2008/12/31	213000	211300	424300
2009/12/31	252000	475464	727464
2010/12/31	291000	662631	953631
2011/12/31	330000	480722	810722
2012/12/31	369000	525570	894570

2013/12/31	408000	653187	1061187
2014/12/31	447000	815983	1262983
2015/12/31	486000	1672115	2158115
2016/12/31	525000	1503288	2028288
2017/12/31	564000	1568902	2132902
2018/12/31	603000	1334005	1937005
2019/12/31	642000	2352948	2994948
2020/12/31	682500	4331841	5014341
2021/8/6	705000	4542251	5247251

注：2003 年 8 月 6 日至 2021 年 8 月 6 日，测算嘉实增长（070002.OF）每双周周三定投 1500 元，一年投 26 次，本金 39000 元，截至每年度末收益情况。
数据来源：Wind 资讯、7 分钟理财统计整理

看到这里，你是不是替自己感到遗憾了，为什么 18 年前没有人告诉你这件事，否则你今天肯定也有这笔 500 万了。虽然没错过 1 个亿那么多，但感觉错过 500 万也是蛮可惜的。不过没关系，别气馁，因为还有下一个 18 年、下一个 500 万等着你。今天我把这个例子写出来，也是为了分享给你，不要非到自己 40 岁了才遗憾，为什么没有人在你 22 岁的时候把投资的真相告诉你。

所以你说 3000 块钱它微小不微小？500 万听上去巨大不巨大？在这微小与巨大之间，是什么让我们把由很多个微小的 3000 块聚集在一起的 60 多万，变成了惊人的 500 万呢？是复利，是时间，是我们对复利和时间共同作用的敬畏。只要你的认知迭代升级，能够意识到复利和时间的力量，哪怕你目前只拥有微小的本金，未来你也有机会真切地感受到理财带来的快乐。

认识“确定性效应”，让赚钱确定一点

回到我们这一小节开篇的案例，一个明明有钱的人，迟迟不开始理财，总想着等到钱再多一些了再行动，除了在战术上对复利和时间的力量没有充分理解之外，我觉得他在战略上也有一些可提升的空间。

我们前面讲过挣钱和赚钱的区别，像案例里提到的这一类型的用户，他们明显是具备很强的挣钱能力的，否则也不可能积攒出一定的财富。所以对他们来说，阻碍他们不重视理财的另一个认知障碍，就是他们觉得相比“赚”这件事，靠自己的双手“挣”是一件确定性更强的事。这也就解释了为什么他们更愿意把心思花在工作上——因为收入是确定的，而不愿意花更多的时间去深层次思考“赚”带来的另一份收入——他们认为投资收益是不确定的。这在行为金融学里有一个专有名词，叫“确定性效应”。我们通过一个小游戏带你了解一下它。

这个游戏叫猜硬币，很简单，就是猜硬币的正反面。如果你猜对，我给你 50000 块；如果你猜错，那一分钱都拿不到。你也可以选择不玩这个游戏，直接拿走 10000 块。请问你会如何选呢，玩还是不玩？

我相信大多数人会选择直接拿走 10000 块。但其实你仔细想想就会发现，硬币正反的概率都是 50%，和我玩这个游戏，游戏的价值是 25000 块，远远大于不玩的 10000 块，那你为什么会不理性地选择价值更低的事情呢？

这背后的原因就是刚刚提到的“确定性效应”，它是由诺贝尔经济学奖获得者丹尼尔·卡尼曼和阿莫斯·特沃斯基在前景理论中提出的。研究发现，大部分人往往会对确定性的结果赋以较大的权重，而对可能性的结果赋以较低的权重，这种心理就带来了不理性行为。

换句话说，相较于冒风险博个大收益，人们更不愿意放弃确定的小收益，在这个案例中就表现为愿意花更多的时间，用自己的劳动力“挣”确定

的小钱，而不愿意花精力去学习理财，用钱“赚”收益，进而更多地解放自己的劳动力。简单地说，就是从战略上被“确定性效应”束缚住了思想。

美国女作家芭芭拉写过一本畅销书，叫《我在底层的生活》。作者本身并不是底层人民，她只是潜入底层和穷人们一起生活、一起工作，她想弄清一个问题——穷人为什么贫穷?

她发现，一个女工每天挣 50 美元，却把其中的大部分都交了房租，剩下的小部分就在当天的日常中花掉了，日子过得非常拮据。芭芭拉问她为什么要租日租房而不去租一套公寓呢？毕竟租公寓每个月才 500 美元，算下来其实比每天付房租便宜很多，住起来也更舒适。女工告诉她，租公寓要付一个月押金呢，自己手头没有这笔钱。芭芭拉告诉她，每天只要存 1—2 美元，存满一年，她就能搬进性价比更高的公寓，进入财富的正向循环了。但女工不愿意，觉得自己很难做到，最终一直在贫困中轮回。

在体验底层生活的过程中，芭芭拉绝望地发现，穷人贫穷并非因为他们不努力，他们在开放的市场中和富人进行的任何竞争都没有胜算，根源在于他们的“确定性效应”——他们只有劳动力意识，而没有理财意识。

而事实上，好的产品、好的方法、复利、时间，这些都会为我们的“赚”钱之路带来确定性，只是你暂时还不能完全领悟。没关系，继续看下去，你会一点点明白的。

2.4 理财拖延症，要不要治？要！

看到这里，你已经了解了至少三个知识点：

1. 经济好坏和产品收益的关系。

2. 产品收益和个人收益的关系。

3. 理财中，复利带来的奇迹。

同时你也知道了，理财是一件和我们的工作、生活息息相关的事情：一方面，我们上班“挣”钱那么辛苦，如果不好好打理这些钱，忽略“赚”钱的力量，似乎都对不起自己在职场中“996”的付出；另一方面，当我们真的可以通过理财“赚”到更多钱的时候，我们“挣”钱的压力也会小一些。

但我也知道，很多人虽然能够理解理财带来的好处，但在行动上还是会犹豫、会拖延，还只是停留在理解上，而并不能真正地“赚”到。

我在上一本书《7 分钟理财》里，开篇就提到“理财不要拖延，不要荒废货币在你手中的时间价值”，后面整本书都在讲理财应该怎么做。在那本书出版之后的 5 年时间里，随着我们辅导用户的经验越来越多，辅导的广度和深度都在逐步提高，我们已经从辅导用户“应该怎么做”，升级到了“怎么做得更好”。

有读者和我说：“罗老师，你知道我最后悔的是什么吗？就是没有尽早跟您做理财。其实我看的书挺多的，但一直没有行动，还在原地踏步。拖延真是让自己少了好多收益。”所以在写第二本书的时候，想让这些朋友少一点后悔，我就得知道阻碍他们认真对待理财的根源是什么，这样才能最大可能地解决理财拖延这个问题。

我们为什么爱拖延？

曾经有一位女用户，理财做了 1 年，懂了一些方法，也赚到了一些钱，就想把更多的钱拿来买基金，于是跟老公商量，希望老公能拍板支持她。但她老公说："有那些钱投资，还不如放余额宝里呢，既能每天看到收益，又稳定。投资能赚多少钱啊，万一赔了呢？"

这个用户和我们抱怨，觉得她老公是胆小鬼："你看这一年我理财理得挺好的，都给家里赚到钱了呀！"

这个女用户的老公也有苦衷，一旦亏了，他会认为是自己做错了决策，要为此承担责任。而做错决策带来的后悔比损失金钱带来的痛苦更让他难受，于是他选择尽量避免行动，什么都不做。这种对于做错决策的"后悔厌恶"阻碍了很多人参与到投资理财的队伍中，造成了理财拖延症，他们也就错过了很多应"赚"的钱。

"后悔厌恶理论"是行为金融学的重要研究成果之一，由泰勒在 1980 年首先提出。这一理论认为，投资者在做出决定之前，首先会衡量各种替代方案可能产生的最大的遗憾，然后选择一个后悔程度最小的方案作为最后的决定。之所以会有这样的结果，是因为人们认为自己本该做好但没做好，于是开始后悔，而后悔本身会比客观损失更让人痛苦。所以，为了避免后悔，人常常做出一些非理性行为。

除了因"后悔厌恶"而拖延的人之外，还有第二类"拖延症"患者。他们胆子很大，也很少受到"后悔厌恶"的情绪影响，但理财时依然能拖就拖，对于这类用户的拖延，我从人的大脑中找到了一些答案。

每个人大脑中都有一个叫"杏仁体"的东西，大脑中的杏仁体体积越大，做事越爱拖延。这是 2018 年德国波鸿鲁尔大学的研究人员借助核磁共振成像技术，对 264 名研究对象的脑部进行扫描，又以问卷形式调查了他们对自身行动的控制能力之后得出的结论。

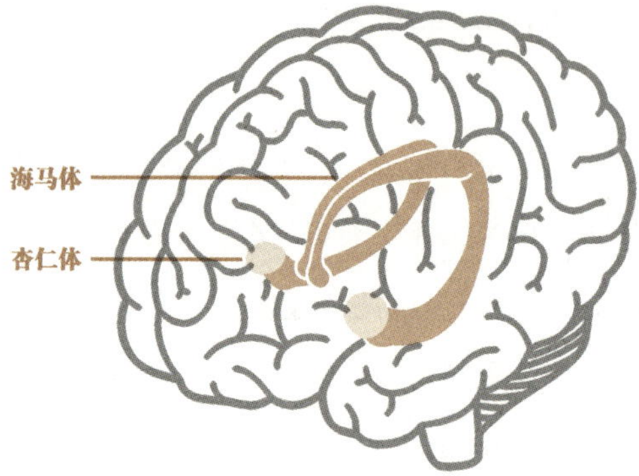

研究发现，对于做事爱拖延这种行为控制能力较差的人，他们的大脑杏仁体体积较大，且杏仁体和另一个叫背侧前扣带皮层的大脑区域的功能连接较弱。杏仁体的主要功能是对形势以及可能产生的结果做出判断，提醒人们某一行动可能产生的负面影响，大脑杏仁体体积较大的人可能会更担心这种负面影响，因此表现出犹豫和拖延。而背侧前扣带皮层会根据行动可能产生的结果选择采取何种行动，一旦两者连接较弱，就会加剧上述这种影响，因此大脑可能无法很好地协调负面情绪与行动。

我相信你在读刚才这一段的时候一定感觉很晦涩。没错，以上这段不是我写的，为了保证内容的正确性，我做了摘抄。现在我给你大概翻译一下：我们脑子里有两个东西 A 和 B。A 越大的人，越担心行动带来的负面效应，就会想拖延；而 A 越大，跟 B 连接得就越不好，B 是做决定的，它俩没连好，会加剧 A 对所带来的负面后果的担心，最后在行动上就选择拖延了（以上如果解释得不好，请海涵）。

爱拖延这件事，除了跟部分人的脑子有关系外，对所有人来说，它也是我们人性共同拥有的一种本能。

在狩猎时代，我们的祖先为了生存下去，必须保存自己的能量。而动脑思考本身会带来巨大的能量消耗，为了活着，我们必须“节能”，所以祖先在留给我们的基因编码里刻下了“能不思考就别思考，能不改变就别改变”的“拖延基因”。日常生活中，我们每每去做一些费脑子的事情，很快就会觉得饿、觉得累，所以通常面对陌生、不熟悉的事情，我们都懒得用脑，这其实都是我们的本能。

总之，在拖延这件事上，大家都拖，有些人可能确实比平均值拖得更厉害一点，但那不是他们故意的，是他们脑子的结构跟大家不一样，我们也要理解他们。

所以你看，适当地去了解一些“为什么”，可以使你跳出框架，接受问题发生的底层原因；也只有理解接纳了这些问题，我们才有可能解决问题。

理财这件事儿，为什么格外拖延？

然而，还有第三类人。

比如我们的一位用户，他承认认真理财能够“赚”到钱，但迟迟没有入场。我想大概是他近期工作比较忙，精力上顾不到吧。又或者他也是杏仁体比普通人大，就是比普通人爱拖延也说不定？但后来我发现，根本不是这么回事。他确实挺忙，忙着炒股呢。这我就奇了怪了，我说：“让你理财你拖延，你炒股怎么不拖呀？”

他的答案刷新了我的认知。他说：“我炒股的时候感觉收益来得快，虽然经常亏得也很多，但在行动的当下，快就带来了刺激，我就想去做。而你推荐我布局的大都是基金，还告诉我基金投资要长期持有，我就觉得它本身不够刺激，反正早一天晚一天好像差别也不大，所以就觉得不着急，过段时间再说也不迟。”

原来，每个人都想要即刻可得的成就感和正反馈，都想做短期就见效的事情，而对于明知道长期效果会更好的事反而不着急了。《贪婪的多巴胺》和《自控力》中提到，最初发现多巴胺的时候，科学家们给它取名为“快乐分子”，因为他们发现多巴胺掌控着我们的欲望和快乐，同时也控制着我们日常的大多数行为，只要增加这种物质，就会让人觉得快乐。但是，随着研究的深入，科学家又发现，多巴胺并不是“快乐分子”，它所带来的快乐，事实上来自于预期之外的好消息或者让人期待的惊喜。比如当你突然发现这个月的工资比上个月多了好几百时，你会感觉到惊喜和愉快，这是因为工资多了，在你的预期之外。

同样的，当股票账户突然来个涨停板，你也会感觉到兴奋和开心。而相比股票，理财让你“慢慢变富”的特性，能够给你带来的多巴胺刺激和惊喜就明显少很多。所以在理财上，我们短期能期待的惊喜值不高，也就没有了足够的行动意愿，于是就造成了我们进一步的拖延。

“理财拖延症”怎么治？

刚刚我们在最常见的三类人中找到了拖延的根源，还有两个金融学小知识，希望对你有所启发。

第一个名词，叫“货币时间价值”。

每个人都知道，货币本身具有交易价值，我们今天拿着 100 块可以交换到 100 块的商品或服务。在理财思维中，货币的价值不仅体现在今天的交易，还体现在未来。货币的时间价值说的就是你今天手中的 100 块，在经历一定时间的投资和再投资后所增加的价值。

如果我们假设投资的年化收益是 8%，从第 1 年开始投资，到第 N 年我们会收获多少钱呢？应该等于本金 ×（1+8%）^N（N 代表复利几年）。

你看到的公式中有几个变量？没错，有三个，分别是本金、收益率、时间。那你觉得这三个变量中哪一个对最终收益的影响最大呢？

我猜大部分人会说是收益率，其实并不是。

“我看谁谁谁现在挺有钱的，不过就是早年投了个什么东西，然后翻了好几倍，一下子就有钱了。”等一下，你冷静一点，动不动就想投资翻番，那些都是个案，我们普通人探讨极端案例过于缥缈、不现实。我们就理性客观地回归到“合理收益率”这个范畴，其实，大多数人通过理财能拿到的收益率差别并不大。

从2005年到2022年，18年的时间里，中国市场的偏股型公募基金平均的年化收益在15%左右，这就是投资道路上专业的跑步选手——基金经理们“奔跑”出来的平均速度。你说有没有哪个基金经理能创造年化25%以上的收益率？可能在某个较短的时间长度里，个别人做到过，就像我也能在跑5公里的过程中，偶尔提速冲两下，但我不能把短暂的几分钟的速度作为我的平均速度。

同时，基金经理们年化收益15%的跑步速度，也不都是绝对的匀速。市场好的时候，速度提高；但市场涨太多了就会有波动，出现低速也是正常的。我们普通人作为业余选手直接上去跑，肯定跑不过人家，但你通过投资基金，可以跟着他们，获得差不多的收益。

解释完了为什么说理财的过程中，“收益率”这个要素对最终的结果影响不大之后，我们来看看剩下的两个要素——本金和时间。事实上，本金和时间才是影响你赚多少钱的最大变量。

我们先来看时间。同样是10万块，在同样的收益率下理财5年和25年，最后是16万和108万的区别。

算到期有多少钱		
初始资金（单位：元）	100000	100000
每年追加投资（单位：元）	0	0
默认收益率	10%	10%
期限（单位：年）	5	25
到期将有资金（单位：元）	161051	1083471

数据来源：7分钟理财统计整理

除了时间之外，投资本金对于最终收益的影响也是巨大的。你把手里的 100 万元全部投入，和只用 10 万元参与投资，那两者最后的收益肯定有差别。在逐步积攒本金的循序渐进式投资里，一旦我们因为偷懒中断，单纯从本金的角度来看，参与投资的总金额变少了，即便收益率和时间都不变，收益肯定也是要打折的。何况在积累的过程中，你其实也减少了部分本金真正参与投资的“时间”，不是吗?

解释完了“货币时间价值”这个名词之后，我再来跟大家分享可能会带给你启发的另一个名词——“机会成本”。

你想怎么打理你的钱当然是你的自由，但你的钱放在一个地方，就牺牲了它在另外一个地方的价值，这就是机会成本。

比如，你把钱放到抽屉里，就牺牲了把它放在银行里会给你赚来的利息；你把钱放到余额宝里，赚每年 1%—2% 的收益，就牺牲了把它放到偏股型基金里会给你带来的长期 10% 以上年化收益的机会。

意识到机会成本后你就会明白，所有的决策都没有对错，关键只在于你真正想要的是什么。并不是所有人都适合把钱放到基金里，你当然还有很多产品可以选择，比如银行理财、国债等。每个人都选择适合自己的就好，我跟你说这些，只是因为我看过很多人错过了收益后并不是为当时没选而抱怨，而是为当时不懂而遗憾。

我的瑜伽老师因为不懂理财，过去只是把钱放到余额宝里。后来一次偶然的机会，因为看到了我家人的投资账户余额从 40 万元变成了 60 万元，感觉自己错过了好多，于是立刻决定要行动起来，认真对待理财。她说后悔没早认识我，其实她已经认识我很多年了，也知道我是辅导大家做理财的，但这些都没有引起她的兴趣，只是她看到我家人赚到了钱，这才真正地刺激了她。

上面解释的“货币时间价值”和“机会成本”这两个名词，即便不能解决你理财的拖延问题，至少也能给爱拖延的你一点刺激、一些启发。你当然可以忠于自己做出的任何选择，我只是希望你不要因为认知不足，而做出错误的决策。

延展阅读——早体会才能抓住机会

在这一章节的最后，跟大家分享一个我个人的真实感受。理财是一种最公平的、可以让拥有的财富变多的能力，而且越早拥有这个能力，对你越有好处。

周金涛先生在生前著作《涛动周期论》中提到："在每个人人生的黄金30年中，一定能赶上3次大的经济周期，只要抓住任何一次，都可以变成中产。"

对此，我深信不疑。我2005年大学毕业进入金融行业，在两年后的2007年，我遇到了人生中的第一轮牛市，市场翻倍大涨。那时市场里的每个人都很兴奋，我身在其中，恍恍惚惚地也跟着体验到了赚钱的快乐，但那时实在还年轻，并没有什么经验可谈。后来到了2015年，市场再次翻倍，我虽然比上一次赚了更多，但现在回想起来，还是有很多遗憾甚至后悔的地方。我的亲身经历告诉我，人生中如果没经历过两次大的经济周期，很难抓住财富再分配的宝贵机会，经验都是在实操当中慢慢积累的。在手里只有10万元的时候，我如果没有好好学习怎么理财，那么即便市场给了我赚100万元的机会，我也根本抓不住。而只有实操的时间足够长，你才可能拥有识别并顺势而为、拥有运用金钱"赚"更多的能力，才有可能在下一个必定会到来的周期中，让自己的财富真正地迭代升级。

03

这些理财产品，去掉包装谁最可爱？

每个产品只要存在，就有它独特的意义，

我们只有在投资前先客观地认识它们，

才能更好地使用它们并帮我们赚钱。

3.1 债券基金：低风险必备

破解了上两章的认知偏误和理财偏见后，我们来把需要掌握的基础知识也学习一下。

市场上的金融产品有很多种，比如很多人都买过的银行理财、国债、基金、股票、保险、纸黄金、余额宝，等等。虽然这些产品的发行主体都不一样，但当我们进一步去了解各类金融产品的底层资产投向时，就会发现，它们大多数都将资金投向了传统金融市场。对于普通投资者来说，投向最多的两个金融市场，就是债券市场和股票市场了，里面可选择的金融产品也很丰富。

在这一章，我们将为大家介绍这两个市场中常见的投资品种。具备了基础知识后，我们再动手实操，才能真正做到稳扎稳打、步步为“赢”。

什么是债券?

讲债券基金之前，我们先来讲讲债券的相关知识。

债券是一种债务凭证。国家发行的债券，就是国债，国家会承担你买的债券到期还本付息的责任；企业发行的债券，叫企业债，由企业承担到期还本付息的责任。除了国债、企业债之外，还有地方政府债、金融债、公司债等，但对于个人投资者来说，能够直接买到的债券比较有限，买不到也没关系，可以通过投资市场上的金融产品——比如银行发行的净值型理财产品、基金公司发行的债券基金等——间接地参与债权类资产的投资。

债券的收益从何而来？

投资债券的收益有两部分，一部分是固定的票息收益，还有一部分是浮动的资本利得。我接下来通过一个小故事，给你讲讲这两部分收益分别是怎么来的。

假如某上市公司为了融资，发行了一款 A 债券——收益率是每年 4.5%，100 元一张，合同约定年后还本，按年付息。你经过分析，觉得收益还可以，风险也可控，于是决定拿出 10000 元先来它 100 张。

一年后，市场上的贷款利率降低了，不用付去年那么高的利息就可以融到钱了，于是某上市公司又发行了一款 B 债券——收益率是每年 3.5%，依旧是 100 元一张，合同约定三年后还本，按年付息。你家隔壁的翠花拿了 10000 元出来，也买了 100 张。

这时，一个聪明的老王出现了。他想，如果现在拿出 10000 元买 B 债券，一年能得到 350 元的利息；如果从你手里买 A 债券，那一年就能得到 450 元利息。两者一对比，肯定是买你手里的 A 债券划算啊，于是老王拍了拍你："哎，就你手里那 A 债券，卖吗？多少钱卖？"

你这会儿应该不会傻到直接按原价 100 元一张卖给老王吧？你肯定得算一算啊！

如果债券不卖，拿在手里，那么还有三年到期，每年 4.5% 的利息，一年就是 450 元，三年就是 1350 元。也就是说，咱不卖，等到债券到期一共能拿回来 11350 元，妥妥的。

而如果今天卖给老王，虽然能拿回现金，但是如果想再去市场上买债券，目前只能买到翠花同款的B债券了，一年给3.5%的利息，一年350元，三年累计利息是1050元，少了300元，不划算。

如果老王非要买，那你就得用贵一点的价格卖给他，要不你就吃亏了。那卖多少钱不吃亏呢？咱得把刚才算的少赚的那300元加回来才不吃亏呀。也就是说，你手里面值10000元的债券，得卖10300元。如果能成交，从他那儿赚300元，加上你之前一年收到的450元票息，一共就是750元的收益了——10000元的本金，一年时间赚7.5%的回报，很不错呢！

所以你跟老王说："我手里这个债券现在值10300元，你用10300元买走，持有后续的三年，把每年4.5%的利息拿到，跟你现在去买B债券的收益是一样的。现在103块一张，我给你便宜一点，卖你一张102.5元，这样你收益多一点，你买不买？"

老王一算，行，比买债券B还是划算一些的，于是付了你10250元。一笔债券交易就这样形成了。

我们现在盘一下你一共赚了多少钱吧，分别是450元的利息收入和250元的买卖价差。

利息收入，就叫"票息"；价差，就叫"资本利得"。

票息是在买债券的时候合同确定好的利息，不会多，也不会少。

而资本利得是由买卖交易价格的价差决定的，有时候高，有时候低。

市场每天都会对债券给出不同的买卖价格，这和你去菜市场买菜差不多，早晨刚开门的时候白菜新鲜1块2一斤，下班时间买菜的人多了可能会涨到1块5一斤，等晚上快收摊了，老板着急回家，说白菜便宜了，8毛就卖。商品有价格，债券也是如此，虽然起伏不大，但是既然有报价，就会有价差，就会有盈亏。

回到刚才的故事，你100元的债券最终卖给老王102.5元，这个买卖价格就叫作"交易价格"。债券交易价格会随着市场的变化而随时变化，你会看到有时候债券价格涨了，就像故事里 A 债券刚发行的时候价格是 100 元一张，后来卖给老王的时候是 102.5 元一张，价格上涨了，获得了资本利得。而有时候债券价格也会跌。

还是刚才那个故事，如果一年后整体贷款利率涨了，企业想融资，得支付每年 6% 的利息才能融到钱了，于是企业发行了一个 C 债券，每年支付 6% 的利息，两年到期。那这时 A 债券的价格又会怎么样呢？

谁都知道，买新的 C 债券给 6% 的利息，买 A 债券一年只给 4.5%，那肯定买 6% 的啊。这时 A 债券要么就拿在手里，等到期，得到每年 4.5% 的利息；要是想在今天变现卖出去，那就得打折。

买 10000 元的 C 债券，持有到期，连本带息会拿到 11200 元；如果这会儿买 10000 元的 A 债券，持有到期，只有 10900 元。A 债券这会儿只有打折卖，别人才有可能愿意买，这时 A 债券的交易价格就会从高变低，看起来就会亏钱。就如同老王之前花 102.5 元买了 A 债券，而其他 A 债券的持有者今天以 98 元的价格把它卖出了，那么 A 债券今天的收盘价就是 98 元。虽然老王没有卖出，但账面也会出现浮亏，因为买入价格是 102.5 元，收盘价是 98 元。

不过，老王专业，不在乎。因为持有到期，不仅每张债券都会归还票面 100 元，还能拿到票息，中途的涨跌在他看来都没有关系。

这个故事告诉我们，有固定利息的债券中途也会亏钱，这是债券的报价机制所导致的。

债券基金的基金经理就像刚才故事里的你和老王一样，在市场里不断地思考怎么在债券交易中赚到钱。为了让你思考起来更容易，故事里计算交易价格的时候并不绝对严谨，但这并不影响你理解债券交易的底层逻辑。

债券基金，就是基金经理帮你买卖各种债券，一边赚固定票息收益，一边争取赚到资本利得。

市场提高利率水平，买新债券比买老债券获得的收益更高，老债券报价就得报得低一点，但这并不影响老债券每年的付息，看起来净值跌了，但也只是反映了交易价格的波动，基金经理将债券持有到期，照样可以拿回本金和约定的票息。

解释到这儿，债券基金收益的两部分来源，你已经可以理解了吧？一个是固定部分的票息收益，不违约就会支付；还有一个是浮动部分的资本利得，可高可低。既然你能理解这两个收益来源，那我想你也就同样能够理解，虽然银行的净值型理财产品、债券基金短期会出现浮亏，但长期还是盈利的这个道理了吧。

所以买债券基金心里是很踏实的，不论市场怎么震荡，长期给我的年收益和国家公布的贷款利率水平相差不会太多。投资债券基金，优秀的基金经理可以把收益做得稍微高一点，不过毕竟底层资产都是债券，同一类型的债券基金的长期收益相差并不是特别大。

既然说到了“类型”，我们就来看看债券基金里可以细分为多少种不同的类型。

债券基金都有哪些类型？

按照投资债券的时间长短，可以分为短债基金、中长期纯债基金。

按照其中投资债券的比例，可以分为纯债基金、二级债基、偏债混合型债基。

按照管理方式，可以分为指数型债券基金、主动管理型债券基金。

按照投资市场，可以分为中国债券基金、新兴市场债券基金、全球债券基金。

还有按照债券的等级分类的，但是常见的和用得上的就上面这些，你把这几种搞懂了，就足够了。

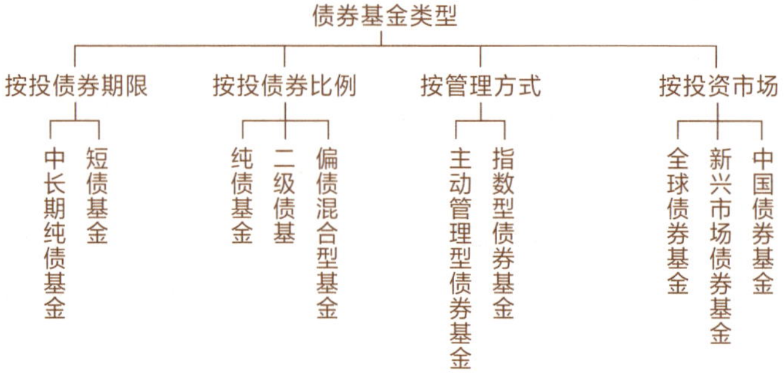

短债基金，指的是基金经理投入大部分资金的都是 1 年内要到期的债券。短，指的是债券的到期时间短。短有什么好处呢？快到期的债券，价格基本上就不怎么波动了，因为通常在这么短的到期时间里，交易双方很难获得资本利得，所以也不会去做导致价格大幅波动的交易，持有者就是安心持有，等到期返本付息了。所以，买短债基金和买货币基金的体验感差不多，一般不太会亏钱。

我们做过一组数据统计，从 2006 年 1 月 1 日到 2022 年 8 月 15 日，市场上所有短债基金一共 282 只，任何一天买入，如果持有时间在 1 个月以上，几乎所有短债基金都是正收益，只有 5.79% 的概率亏钱。风险很低，收益自然就不会很高，最近 5 年（2017 年 9 月 15 日至 2022 年 9 月 15 日）短债基金平均年化收益是 3.54%，虽然不高，但也比同期的货币基金 1%—2% 的收益率高些。

持有时间	短债基金总数	正收益概率	负收益概率
1 个月	282	94.21%	5.79%

注：统计 2006 年 1 月 1 日—2022 年 8 月 15 日存续的所有短债基金，任何一天买入单只基金持有 1 个月收益情况，然后计算所有平均值。

数据来源：Wind 资讯、7 分钟理财统计整理

所以我经常和用户说，货币基金的高级平替就是短债基金，你一个月以上不用的钱都可以拿去买短债基金。

中长期纯债基金，指的是基金经理把大部分钱都用来买 1 年以上的债券。你看右图，它就是中长期纯债基金。

从长期来看，中长期纯债基金的收益通常是围绕国家的贷款利率水平上下浮动的。目前中国贷款利率水平在 5% 左右，所以中长期纯债基金的收益也差不多是这样的。中长期纯债基金收益统计显示这几年平均收益是 5%，并不代表每年都是 5%，有的年份收益是 6%，而有的年份收益是 3%。

右图中的产品是我在 2020 年 5 月底买的，到 2022 年 7 月，持有 2 年时间，获得了 7.75% 的收益率，平均算一下，一年也就 3.8% 左右，并没到 5%。如果刚买 1—2 年，暂时没达到历史平均收益也很正常。中长期纯债基金就是这样，可能某两年收益高，某两年收益低。

你看，同一个债基，我们既可以用年度涨幅说收益率，也可以用近一年的阶段涨幅来说收益率。怕大家受框架依赖效应的影响，所以“7 分钟理财”的“助推”App 将两个涨幅都列了出来。

阶段涨幅　年度涨幅

时间区间	涨跌幅	同类平均	同类排名
近1月	+0.63%	+0.58%	1270 | 2804
近3月	+1.89%	+1.16%	154 | 2722
近6月	+2.63%	+1.53%	111 | 2621
近1年	+5.37%	+3.61%	185 | 2392
近2年	+8.54%	+7.34%	538 | 2042

说完了纯债基金的收益，我们再来说说纯债基金的风险，可以看下表的数据统计。纯债基金在持有的过程中出现 2% 的浮亏都是正常情况，长期来看收益还算稳健。从 2016 年 3 月到 2021 年 3 月，5 年来所有纯债基金只有 2 个亏损，其他都是正回报的。

纯债基金 5 年累计收益分布

收益区间	个数	比例
-5%—0%	2	0.93%
0%—20%	149	68.98%
20%—30%	64	29.63%
30%—50%	1	0.46%

注：纯债基金选取 2016 年 3 月 8 日前成立的中长期纯债基金，统计 2016/3/8—2021/3/8 累计收益情况。

数据来源：Wind 资讯、7 分钟理财统计整理

以上分享的是按债券到期时间长短划分的短债基金和中长期纯债基金。

接下来出场的是按照投资债券的多少划分的二级债基和偏债混合型债

基，这两种基金非常常见，它们还有一个好听的名字——“固收 +”。

“固收 +”比纯债基金加了一点风险，也加了一点收益。

二级债基名字好记，只要记住一个“二”就行，投资股票的资金比例不高于 20%，投资债券的比例不低于 80%。

偏债混合型基金只要记住黄金比例就行，投资股票的比例不高于 40%，投资债券的比例不低于 60%。

金融行业很喜欢起一些专业但不容易记忆的名字，其实不用刻意记二级债基和偏债混合型基金，你只要知道，这两类产品不同于只能投资债券的纯债基，基金经理可以用一小部分资金投股票，大部分资金还是投资债券的，它们同样属于债基的范围，这样就可以了。

比如下面两张图中，每款产品都有明确的基金分类标注。

二级债基和偏债混合型基金都规定了资金投向中债券部分的最低比例，但没有要求其余部分必须投向股票。所以是否选择投股票，以及在允许的范围内拿出多少资金投股票，就取决于基金经理自己的选择了。由于股票的长期回报肯定是大于债券的，所以最近 5 年“固收 +”类产品的平均年化收益在 5%—7%，比纯债基金收益高；同时，“固收 +”类产品也会发生阶段性的亏损，但亏损比例不会太高，通常来说浮亏 5% 属于正常情况，偶尔会达到 10%，但一般不会超过这个数字。

各类债券基金的收益与风险对比

讲了这么多债券基金的类型，让我们一起来看看各类债基的收益对比。下表截取的是从 2009 年年初到 2021 年年末不同投资时点入场，持有 5 年之后各类债基所获得的平均年化收益率。

债券基金持有 5 年平均年化收益率对比（2009—2021）

时间	短期纯债型基金	中长期纯债型基金	混合债券型二级基金（二级债基）	偏债混合型基金
2009/1—2013/12	2.62%	2.55%	2.90%	4.60%
2010/1—2014/12	3.71%	4.81%	6.72%	4.46%
2011/1—2015/12	4.42%	6.11%	8.02%	7.74%
2012/1—2016/12	4.30%	5.95%	8.58%	8.59%
2013/1—2017/12	3.83%	5.37%	7.69%	8.58%
2014/1—2018/12	4.15%	6.39%	7.68%	8.01%
2015/1—2019/12	3.63%	4.77%	4.73%	6.56%
2016/1—2020/12	3.06%	3.35%	3.71%	5.62%
2017/1—2021/12	3.48%	3.87%	5.74%	6.73%
平均	3.69%	4.79%	6.20%	6.77%

注：统计 2009—2021 年，各债券基金指数每 5 年的收益，并计算出年化收益，再取平均值。
数据来源：Wind 资讯、7 分钟理财统计整理

短债基金每年的收益区间在 2.62%—4.42%，平均下来是 3.69%；中长期纯债基金每年的收益区间在 2.55%—6.39%，平均下来是 4.79%；而“固收 +”产品，也就是二级债基和偏债混合型基金，因为加了股票投资的部分，所以 5 年平均算下来收益就要更高一点，年化收益在 6% 左右。

以上关于债券基金的主要分类——短债基金、中长期纯债基金、二级债基、偏债混合型基金，你已经都了解了，这四种债券基金可一定要搞清楚哦。

刚刚讲的都是投资中国市场的债券，如果你资金比较多，也可以放眼全球，了解一下海外债券，比如新兴市场债券基金、美国债券基金、全球债券基金等。

这些投资海外市场的债券基金产品比较适合专业的投资者，像我就遇到过海外债基下跌超过 40% 的情况。下图就是一个令人惊诧的债基，虽然前几年表现非常好，但近一年亏损超过了 50%。因为海外债券波动大，同时和海外市场的利率政策有关，投资前必须先做功课。

如果你买的是在中国市场投资的债券基金，同时还是基金经理主动管理的，那风险就不大，即使中间出现波动，也不要被吓到。回归债券的本质，有合同约束、还本付息的才叫债券，基金经理无论是买几十个还是上百个债券，在买入之前都会非常严格地

筛选债券质量。万一其中个别债券违约，作为投资者，我们也不要太过担心，因为债券型基金有单一债券的配置比例不能超过总投资资金的 10% 的要求。通常来讲，基金经理买债券一般都会买到 20 个以上，就算其中一个债券出现问题，只要其他大部分都正常还本付息，债基的投资风险就是可控的。

总结一下，如果长期持有债券基金，收益从低到高分别是：短债基金 < 中长期纯债基金 < 二级债基 < 偏债混合型基金。

3.2 可转债：拼收益利器

什么是可转债？

华尔街教父、股神巴菲特的导师本杰明·格雷厄姆曾经说过这么一句话："赚钱的第一步是不赔钱。"毫无疑问，可转债就非常符合格雷厄姆的投资原则：第一，可保本；第二，收益上不封顶。

可转债的全称叫作可转换公司债券，是由上市公司发行的，在一定条件下可以被转换为公司股票的债券。我把可转债比喻成鸳鸯火锅，可甜可辣，既可以是一张给你的收益保底的债券，也可以在特定条件下变成一张股票，具有债性和股性的双重属性。

我超级喜欢可转债，为了让你顺利学完本节的内容，我要先刺激一下你的大脑杏仁体，激发你学习的积极情绪。我把我卖出的可转债简单列了一下，平均下来收获了 33% 的收益，都是没有转股票、直接卖债券获得的。要知道，这可是通过找到保本价格，在上市公司承诺到期保本的前提下得到的哟。

罗元裳卖出的可转债收益情况（2019 年 7 月至 2022 年 10 月 31 日）

转债名称	收益率	持有天数	转债名称	收益率	持有天数	转债名称	收益率	持有天数
起帆转债	32.82%	455	核能转债	29.23%	390	众兴转债	42.00%	426
久其转债	27.50%	1005	众信转债	21.81%	358	宝莱转债	100.00%	26
温氏转债	30.59%	301	胜达转债	34.13%	135	华菱转 2	40.00%	138

续表

兄弟转债	30.24%	260	飞凯转债	49.19%	209	明泰转债	36.00%	180
北方转债	36.86%	851	广汽转债	19.80%	422	新凤转债	28.00%	348
隆华转债	30.77%	110	超声转债	32.91%	197	沪工转债	30.00%	132
拓尔转债	29.28%	420	特一转债	35.68%	434	蔚蓝转债	35.00%	391
联诚转债	54.85%	701	中天转债	41.00%	260	桐 20 转债	38.00%	167
嘉友转债	23.82%	187	海亮转债	30.40%	226	鸿达转债	0.66%	288
永东转债	28.25%	568	宏辉转债	22.05%	235	金力转债	13.00%	153
金博转债	-4.25%	138	东缆转债	61.07%	342	蓝晓转债	47.00%	82
苏银转债	17.14%	497	蒙电转债	51.93%	195	洪涛转债	13.00%	159
道恩转债	31.59%	634	嘉元转债	51.35%	188	海印转债	8.00%	92
创维转债	32.10%	309	中金转债	30.89%	168	九州转债	14.00%	162
龙净转债	1.49%	624	天能转债	43.34%	167	新天转债	100.00%	40
开润转债	21.94%	92	靖远转债	35.84%	200	济川转债	7.00%	54
岩土转债	25.14%	715	弘信转债	49.31%	113	维格转债	10.00%	54
华森转债	29.31%	742	林洋转债	32.54%	475	航信转债	20.00%	238
交科转债	29.79%	649	鸿路转债	25.00%	263	模塑转债	90.00%	82
万孚转债	63.60%	480	骆驼转债	30.00%	303	伟明转债	13.00%	202
长久转债	39.69%	267	司尔转债	36.00%	200	格力转债	6.00%	125
平均收益率 32.8%　　平均持有 302 天								

注：统计自 2019 年 7 月辅导可转债课程以来至 2022 年 10 月 31 日，用科学方法卖出可转债的情况。

可转债到底是什么？我举个例子你就明白了。

假如，我们“7 分钟理财”是个上市公司，从几百人的公司做到了上万人规模的公司。但是，公司的进一步发展需要更多的资金来支持。贷款的话，我嫌银行利息太高了，于是联系了“土豪”朋友小甜甜，向她借 100 万元用来扩大公司规模，计划 6 年后再连本带息还给小甜甜。借钱的利息会比银行贷款利息稍低一点。

虽说小甜甜是我的朋友，但我想借用这 100 万元的时间很长，而且利息又没那么吸引人，所以她有点犹豫。

于是我跟小甜甜说："你看，目前公司股价是 5 元一股，如果发展得好，未来股价还能继续涨，过几年估计能到 10 元一股。我给你一个权利，你可以在任何你愿意的时间用 7 元一股的价格转为我们公司的股票，成为我们的股东，到时候股价要是能涨更多，你赚得也就更多了。就算你担心我们公司未来发展不好也没关系，你也可以一直拿着 100 万元的欠条，等 6 年后欠条到期了，我还是还你本金和利息，你看这个提议怎么样？"

小甜甜一听，这个买卖不仅可以保证不亏，还有一个可能赚大钱的机会，于是愉快地成交了。

在这个故事中，小甜甜的这 100 万元欠条其实就是现实市场中的可转债。上市公司是需要资金的一方，是可转债的发行方；而小甜甜是可转债的买入方。

鸳鸯火锅般的可转债：债性和股性并存

解释完了两方的交易背景，下面我就来讲最重要的——可转债的债性和股性。

如果公司发展得不尽如人意，小甜甜可以一直持有这张欠条，等到 6 年后欠条到期了，公司会按照合同约定把本金和利息一起还给她。俗话说"欠债还钱，天经地义"，这就是可转债的债性。只要上市公司不破产，就必须还钱给利息，否则我们就可以去法院告它，让它还钱。

有人可能会说："那万一它真的没钱还怎么办？"你的顾虑没错，所以国家对于上市公司是否有资格发行可转债有非常严格的规定。换句话说，可转债的发行门槛是非常高的。

首先，发行可转债的公司除了必须是上市公司，还必须最近三年连续盈利，且最近三年平均净资产利润率要在 10% 以上（能源、原材料、基础设施类的公司可以略低，但是不得低于 7%）。要知道，单是这第一条要求，就已经把许多企业拒之门外了。

其次，可转债发行后，公司的资产负债率不得高于 70%，累计债券余额不得超过公司净资产的 40%。什么意思呢？就是说向你借钱的这家上市公司，它借的钱不能太多，不能超过全部身家的 70%，因为怕它还不上。如果它还有之前没还完的债，那这些钱也不能超过它全部身家的 40%，不然上一拨人的钱都还没还完呢，还你的钱岂不是更加遥遥无期了？

但你以为这样就结束了吗？

不不不，后面还有很多门槛，我们就不一一细说了，总之只有上市公司中的"三好学生"才能获得发行可转债的资格。

所以从 1992 年到 2022 年 6 月，上市公司发行的可转债还没有发生过一次违约事件，都实现了最差情况还本付息的承诺。

看到这儿可能有人又要问了："发债就好好发债呗，怎么又是债券又是股票的？我们如果看好这家公司，可以单独去买它发行的债券或者股票呀，为什么非要买可转债呢？可转债还有什么特殊的吸引力吗？"

那就要接着说它的股性了。

如果"7 分钟理财"发展得不错，股价涨到 10 元一股，小甜甜也可以把手上的欠条按照合同约定好的 7 元一股的价格，买入公司已经价值 10 元一股的股票，成为股东。相当于打折买了公司股票，所以说股价上涨，她就跟着赚钱，这就是可转债的股性。

花 7 块钱的价格，买 10 块钱的东西，买完就立刻卖出，我们会赚多少？$(10-7) \div 7 \approx 43\%$，这 43% 的收益率可真“香”啊！

可转债在发行的时候就明确了可以用什么价格打折买入公司的股票，所以一旦股票价格高过约定的债转股价格，可转债就拥有了股性，这时持有可转债的人不仅坐拥债券的稳健，还拥有了股价上涨带来回报的可能。

在这个例子中，把可转债转换成股票，即刻卖出就获得 43% 的收益。

此时此刻，在没转股之前，如果有人想买这个可转债，多少钱愿意卖？如果是 100 元买入的转债，咱们不能做赔本买卖，卖出价格低于 143 元就不划算。市场是公平的，在这个时代信息也是透明的，此时转债的价格也会涨到 143 元附近。

这就是可转债的股性，转债价格会随着股票上涨而升高。所以，不用转股，直接卖出转债即可获得同样 43% 的收益。

这一节前面的图片中统计了这几年我卖出可转债获得的 30%+ 的收益，其中没有一个转股，都是直接卖出的可转债。

当然，不是随便买个可转债，都能获得最差持有到期保本、收益还上不封顶的好事的，你得会看价格才行。

在这里我就不介绍可转债的具体买卖方法了，我有非常清晰且能实操的 15 节可转债跟练课，想学的伙伴可以关注“7 分钟理财”公众号了解。

怎么参与可转债？

可转债门槛不高，1000 元就能投资。

有些不懂的人说可转债打新只能买到 1000 元。谁说我是打新啦？你是不是出现"易得性偏误"了？

我买的都是已经发行了的可转债，并没有1000元的限制，买1万元、100万元都可以。只不过现在可转债有新要求，如果你之前没做过可转债，想要入场参与的话，需要有2年的证券交易经验，同时连续20个交易日账户里的平均资产达到10万元以上，才能开通可转债的交易权限。

可转债和普通债券、股票一样，都是一种资产标的，所以你也可以通过公募基金的方式间接地投资可转债，不受上述资产量和交易经验的限制。可转债基金10元就能买。右图是我选择的可转债基金，持有2年，收益42.7%，也还不错。不过你可以很清晰地看到，买可转债基金中途也是会出现浮亏的，有时候会有-10%左右的亏损，原因就是债券价格的变化导致的基金净值下跌。

除了分享我买的产品，我们也用大数据看了看可转债基金的历史收益和波动情况。

2003年到2021年年底，可转债基金的平均年化收益是8.06%，波动率是17%；同期上证指数的平均年涨幅是 5.33%，波动率是 24%。通过数据，你知道我为何那么喜欢可转债了吧？它收益不低，波动还比股票小，通过有效的方法可以找到具备投资价值的可转债，既能保本打底，又有机会博取高收益。

证券代码	证券简称	区间涨跌幅 2003—2021 年	复利计算 年化收益率	年化波动率
000832.CSI	中证转债	336.37%	8.06%	17.43%
000001.SH	上证指数	168.09%	5.33%	24.24%

数据来源：Wind 资讯、7 分钟理财统计整理

最后总结一下：可转债这类资产本身的投资风险比股票小，因为它的本质还是债券，有债券打底的票息收益，但持有的过程中价格波动会比普通债券大，持有者要有能接受 20% 浮亏的风险承受能力。所以，买可转债基金也要拿 3 年以上长期不用的钱去投资，因为一般来讲，基金净值会随着持有时间变长而越来越趋近合理的价格区间，所以长期持有可转债基金的收益会大于纯债基金的收益。

3.3 股票基金：性价比之王

股票 PK 基金，谁赢了？

你觉得是炒股赚钱还是买股票型基金赚钱？

有些人可能会回答："当然是炒股赚钱啊！股票一天就能涨 10%，基金你若不是长期做下来，一年也就 10% 左右嘛，那一定是股票赚钱喽。"

无论是自己炒股，还是买偏股型基金，其实底层资产都是股票，无非谁来"炒"的问题。你当然可以自己"炒"，也可以花点钱雇个基金经理给你"炒"，所以我们探讨的不是股票本身好不好，而是看你俩谁来"炒"赢的概率更大、赢得更多。

为了确保结果的真实性，我们从股票和偏股型基金的平均收益、赚钱的概率以及亏损情况三个方面，给大家做了数据统计。这个结果可能会颠覆你的认知——因为无论从哪个维度看，基金都比你自己炒股票更容易赚钱，而且风险更小。让我们看看下面这张表。

主动管理型偏股基金收益大幅高于股票，年均超额 10%+					
2016 年震荡市行情，偏股基金平均收益略跑输股票 3.59%					
2016 年	个数	上涨数量	上涨比例	下跌比例	平均收益率
股票总计	2709	680	25.10%	74.90%	-9.81%
基金总计	553	68	12.30%	87.70%	-13.40%
2017 年分化行情下，偏股基金平均收益大幅高于股票 28.86%					
2017 年	个数	上涨数量	上涨比例	下跌比例	平均收益率
股票总计	2936	685	23.33%	76.67%	-13.68%

续表

基金总计	635	532	83.78%	16.22%	15.18%
2018 年熊市下跌，偏股基金明显抗跌，比股票少跌 7.31%					
2018 年	**个数**	**上涨数量**	**上涨比例**	**下跌比例**	**平均收益率**
股票总计	3373	220	6.52%	93.48%	−31.31%
基金总计	770	4	0.52%	99.48%	−24.00%
2019 年市场反弹，偏股基金平均收益大幅高于股票 19.38%					
2019 年	**个数**	**上涨数量**	**上涨比例**	**下跌比例**	**平均收益率**
股票总计	3478	2668	76.71%	23.29%	26.93%
基金总计	961	961	100.00%	0.00%	46.31%
2020 年市场震荡上行，偏股基金平均收益大幅高于股票 42.05%					
2020 年	**个数**	**上涨数量**	**上涨比例**	**下跌比例**	**平均收益率**
股票总计	3681	1994	54.17%	45.83%	18.00%
基金总计	1267	1265	99.84%	0.16%	60.05%
2021 年少数热门赛道行情，偏股基金平均收益跑输股票 15.63%					
2021 年	**个数**	**上涨数量**	**上涨比例**	**下跌比例**	**平均收益率**
股票总计	4115	2633	63.99%	36.01%	24.02%
基金总计	2066	1294	62.63%	37.37%	8.39%

注：统计每年度有完整表现的个股和普通股票型基金、偏股混合型基金。其中平均收益率剔除了收益率最高和最低的 5 只的数据。

数据来源：Wind 资讯、7 分钟理财统计整理

谁更容易赚钱？咱们看看最近 3 年的情况。2019 年年初股票有 3478 只，偏股基金有 961 只，到年底一盘账，有 77% 的股票获得正回报。也就是说，如果你随便买股票，有 23% 的可能会买到亏钱的股票。而基金则是 100% 获得正收益。

股票不服，再比一年。

2020 年年初股票有 3681 只，偏股基金有 1267 只，到年底又一盘账，有 54% 的股票获得正回报，有 99% 的基金获得正收益。也就是说，你随便买一只股票，有近一半的概率亏钱，但你要是买基金的话，只有不到 1% 的概率会选到亏钱的。

股票还是不服，再比一年。

2021 年年初股票有 4115 只，偏股基金有 2066 只，这是震荡的一年，风格骤变，到年底再一盘账，有 64% 的股票获得正回报，有 63% 的基金获得正收益。基金以 1% 的微弱差距输了。

如果看过去 6 年的数据，我们会发现基金获得正收益的概率是大于股票的，尤其是 2019 年和 2020 年，基金的正收益概率都接近 100%。

在“谁赚钱概率更大”这件事上，基金，胜。

那么谁赚得更多呢？

话不多说，直接看表吧。

偏股基金收益 VS 股票收益		
PK 单年度收益	股票平均	偏股基金平均
2016 年	-9.81%	-13.40%
2017 年	-13.68%	15.18%
2018 年	-31.31%	-24.00%
2019 年	26.93%	46.31%
2020 年	18.00%	60.05%
2021 年	24.02%	8.39%
2016—2021 年累计收益	4.03%	100.88%

注：数据采自 2016 年以来

股票：选取所有沪市、深市上市股票，剔除退市股票。

基金：选取所有偏股混合型基金和普通股票型基金，股权占比一般在 70% 以上，仓位相对比较高，跟股票对比的结果会更合理。统计股票和偏股基金的单年收益时都剔除当年度最高和最低各 5 只；其中 2016—2021 年累计收益只统计了 2016 年前成立的股票 / 基金的表现。

数据来源：Wind 资讯、7 分钟理财统计整理

6 年中，有 4 年的时间，基金的平均收益要高于股票的平均收益。整体来看，6 年里偏股基金累计收益 100.88%，而股票累计收益 4.03%。这就相当于，如果 2016 年年初你有 10 万元，分散投资股票至 2021 年，你的收益仅有 4000 元；而如果分散投资偏股基金，到 2021 年则会有 10 万元的收益。

在“谁更赚钱”这件事上，基金，胜。

那么谁的风险更小呢?

大家看一下这张表，从 2016 年至 2021 年，每一年找股票和偏股基金中表现最差的一个，看谁跌得更多。结果显示，最差股票的跌幅要远大于最差的偏股基金的跌幅。这也侧面说明，股票投资的风险比基金更高。

基金与股票比惨，谁更惨

年份	股票	偏股基金
2016 年	-64.58%	-42.42%
2017 年	-69.65%	-28.09%
2018 年	-82.59%	-47.95%
2019 年	-76.35%	0.11%
2020 年	-82.18%	-2.67%
2021 年	-77.63%	-43.50%

注：统计每年度有完整表现的个股和普通股票型基金、偏股混合型基金。计算跌幅最大的股票和基金的收益。
数据来源：Wind 资讯、7 分钟理财统计整理

比如在 2020 年年初，你投资了 10 万元：如果不巧买了 A 股最差的股票，到年底，10 万元会亏 8.2 万元；而如果不巧买了最差的偏股基金，那么 10 万元只会亏不到 3000 元。

买基金，坐享专业团队研究成果

好啦，我又要做总结了。

在熊市的大幅下跌中，基金和股票都不容易赚到钱，但是会有一小部分股票由于各种特殊原因赚钱。因为熊市也会有存量资金做股票交易，比如游资集中抱团、个股有重大利好，就会促成一小部分股票是正收益。而基金是分散买入股票的，所以在大部分股票都下跌的熊市里，基金就容易出现亏损。比如 2018 年，虽然市场大跌，但股票正收益的整体比例是比基金大的。因此，熊市里基金普遍没有赚钱效应。

说完了熊市，我们再来说说震荡市。

什么叫震荡市呢？就是市场分化比较大，不是所有的股票都涨，而是有涨有跌。比如，2017 年市场出现 1∶9 行情，即龙头个股涨，中小市值个股下跌；2019 年、2020 年也是成长股涨幅较大，所以这几年市场整体偏强，基金通过精选个股，找到了更好的股票，获得了更强的赚钱效应。因此，震荡市里基金比股票赚钱更容易。

不是说自己炒股不好，而是你要有能选择个股的火眼金睛；不是基金收益一定比股票高，只是基金更容易让我们普通人赚到钱。

通过上面多维度的对比我们知道，从概率学上来说，买偏股基金赚钱的概率更大。我们做理财，就是要做大概率正确的事情。小概率的叫赌博，不叫理财。

上交所、清华大学五道口金融学院、哥伦比亚大学商学院的教授们发表了一篇论文，研究上交所 2016 年 1 月到 2019 年 6 月超过 5300 万个账户的交易数据和收益表现，结果显示：所有 A 股散户，无论是账户 10 万元以下的“小散”，还是资金量在千万级别以上的超高净值人群，单账户平均年收益均为负值，也就是都在亏钱；只有机构投资者和公司法人投资者实现了单账户的平均年化正收益。而机构投资者中就包括基金公司。

账户	总收益（元）	择时收益（元）	选股收益（元）
散户 10 万元以下	-2457	-774	-1532
散户 10 万—50 万元	-6601	-3018	-2443
散户 50 万—300 万元	-30443	-15558	-10171
散户 300 万—1000 万元	-164503	-80767	-65269
散户 1000 万元以上	-89890	-411584	402271
机构投资者	13447655	-4176872	18074792
公司法人投资者	23440904	-14766355	38244620

数据来源：上交所、五道口金融学院和哥大商学院，*Heterogeneity in Retail Investors: Evidence from Comprehensive Account-Level Trading and Holdings Data*

同样是主要投资 A 股市场，为什么基金赚钱效应比炒股更好？其实道理也很简单。

第一，专业度不一样。基金投资是“机构帮你买卖股票”，自己炒股是“1 个人和 N 个机构 PK”。如果你不能每天 8 小时研究市场，不能同时看 4 台电脑，没有名牌大学金融、经济相关专业的学历，没有长达 5 年、10 年甚至几十年的金融从业经历，那你赢过基金经理的概率就不大。更重要的一点是，A 股市场在过去的时间里，通常的表现是牛短熊长，股票普涨是较少数的情况，而我们普通投资者是没有时间和专业能力，在这么多涨跌不一的股票中选到涨得好的那一只的。当然我们也必须承认，确实有人通过炒股实现了财务自由，但那往往是专业人士或者资金量巨大的人，如果你和这两条都不沾边，那我建议你还是选择老老实实地花点小钱，跟机构抱在一起吧。

第二，基金有分散风险的特点。一样的钱，放在一只股票里和放在一只基金里是完全不同的。大多数的主动型基金同时包含了股、债，或者是不同行业的股票，大大地分散了个股“爆雷”的风险。

买股票还是买基金这个问题，说到底就是自己的投资能力和机构的投资能力之间的比拼，股票交易对散户的择时能力、专业度、心理承受力和关注时间要求都非常高，门槛高的同时，信息不对称的情况也比较明显。这也是为什么投资基金赚钱概率更大。

另外，散户炒股不赚钱的另一个原因跟操作行为有关，散户太容易做短线交易，“追涨杀跌”。

延展阅读——消失的指数

“追涨杀跌”到底有多大的害处？我这里有个故事，叫作“消失的指数”。

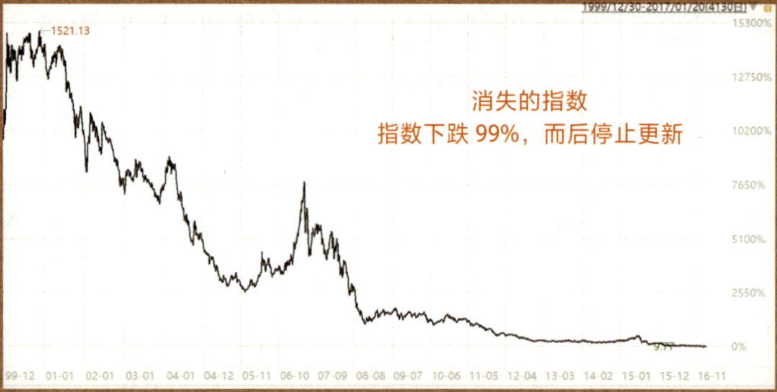

上图为申万活跃指数，代码801862，该指数设立于1999年年底，起始点位为1000点。到了2017年1月20日，该指数由于下跌超过99%，不再更新。没错，跌没了，所以被称为“消失的指数”。那么这个指数里面有哪些股票呢？

延展阅读

它选取了每周换手率最高的前100家上市公司，然后每周轮换股票。我们就从结果上简单地解释下——假设你从1999年年底开始，每周都“追涨杀跌”地买入最热门的100家公司的股票，然后下一周把持仓轮换成新出炉的“最热100家”。长此以往，到了2017年1月20日，在“努力”了17年之后，你的本金只剩下不到1%，亏损超99%。这个数据是不是非常惊人？！

“追涨杀跌”这事也不是中国投资者特有的，全球人民都有这个通病，哪怕是在成熟市场。在1929年美国大萧条之前，美国散户也是将股市看作一夜暴富的大赌场的，精英阶层一边精心编造着致富梦，一边将大把大把的美钞装进口袋。直到大萧条到来，绝大多数的美国人才上了今生代价最大的一堂“金融课”。

时至今日，美国三大证券交易所个体散户日均成交量仅占总体成交量的11%。其中，90%的超过一万股的大单是在机构与机构投资者之间进行的，越来越多的散户选择把钱交给专业的基金公司或者理财机构打理。

有些人可能会说：“我这个人投资不喜欢丢给别人来做，就是喜欢自己炒股的操控感。公募基金的前十大持仓都是公开的，那我跟着基金买股票，应该不能再赔了吧？”这种抄作业的思路听起来有道理，但是你也要知道，公募基金每季度才披露一次持仓信息，等你看到持仓的时候，基金经理可能已经开始换手了，后续三个月里保不齐人家都从数学卷换到语文卷了，你还在那儿猛抄，这成绩能好吗？

延展阅读

巴菲特说自己每天分析股票的时间大概在10个小时以上，即便如此，经验老到的巴菲特也有过失败的炒股经历。比如2021年，他买入达美航空，但是新冠肺炎疫情并没有很快过去，最后他也是“割肉”离场的。

所以，对于普通投资者特别是小白而言，我们还是建议以配置基金为主，不要把全部家当都放进股票里。《大概率思维》这本书中提到：“不要因为有小概率发生，就不做大概率对的事情。”坚持做大概率对的事情，长期看赢的概率会更高。

我自己也做一点股票投资，因为做投资者教育这件事，各种投资形式都得真实地参与其中，只有自己亲身经历，才能更好、更全面地跟大家分享。不过我也知道自己精力有限，所以只拿出了1%的资金去做股票。我有时也和赌性高、喜欢投资的刺激感的用户说：“你拿一点小钱去炒股，没问题，控制好比例的‘小赌怡情’我是支持的，因为你参与之后更能体会到基金的好。我唯一要提醒你的是千万要注意这笔‘小钱’的比例，不要看股票短时间收益快就忘记了投资纪律，将资金大笔投入。投资的过程中，不要忘记自己人性的弱点哟。”

3.4 股票基金分类，一次讲透

这一节要谈股票基金了，我自己都好兴奋。因为在这一类别里，能帮大家提高收益的好工具太多了。我们先来梳理一下，看看这次的“宝剑库”里都有哪些具体的分类。

股票基金都有哪些类型？

按照股票投资占比，可以分为：偏股混合型基金、股票型基金。

按照基金管理方式，可以分为：主动管理型基金、被动管理型指数基金。

按照投资标的，可以分为：普通偏股型基金、行业板块基金等。

按照投资市场，可以分为：新兴市场股票基金、美国股票基金、全球股票基金等。

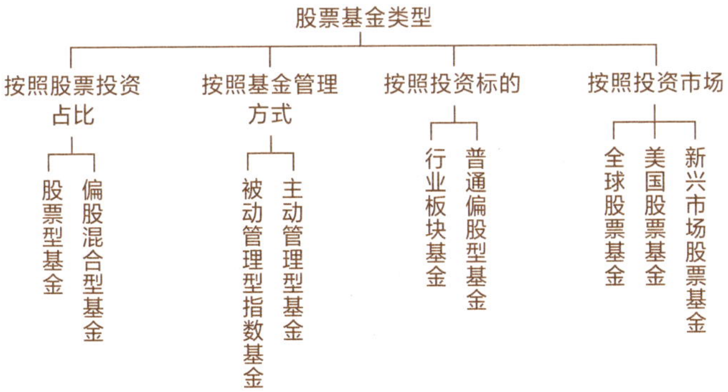

除此之外，还有一些新的工具，比如FOF基金、投顾基金组合等。

在证监会网站披露的信息中，我们可以看到，上级监管部门对于基金的分类是有清晰的界定的。《公开募集证券投资基金运作管理办法》第三十条*中有详细说明：

> 第三十条 基金合同和基金招募说明书应当按照下列规定载明基金的类别：
>
> （一）百分之八十以上的基金资产投资于股票的，为股票基金；
>
> （二）百分之八十以上的基金资产投资于债券的，为债券基金；
>
> （三）仅投资于货币市场工具的，为货币市场基金；
>
> （四）百分之八十以上的基金资产投资于其他基金份额的，为基金中基金；
>
> （五）投资于股票、债券、货币市场工具或其他基金份额，并且股票投资、债券投资、基金投资的比例不符合第（一）项、第（二）项、第（四）项规定的，为混合基金；
>
> （六）中国证监会规定的其他基金类别。

股票型基金

在上述定义中，我们可以看到，股票型基金要求基金经理投资股票的资产比例不能低于基金资产的80%。这就意味着，我们基民把钱交给你，就是让你帮我们好好炒股，在市场里选有投资价值的好股票。如果你觉得

---

* http://www.csrc.gov.cn/csrc/c106256/c1653978/content.shtml

现在市场贵了，想少投点股票，资金量也不能低于总投资资金的 80%。退一万步讲，哪怕你觉得市场要大跌了，你也不能跑，必须保证 80% 的资金在市场里，这时你就要努力从中寻找接下来大概率跌得少的股票了。你不能说："我不买，我是为你好呀！"不行不行，这就是监管的规定，没的商量。

混合型基金

虽然监管部门在大方向上给出了基金类型的明确定义，基金公司在发行基金的时候也会在合同上标出来，这款基金产品属于什么类型，但当我们把目光落在具体的基金产品上时，会发现在行业中又出现了一些更加细小的分类——偏股混合型、灵活配置型、平衡混合型。我仔细地查阅了一下基金合同，其中大多数是这样定义的，我举例摘抄一下：

偏股混合型：股票资产占基金资产的 60%—95%。

灵活配置型：股票资产占基金资产的比例范围为 0%—95%。

平衡混合型：股票等权益类资产占基金资产净值的 30%—70%。

这三类基金按照证监会的定义属于第（五）种，大类上讲，叫混合型基金。其中"偏股混合型"还好理解，至少有一半以上的资金投资在股票上，确实是偏向了"股"。但后两种"灵活配置型"与"平衡混合型"，由于从约定比例上来看，混合的自由度过高，基金经理完全可以按照自己对市场的看法，决定基金此刻是股性更强还是债性更强。而基金持仓并不会实时公布，这就使得投资者在选择的时候不容易给这类混合的方向定性。

有困难不怕，我们"7 分钟理财"就擅长解决这种困难。为了让用户看基金的时候不要太复杂，我们对刚才说的混合型基金里“中不中、西不西”的两类基金，也就是“灵活配置型”与“平衡混合型”进行了更为明确的划分。如果该基金投资股票的资金连续四个季度低于 40%，且最近一次持仓披露时依然在 40% 以内的，我们就在“助推”App 中给它打个“混合型 - 偏债”的标签，因为基金经理近两年将大部分资金都投债券了，那自然就要把它放进债券基金里。除此之外的其他混合型基金，我们就都打上“混合型 - 偏股”的标签。虽然官方定义都是混合型，但是我们多贴了一个细分标签，这样用户在查询某一基金的时候就不会低估它的风险。

打完标签之后，基金的“小尾巴”上就很清晰地出现了三种分类——股票型、混合型偏股、混合型偏债，看起来也清晰，你也能知道相应的风险程度，方便做选择。

主动管理型基金和指数基金

接下来我们讲讲按照管理方式的不同，基金可以分为主动管理型基金和指数基金。

在这一分类里，主动和被动是一个相对的概念，关键在于有没有人为的因素参与选股的过程。这里面的人是谁呢？就是我们常说的基金经理。那基金经理做了什么呢？他按照他的意愿去主动地挑选他认为好的标的并进行交易。

就好比逛商场，如果你有足够的钱，你可以买任何你认为好的东西，比如你觉得便宜的、你觉得虽然不便宜但是质量好的、你觉得性价比高的，通通都可以收入囊中。基金经理也是如此，无非就是在金融市场上挑他认为好的标的。

所以，这里的“主动管理”代表的是基金经理有相对的选择自主权，可以凭自己的经验进行买卖交易，这就是主动管理型基金。

明白了主动管理型基金，那和它相对的应该有个被动管理型基金，对吗？没错，有的，我们常说的指数基金就是被动管理型基金。

指数基金，顾名思义就是追踪指数表现的基金。比如上证50指数、沪深300指数、标普500指数，这些都是客观的指数，代表一类上市公司的涨跌幅表现。指数并不是产品，指数基金才是我们可以购买的产品。

指数基金就是以该指数的成分股为投资对象，通过购买该指数的全部或部分成分股构建投资组合，追踪某个指数的表现。在这个过程中，基金经理就不能随意地发挥主观能动性了，哪怕你再有能力，对不起，不能按照你的意愿随意挑选股票，只能“被动”地追踪指数的表现，所以这样的基金叫被动管理型基金。

指数界的“尖子生”

接下来我们再来学习一下，什么是指数增强型基金。

指数增强型基金就像它的名字一样，也是指数基金中的一种，但它比原本的指数基金更“强”了。基金经理在被动复制指数的过程中可以加入一点主动管理，虽然前提是在指数成分股里面挑选，但是不用完全复制所有成分股，可以挑选一些他们认为更好的，剔除一些没有投资价值的，目的是提升指数基金的收益。比如我们衡量某个高中的教学水平，通常用的是升学率这一指标，升学率看的是所有高三学生的大学录取比例，这相当于简单的指数基金。如果全年级有 100 人，学校在高三分班的时候挑了 50 个人进入尖子班，那这 50 人的升学率应该叫“尖子班升学率”，这就相当于指数增强型基金。这样你应该就可以明白了吧！

当然，在“增强”的过程中，基金经理有可能挑对，也有可能挑错。如果用户就是想买纯粹的指数，不希望有基金经理的人为因素掺杂其中，那就可以去简单地选择“原味”的指数基金。

宽基与窄基

下图中的这只基金，从名字可以看出是指数增强型基金，但你再仔细看，它后面还有一个小尾巴，叫“宽基指数”。知识点出现了，这又是什么呢？简单地说，如果基金经理追踪一个指数，而这个指数不限定成分股所在的行业，也就是各行各业它都覆盖，范围很宽，那它就叫宽基指数，比如沪深 300 指数、中证 500 指数。追踪宽基指数的指数基金就属于宽基指数基金。

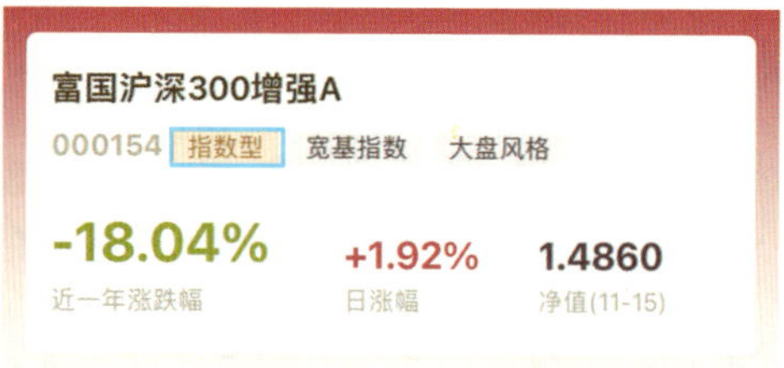

跟主动管理型基金会对应一个被动管理型基金一样，“宽基”应该还对应一个叫“窄基”的基金吧？没错！窄基指数基

金通常指的就是行业指数基金，比如跟踪白酒行业指数的基金就叫白酒指数基金，再如近两年很火爆的新能源行业基金，等等，它们都属于窄基指数基金。专业人士把这类基金叫作行业指数基金，“窄基”是被用户通俗化的表达。

讲到这儿你可能要问了，那这指数是宽的好，还是窄的好？

好不好呢，不能简单地看宽窄，宽基指数基金要比窄基指数基金的覆盖范围更加广泛，因为包含的行业多，稳定性更强，可以分散风险；窄基指数基金由于集中于某个行业，在特定周期，例如某个行业处于爆发增长期时，收益会更大，但是风险也相对更集中。

主动管理型基金和指数基金哪个好？

好啦，回到我们上一个话题，主动管理型基金和被动管理的指数基金，这两种基金类型做对比的话，究竟哪种更好呢？

答案是主动管理型基金的收益在大部分时间里都比指数基金好。

下表是过去 17 年半的时间里，每一年沪深 300 指数和主动管理型基金的平均收益率的比较，我们可以看到，从长期收益的角度，主动管理型基金的收益远高于指数基金。

基金多数年份跑赢指数（2005 年至 2022 年）

时间	沪深 300 指数	主动管理型股票基金
2005 年	-7.65%	2.98%

续表

2006 年	121.02%	133.91%
2007 年	161.55%	128.18%
2008 年	-65.95%	-50.88%
2009 年	96.71%	70.99%
2010 年	-12.51%	2.86%
2011 年	-25.01%	-24.72%
2012 年	7.55%	5.68%
2013 年	-7.65%	15.47%
2014 年	51.66%	23.68%
2015 年	5.58%	47.02%
2016 年	-11.28%	-12.39%
2017 年	21.78%	16.06%
2018 年	-25.31%	-24.33%
2019 年	36.07%	47.03%
2020 年	27.21%	58.12%
2021 年	-5.20%	9.62%
2022 年年初至 6 月 30 日	-9.22%	-9.42%
2005 年至 2022 年 6 月年化收益（复利）	8.95%	16.32%

注：主动管理型股票基金收益采用 Wind“普通股票型基金指数”代表。
数据来源：Wind 资讯、7 分钟理财统计整理

这主要是因为中国市场在过去的大部分时间里都处于震荡市的行情，同时散户又较多，这就给了主动管理型基金超越指数基金的机会。关于这一点，我在《7 分钟理财》这本书中给大家进行过细致的解读。

股票基金按照投资标的的不同，还可以分为普通偏股型基金和行业板块基金。普通偏股型基金很好理解，没有具体行业的限制和要求，基金经理

可以主动地在整个市场中挑选股票，完全看他个人和团队的投资能力。而如果基金经理仅投资某一个行业，比如白酒、新能源、半导体等，那这只基金就属于行业板块基金。

在这里，有两种长得很像的基金我们需要提醒大家注意。

比如市场上的黄金 ETF 基金，投资目标就是追踪和复制黄金价格走势。由于黄金属于商品类资产，从大类资产的角度来看，这类反映商品价格的基金应该放在商品类资产投资中，而不属于我们这一章节探讨的股权类资产。

除此之外还有一种基金跟它也很像，基金经理不是追踪黄金价格的走势，而是投资和黄金相关的优质上市公司的股票，那这一类型的基金，我们叫它资源类股票基金，就属于上面讲的行业指数基金了。

那究竟是什么行业都可以投的普通偏股基金收益好，还是瞄准了单一行业的基金收益好呢？我们同样做了数据测算，如下表。

主动管理型基金 VS 行业基金

指数名称	2017 排名	2018 排名	2019 排名	2020 排名	2021 排名	2017—2022/3/31 排名
医药生物	12	10	9	7	26	9
农林牧渔	26	4	7	15	25	14
家用电器	2	19	3	12	31	10
食品饮料	1	3	2	3	27	1
纺织服饰	31	23	27	28	17	31
轻工制造	27	27	21	16	13	25
商贸零售	28	21	26	25	24	29
社会服务	18	1	10	1	28	4
美容护理	19	5	12	5	21	12

续表

电子	7	30	1	9	11	8
计算机	25	7	5	17	20	20
传媒	30	28	19	18	22	30
通信	16	18	20	30	18	27
电力设备	23	25	13	2	1	3
国防军工	29	17	11	4	14	17
汽车	14	24	23	8	9	16
基础化工	17	20	15	10	4	7
建筑材料	11	16	4	14	16	11
机械设备	24	26	16	13	12	21
银行	8	2	17	27	23	13
非银金融	4	9	6	21	30	18
公用事业	22	14	28	23	6	23
交通运输	10	15	22	24	19	22
房地产	13	11	18	31	29	24
建筑装饰	21	12	31	29	10	26
环保	15	31	29	26	7	28
钢铁	3	13	30	22	5	15
有色金属	5	29	14	11	2	6
煤炭	9	22	25	19	3	5
石油石化	20	8	24	20	8	19
偏股混合基金	6	6	8	6	15	2

注：对申万 30 个一级行业和偏股混合型基金指数（885001.WI）单年度收益及 2017/1/1 至 2022/3/31 累计收益进行排名。

数据来源：Wind 资讯、7 分钟理财统计整理

从表中我们可以发现，不同行业板块的基金收益差别很大，在过去 5 年的大部分时间里，除了食品饮料板块之外，任何行业都不曾稳定地坐在行

业排名前三的交椅上。但即便食品饮料已经是各行各业过去 5 年中的“优等生”了，你依然会发现，2021 年它的表现掉到 27 名，远不如之前的几年，甚至在 2022 年 1 月到 10 月这段时间里跌幅高达 30%，也是所有行业中表现较弱的。

和各个行业“上蹿下跳”的走位相比，最后一行的偏股混合型基金虽然在任何一年都没有进入前三甲，但是从长期看，累计收益能排到第二名。总的来说，偏股混合型基金通过基金经理们的主动管理，虽然无法每年都战胜所有行业拔得头筹，但从长期来看，还是值得托付的。

股票基金按照投资市场，还可以分为新兴市场股票基金、美国股票基金、全球股票基金等。如果你资金比较多，想要放眼全球、投向世界，那也很简单，你可以通过基金产品，用 100 元就可以买到全球股票基金，间接参与更广阔的金融市场。

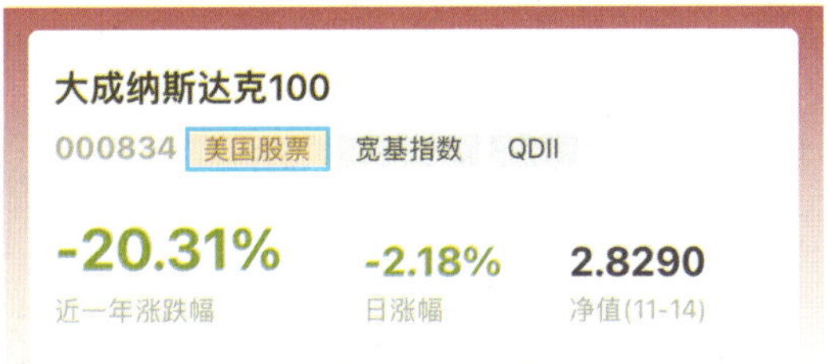

FOF 和投顾组合

好啦，常见的基金分类就是这些，接下来再讲两个比较新兴的投资工具——FOF 和投顾组合。

FOF（Fund of Funds）基金，指的是基金经理不再帮你挑选个股，而是通过挑选一篮子基金去做投资，我把它称为基金中的“轰炸基”。而投顾组合指的是由持牌机构建立的基金组合，你可以选择每次是否跟调，它比 FOF 更透明，也更具自主性。

无论是 FOF 还是投顾组合，因为本质上都是多只基金的组合，所以从风险上来说，比买单一基金风险要小。那么风险低的同时，收益怎么样呢？能达到业绩前 10% 的水平吗？我会在第 5 章里做详细的介绍。

每个基金产品只要存在，就有它独特的意义，我们只有在投资前先客观地认识它们，才能更好地使用它们并帮我们赚钱。至于基金应该如何选择、如何买卖，我会在后面的章节里和大家分享。

延展阅读——区分基金的七把“宝剑”

盘点“宝剑库”，只要你能分清这几种基金工具，那么在市场上博取收益时，你的“剑”就是够用的。

剑一：主动管理型股票基金。

剑二：主动管理型偏股混合、灵活配置、平衡混合基金。

剑三：宽基指数基金。

剑四：指数增强型基金。

剑五：行业指数基金。

剑六：主动管理型行业基金。

剑七：新兴市场股票基金、美国股票基金、全球股票基金等。

剑套装：FOF 基金、投顾基金组合。

04

理财收益高低，80% 由资产配置决定

在投资这件事情上，我们眼前铺开的不是一道判断题，

而是一道简答题——它没有绝对的正确答案，

只有一个模糊的参考答案。

4.1 四个不可不知的经典资产配置模型

认识了各类金融工具之后，我们可以开始着手，定制适合自己的理财方案了。

在这之前，我们先来了解一下，全球最知名的几种资产配置模型。看看前人们的智慧结晶中，哪些值得我们借鉴，又有哪些值得商榷和思考。

“全球资产配置之父”加里·布林森曾说：“从长远看，大约 90% 的投资收益都来自成功的资产配置。”

翻译成大白话就是，在投资理财中，你能赚多少钱，最关键的因素就是看你的钱都分配到哪里了。你可以试着回忆一下，过去的这些年，你把家里的钱分别放了多少在房产、国债、银行理财、股票、基金等各种投资产品上。投入比例高的、金额大的产品，它的收益好坏就基本上决定了你的整体收益的高低。事实也的确如此，我从过去 18 年的从业经历中发现，用户收益没有达到预期，甚至理财失败最终出现亏损，大多都和错误的资产配置有关。

在分享超好用的资产配置方法前，我们先来讲一下国际上比较知名的资产配置方法有哪些。了解了这些知名方法后，你可以和我后面推荐的方法做个对比，看下哪种实操性更强，然后选适合自己的方法。

耶鲁基金资产配置模型：最负盛名的资产配置模型

我们想放在第一个介绍的就是耶鲁基金资产配置模型。

认识这个资产配置模型前，先来了解一下耶鲁大学捐赠基金。它成立于1890年，有长达100多年的历史，而它之所以被大家熟知，就是因为它的业绩非常亮眼，其长期回报率在各大高校的捐赠基金中排名第一。截至2021年6月30日，在过去的20年里，耶鲁大学捐赠基金的平均年回报率为11.3%，而美国其他学院和大学的捐赠基金同期平均年回报率在7.7%。

你看，如此著名的基金，长期下来的平均年化回报也就是10%多一点，所以你在理财的时候不要总觉得年化10%的收益不高。如果真的能持续几十年，平均每年都有10%以上的收益，其实是非常不容易的。

事实上，在耶鲁大学捐赠基金成立之初，它的业绩表现并不好，但之后基金的走势大放异彩，主要有赖于一位灵魂人物——大卫·史文森的加入。

他在耶鲁基金上所使用的资产配置理论，也被称为“耶鲁基金资产配置模型”。这样一个神奇的人物究竟做对了什么，让这只基金的收益起死回生呢？

首先，大卫·史文森将资产划分成了9个类别，分别是绝对收益、风险投资、外国股票、国内股票、杠杆收购、房地产、固定收益、自然资源、现金。将资金分散配置在相关性较低的资产上，可以降低整体投资组合的波动性，让整体资产可能发生的亏损缩小，进而使投资组合的业绩更为平稳。

其次，大卫·史文森大胆地开启了VC投资。VC投资也叫风险投资，简称风投，是指在企业刚刚成立、规模很小的时候向企业投资，拿到企业的股份，未来一旦企业成功上市，这一部分的股份就能赚得几十倍甚至几百倍的回报。从耶鲁捐赠基金的投资结果来看，风投也确实成为基金组合业绩的主要驱动因子，在过去的10年时间里，风投部分的资金平均每年为基金贡献了约16%的收益。

最后，大卫·史文森的投资策略是少择时。他认为择时对投资回报的正面影响较小，也就是说，投资回报并不取决于择时，而是取决于资产配置。所以，“耶鲁模型”更倾向于多平衡、少择时，不去预测各类资产未来的表现，而是通过测算各类资产组合的风险收益情况，根据投资目标，设定大类资产的投资比例。

总结一下上述方法的三个核心思想——分散配置相关性较低的资产，重仓股权类资产，多平衡、少择时。

不过，世界上没有任何一种投资模型是完美的，“耶鲁模型”也是这样，套用在个人的投资理财过程中时也有它的局限。

这一资产配置模型的收益之所以会发生明显的改善，是因为组合中配置了大量的风险投资，就是上面提到的 VC 投资。而风险投资如果想做得好，首先需要有大量的资金，同时还要考虑牺牲长期的流动性，毕竟这部分资金上市变现需要较长且不确定的时间。耶鲁捐赠基金目前的规模是 400 多亿美元，因为钱足够多，平时也不太需要支出，就可以大胆地多配流动性差但是长期收益好的风险类资产。而我们普通的个人投资者并没有这么大的资金量，也没有能力找到值得去做风投的“初创公司”。

有些人说，国内有专门做风险投资的基金，100 万元起购，倒是也不算多。宣传上说，虽然我仅仅投几百万元，但是母基金钱多，会帮我分散投到几个项目上，如果有收益，我按照比例分钱就可以了。道理倒是没错。我本人也实际参与过这类投资，最后由于所有的风险投资里成功的项目少，黄掉的项目不但多，而且是多得多，最后这部分投资的钱基本都打水漂了。就像 2020 年，市面上众筹开奶茶店比较火，其实这也是风投的一种，但大部分都是热闹开场，最后以失败告终。普通投资者很少能接触到厉害的、有价值的风投项目，即便有，你也要知道，人家好项目都是稀缺的，并不是谁的钱都要，他们更倾向于要知名大机构的钱。你挥舞着大把的钞票想投资，人家也不想收啊。所以，如果你手里没有几个亿的现金，也不像耶鲁基金那样背后有好的资源，可以接触到有价值的风险投资项目，只是照搬“耶鲁模型”的资产配置理念并套用在自己的理财过程中，显然是不可行的。

但上面提到的“耶鲁模型”中的其他方法，比如分散配置，降低单一资产集中度、适当提高权益类资产配置、减少择时等，这些都是值得我们借鉴的。投资是一个动态变化的过程，我们学习发达国家的先进投资模式时，也要懂得“橘生淮南则为橘，生于淮北则为枳”的道理。

美林投资时钟：宏观经济的晴雨表

接下来我们要介绍的是一口“大钟”——美林投资时钟。

美林投资时钟理论是国际知名投行美林证券，在研究了美国从 1973 年到 2004 年这 30 多年间的历史数据之后，于 2004 年提出的一个著名的资产配置理论。它将经济周期、资产和行业轮动联系起来，简单地说，它告诉了我们什么时候应该多配股票、债券、大宗商品，甚至什么时候手里应该留有现金。

美林投资时钟理论在欧美市场非常受追捧，因为它逻辑依据充分，市场验证的效果也好，同时模型简单易懂，所以流传很广，是资产配置领域的一个经典理论。

那我们就来说说，这个被很多人奉为“圣经”的交易理论到底是怎么

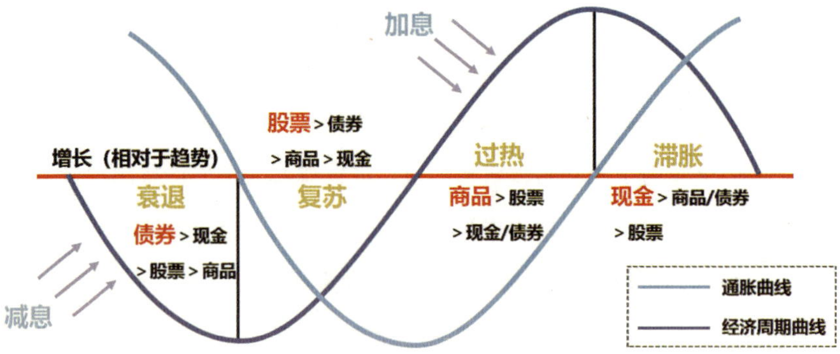

回事，对我们做投资理财有什么样的启发和帮助。

第 134 页中的图就是美林投资时钟模型的核心内容。图中充分展示了美林投资时钟是如何将经济周期和资产类别联系起来的，它是利用经济增长率和通货膨胀率这两个宏观经济指标的高低，来进行不同的搭配的。根据这两个指标的高低不同，将经济周期划分为四个阶段，依次是衰退期、复苏期、过热期和滞胀期。同时，这个理论也把资产分为四类，分别是债券、股票、大宗商品和现金。

这个理论的基本思想很简单，就是根据经济学原理和历史经验，把资金在四大类资产中进行轮换配置——债券在经济低迷阶段表现最好，股票在经济复苏阶段表现最好，大宗商品在经济过热阶段表现最好，现金类资产在经济滞胀阶段表现最好。

这种策略看起来简捷有效、可操作性强，但事实上，美林投资时钟在国内市场的适用性不如海外发达市场，存在一定的“水土不服”现象。

首先，中国和美国经济体制不同。美林投资时钟是在美国 1973 年至 2004 年数据的基础上提炼出来的。发达国家因为经济发展比较成熟，所以一个周期的时间比较长；而我们国家的经济在过去的 20 年里一直处于整体高速发展的阶段，通常一个周期时间很短，有时候一年之内甚至会呈现两个周期。这就使得各类资产价格轮动的速度非常快，所以美林投资时钟在中国还有个接地气的名字，叫“美林电风扇”。因为轮动很快，所以需要频繁调整。对于我们普通投资者来说，这无疑提高了操作的复杂性。

其次，政策干预或者“黑天鹅事件”会引起策略失效。比如 2008 年金融危机，各国央行都施行了前所未有的货币政策，导致股票、债券、商品价格一起跌，这就和美林投资时钟的初始策略不符。更何况，我们国家的经济周期不是纯粹由市场之手推动的，大多数时候会受到宏观政策的影响，所以美林投资时钟在中国“走时”走得就没有那么准确。

最后也是最重要的，预测经济周期本就不是一件容易的事情。有人说经济学是后视镜，能看见后方，却看不清前路。虽然说我们拿过去的经济数据做研究，在某种程度上能够给未来的投资带来一定的指导，但是对未来的预测总会忽略这样或那样的因素。而当大家对经济所处的周期达成共识时，往往已经身处这个周期当中了，相对应的资产价格已经上涨了一大截。你这个时候再调整买入，实际上就买贵了。如果按照美林投资时钟的策略去投资，很容易做错或者踏空。

话说回来，美林投资时钟虽然在实际应用中有一定的局限性，但是依然能给我们带来一定的启发。首先，投资的品种要分散——现金、债券、大宗商品、股票这些相关性比较低的资产要区分配置；其次，要建立投资组合，投资组合的比例不是一成不变的，要根据不同经济周期各个资产不同的表现来动态地调整。

桥水全天候策略：对冲基金教父的杰作

全天候策略，这个名字听起来是不是有一种“一招在手，收益我有”的感觉？它是全球最大的对冲基金桥水基金创始人瑞·达利欧在 1996 年提出的一种全新的资产配置模型。达利欧之所以给它起“全天候策略”这个名字，是因为他发现不论天气好坏，飞机都能正常起飞，于是他把这个现象引申到投资领域。全天候策略的核心就是不管市场怎么变化，无论是上涨还是下跌，无论是牛市还是熊市，这个模型在不同的经济环境中都表现良好。

经过实践，这个模型也确实做到了无论市场好坏，回报都不错。据统计，桥水基金的全天候策略产品在 1970—2015 年间，平均年化回报达到 12%，尤其在 1984 年到 2013 年的 30 年里，有 26 年都是赚钱的，只有 4 年收益为负。尤其值得一提的是，2008 年金融危机时，市场普遍出现了 30% 的下跌，而这只基金的回撤只有 3.93%，表现是不是非常优异?

为什么它可以做到在大跌的市场环境下，回撤的幅度还这么小呢？这就和它的设计思路——“风险平价”策略有密不可分的关系了。

达利欧经过长时间思考，发现对于市场环境，有两大因素需要考虑：经济增长和通货膨胀。这两个东西可以上升，也可以下降。觉得很耳熟对不对，这不是和我们刚讲的美林投资时钟一样吗?

是的，美林投资时钟最大的问题就在于如果能对经济周期进行精准预测，能够精准择时的话，那按时调整不同大类资产配置比例就可以获得超高收益。但关键的难点就在于前置的“如果”，因为没有人可以长期地做准确预测。华尔街的基金经理们用惨痛的数据说明了人类不具有择时能力，无法精准预测宏观周期。

当然，达利欧也是这么认为的。既然我们根本无法预测，所以他就想，有没有一种策略是不用预测周期，而是通过搭建一个组合，把每个周期的风险控制住，让它波动很小，不亏那么多。不管到了哪个周期，只要风险可控，就能平稳过渡了。

传统资产配置在于配置资金，将资金按照一定比例分配到各类资产上；而全天候策略的“风险平价”配置思路，则是将风险控制在一定范围内，从而判断每类资产该配多少资金。我举个例子，大家就理解了。

我猜大多数人都减过肥，知道减肥的核心就是“管住嘴，迈开腿”。而在这两点中，又以“7 分吃，3 分练”为基本原则，换句话说，想要瘦下来，我们就要在吃上多下功夫。那应该怎么吃呢？你的健身教练或者营养师会告诉你：每顿饭建议摄入 70 克肉、200 克蔬菜以及 150 克粗粮，按这个量去找东西吃，就可以了。这个就是传统资产配置的方法——把你要吃的东西，按照不同的核心营养素进行分类，设定好比例。

那风险平价配置策略是什么呢，就是你每顿饭都按照设定的热量来分配食物。比如每顿饭的总热量不能超过 400 卡，你可以吃肉、菜、主食三种食物，具体每种食物吃多少都可以，只要总热量摄入不超过 400 卡就行了。你可以根据你实际吃的食物的单位热量值，推算出每种食物要吃多少。这就是全天候策略的风险平价策略的核心——把风险控制好，用风险作为衡量指标去倒推每类资产应该买多少。

你想，他都把风险提前控制好了，市场下跌的时候回撤必然比较小。下图是全天候策略具体的资产配置做法。

总结一下，全天候策略进行资产配置的核心思想是风险平价——不择时，每类资产都配置一些，让它们对整个组合的风险贡献度相等，这样就可以在很大程度上控制住组合的风险。但就像很多资产配置模型一样，全天候策略听起来是非常不错的，可以穿越“牛熊”，但实际上，我们个人投资者做理财的时候很难全部照搬。

首先，现实版的全天候策略非常复杂，具体的分配细节也是机密。虽然桥水基金公开了投资逻辑，但是从没有公布过策略的细节。

其次也是更重要的，在中国市场上，要让每类资产的风险贡献度相等是特别难的一件事情。比如，债券和股票的风险怎么相等呢？假如我们做一个投资组合，就股票和债券两种资产。我们都知道，这个组合其实超过90% 以上的风险都在股票里面，一旦组合出现下跌，极大概率是因为股票跌了，而债券的回撤极其有限。因此，如果我想让组合里的股票的风险等于债券的风险，那可能就要配置 90% 的债券和 10% 的股票，这样的配置其实就是我们“7 分钟理财”常说的“保本组合”，收益率也就 5%—6%。这样一来，组合倒是做到风险平价了，但是收益也被“平”得所剩无几了。

可能你会问：“那人家桥水基金是怎么做到的呢？”那是因为在国外，有很多可以加杠杆的工具，通过给债券加杠杆，可以在不降低股票仓位的前提下，让债券的风险等于股票的风险。

其原理就是，虽然债券下跌了，加杠杆之后表现更差了，但其他与之负相关性的资产这时可能表现不错，那收益就可以覆盖这个风险。所以，实际上加杠杆并没有加大风险，因为部分风险在平价的过程中也被对冲掉了。

虽然全天候策略在我们投资理财的过程中不能完全照搬，但是它依然有值得我们借鉴的地方，比如“不择时”和配置相关性比较低的资产。因为不预测市场，所以每类资产都配置一些，这样在不同的市场环境下都能做到“东边不亮西边亮”。

投资界有句话：“要进行投资，有时候你需要的不是大量的行动，而是大量的耐心。”全天候模型就很好地印证了这句话——配置好应该配置的相关资产，控制好风险比例，不预测经济周期如何变化，不做频繁的调整，等待你的就会是不错的收益。

马科维茨资产配置模型：诺奖级资产配置模型

最后一个也是我上本书提到过的——马科维茨资产配置模型。

1990 年，马科维茨因为他于 1952 年提出的资产组合选择理论获得当年的诺贝尔经济学奖，从此奠定了资产配置在财富管理行业中的核心地位。马科维茨资产配置模型也是现代最被广泛应用的一种资产配置模型。“7 分钟理财”在给我们的付费用户进行资产配置的时候，也使用了这一理论模型。

这个模型的核心是，人们进行投资，本质上是在不确定性的收益和风险中进行选择。应该选择怎样的收益和风险组合呢？就是找最优解。

同等风险下收益最大化的组合，是一种最优解；或者同等收益下风险最小化的组合，也是一种最优解。

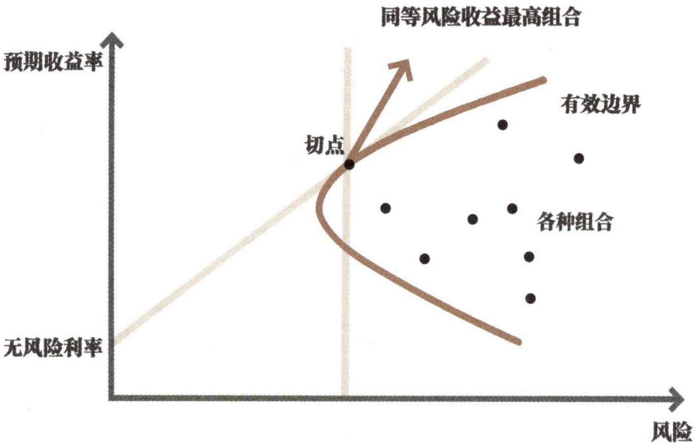

那这样的组合要怎么找呢？

首先，他先解决第一个问题，就是组合中都要配置什么资产。马科维茨配置模型和我们前面介绍过的几种模型是一样的，都是要配置相关性比较低的资产。每类资产都有它的收益和风险，你的组合中配置的资产越丰富，相关性越低，投资组合的风险与收益的性价比就越好。

其次，找到这些资产之后，他发现一件很有意思的事情。当手里仅有一个金融产品的时候，后续每多加入一个产品，收益率就会上升，而波动会下降；再多加一个，收益率还会提升，波动还会更低一点。如果继续把这个投资组合里面的产品数目增加下去，随着数目的增加，这个投资组合的风险会越来越低。但到一定数量之后，再多加任何产品或者资产，整体收益都不会再增加，风险也不会再降低，这就是一个临界值。

在确定了这两件事情之后，他发现可以用量化的方法把市场上各种类型的产品进行组合，进而算出具体数值并找到这个临界值，那么在承受同样波动率的情况下，收益率最高的那个就是我们要找的那个组合，也叫最优解。

他主要运用了两个重要的量化方法：均值 - 方差分析方法和投资组合有效边界曲线。这些专业名词听上去有点烧脑，我们在这里不进一步展开了，在《7 分钟理财》这本书里，我对找到最优解的过程已经进行了简单的描述，大家可以去翻一翻，回顾一下。

我们总结一下，马科维茨的资产配置模型的核心，简单地说有以下四点：

一是投资任何金融产品都有相应的收益和风险。比如大家都知道的，股票潜在收益高，风险也高，债券潜在收益低但风险低。

二是配置不同资产，形成组合之后，奇迹就出现了——可以在波动降低的同时提高收益。

三是组合内资产之间的相关性越低，组合的风险也就越低。

四是找到组合中各个资产的最优解比例，实现同等风险下收益最大化，或者同等收益下风险最小化。

马科维茨的资产配置理论是 1952 年提出的，那么一个发展了 70 多年的理论，现在是不是还适用呢？其实这个理论框架还是适用的，但需要在实操的过程中做一些本地化处理。

在上面描述的过程中，你应该不难发现，马科维茨的资产配置理论需要在实际应用中进行大量的数据演算，而单就这一点来说，普通的个人投资者就很难做到。比如，你要找到中国市场上过去 5 年所有产品的波动率和收益率，恐怕这第一步就让很多人愣住了；然后再为股权、债权、商品、另类等不同的大类资产赋予不同的权重，进行海量的计算，才能得出不同风险等级下最具性价比的投资组合；最后，根据不同投资者的风险承受能力，找到该风险所对应的收益最高的组合，得出组合中不同资产的配置比例。

我可以告诉大家，这个过程中可以产生大概 1.6 亿个组合，如果不借助大数据和量化模型，自己做是肯定做不到的。“7 分钟理财”是通过从购买的付费数据库中提取数据，然后做了数据分析和整理，再利用编程通过系统不断地提升算力，最终才解决了最优解问题。而这个复杂的过程对于普通投资者来说，是很难靠自己单打独斗实现的。

不过，你自己做不出来也没关系，你至少理解了最优解的概念，知道它是什么、怎么做、为什么。而知识边界拓宽之后，再去寻求专业机构的帮助的时候，心里也自然就更有底了，不是吗？

以上跟大家分享了国际上最知名也最经典的几类资产配置方法，看完了之后，你是不是觉得自己也厉害了那么一点点呢？在专业知识上懂得多肯定是好事，但是学了这么多模型之后，你也会发现，似乎没有一个是可以完全效仿并且进行实操的。模型再光鲜，自己做不来，也提高不了我们理财的实际生产力。所以接下来，我会和大家分享一种大道至简、学会就能用的资产配置方法。

4.2 为自己定制资产配置方案

从四象限图到自己的四个钱包

在这一节，我将隆重地向大家介绍本章最核心的内容——一种超好用、易上手的家庭资产配置法。

上一节中介绍的马科维茨理论，我们在给付费用户的理财辅导中用了7年。我们做大数据测算，给用户最优解的结果，然后用户在不同的资产中优选好的产品长期持有，同时根据我们不定期推送的理财建议进行定制化操作。

虽然这种方法用户反馈也不错，但是各个大类资产的比例会随着市场的变化而偏离最优解，我们在定期再平衡的过程中发现了一些困难。比如当我们辅导用户卖出某类资产，将比例调回到最优解时，虽然用户可以理解这个操作的底层逻辑，但因为我们是直接给出结果，很多用户在执行的过程中就会受到禀赋效应等认知偏误的影响，无法理性地进行交易。这就导致在我们的投资理念、操作方法、产品选择都没有问题的情况下，客户受锢于“心法”的桎梏，依旧赚不到该赚的钱。这也是我在前一个章节花了那么长篇幅带领大家修炼“心法”的原因。

那现在，你的“心法”修炼好了，我们回到方法上。虽然从效果上讲，马科维茨理论在资产配置的过程中是有用的，但在使用过程中，用户理解和操作都需要花时间，如果用户用不好，那就还得进一步完善，寻找更好的解决方法。后来，我把解决问题的思路从资产配置转换到了产品搭配上，帮用户找到产品搭配上的最优解，进而赚到该赚的收益，不仅最终的执行效果明显，用户理解起来也更方便。

我即将介绍的这套资产配置方法，起初的灵感来自“古老而神秘”的标准普尔家庭资产象限图。年轻的时候我对它不屑一顾，觉得它过于教条地规定了各个象限的资金比例，比如 10%、20%、30% 等等，完全是千人一面的解决方案，无法适用于不同家庭的真实需求。说它古老，是因为它在市面上流传了很久，每一个财富管理行业的从业者，甚至是大部分的用户，都从各种渠道见过它；说它神秘，是因为它顶着“标准普尔”这个看似光鲜的帽子，说是“美国标准普尔公司调研了全球十万个资产稳健增长的家庭，发现这些家庭都有一个共同的特点，随后深入分析并总结他们的家庭理财方式，最终提炼出一张图”。但其实如果你去外网搜对应的关键词，你根本找不到英文的原版信息到底是哪儿来的，这至今都是行业内的未解之谜。

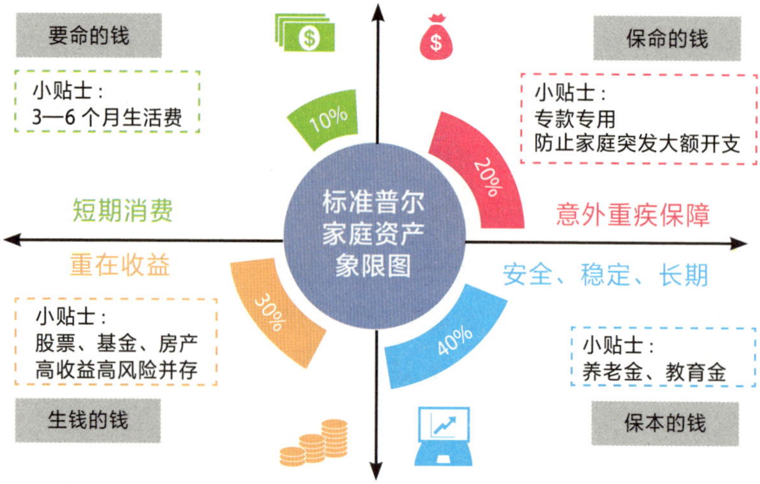

注：图片来自网络

但不管怎样，这个来自西方的“古老而神秘”的四象限图给了我一个启发，就是在给用户做理财辅导的时候，可以先找出来四个账户，至于每个账户中的金额，不是单纯地按照比例区分的。我对原来的“标普四象限”的内核做了突破性的改良和更新，总结出了一套每个人都可以实操的资产配置方法，让用户可以更加贴近自己的真实需求从而做好理财这件事。接下来，我就逐一给大家分享下这四个账户，你可以一边看书一边试着动手实操，看看如何个性化地定制一个适合自己家庭的资产配置方案。

备用金账户：财富护城河

很多用户在看到这个账户的名字的时候，脑子里第一感觉就是："哦，我知道这个账户，很多讲理财的书里提过这笔钱，就是用来放我家庭日常开销的，我工资卡里的就是这笔钱。"你只答对一半！这个账户是专门存放备用金的，而备用金不仅仅是为了应对家庭的日常开销。

为什么要准备这样的账户？

思考一下，你的家庭日常的现金流是怎样的？对于大多数上班族来说，应该都是每个月"收入—支出—收入—支出"滚动循环，到年底坐下来拢一拢账，看看咱家今年又攒了多少钱，对吗？那我们设想一个场景，如果你有一天在工作中突然觉得好烦、不想干了，流程上很简单，你通知下老板就可以了，但你获得了自由的同时，刚才循环中的“收入”也就中断了。

收入停止了，但家庭的支出会不会停呢？显然不会！房贷下个月依然要还，孩子的补课费依然要交，物业、水电煤费的账单依然要付……随着你自由的到来，家庭会面临现金流中断的风险。所以，问自己一个问题——如果我哪天工作不开心，想辞职，我多长时间可以找到一份新工作？

3 个月够不够？不够的话，6 个月应该差不多够了吧？6 个月还不够的话，我建议你就不要轻易辞职了。如果 6 个月够的话，那你的备用金账户留够全家正常运转 6 个月的支出就可以了。

所以，这个账户里具体需要准备多少钱，现在你已经可以算出来了。如果你家每年的整体开销大概是 20 万元，那你的家庭备用金账户里留 10 万元资金即可；如果你觉得自己 3 个月应该就可以找到一份新工作，那留 5 万元也是可以的。

当你留好了这笔备用金之后，你就会发现，即使你的收入意外中断，你的家庭依然可以靠这笔备用金继续正常运转 3—6 个月。你可以利用这 3—6 个月的时间，安安稳稳地寻找新的工作机会，只有当眼下的生活没有给你太大经济压力的时候，你找新工作的时候才能更冷静，也更顺利。只要你在这段时间里找到了新工作，那接下来家庭现金流就又回到了“收入—支出—收入—支出”的健康循环之中了。

解释到这里，我想大家应该理解为什么这个账户是“3—6 个月的家庭支出”了吧。很多教你理财的书通常会告诉你“准备 3—6 个月的收入，应付家庭的日常开销或者紧急开支”，但其实使用者未必理解其中的逻辑——应付“家庭的日常开销”，工资就够了，为什么要单独准备钱？所谓的“紧急开支”为什么正好需要 3—6 个月的工资？这些问题可能你过去都没仔细思考过，但没关系，从今天起，你不仅知道了怎么做，也更清楚地知道了为什么要这么做，那做起来就更坚定了。

那么只剩最后一个问题了，在这个账户，我们应该选择什么产品呢?

我们必须保证这笔钱的流动性——因为你不能保证生活总是一帆风顺，同时也要保证这笔钱的安全性——不能前脚刚辞职，后脚打开账户一看，哎哟，都亏没了。所以为了满足这两个条件，我们通常建议大家将这笔钱放在货币基金或者短债基金里。

保险账户：财富守门员

这个账户里放的也是一笔专款专用的钱，它是保障家庭成员突发意外事故，或者罹患重大疾病时，有足够多的钱来应付此时紧急的大笔支出，同时也尽量保证家庭的现金流不中断。这个账户平时看不到什么作用，但是到了关键时刻就显得非常必要。

为什么要准备这个账户?

防止因为突发的人身风险事件急用钱，而去卖车卖房——影响家人的生活质量；或者股票低价套现——影响长期的投资收益；甚至跟亲戚朋友借钱——影响他人的生活质量。

另外这个账户还有一个作用，它是我们其他账户的“财富守门员”。如果没有它，一旦意外来临，虽然我们家庭可以拿出足够的钱去治病，但花掉的其实不仅是我们辛苦攒出来的钱。你想想，本来那些钱是要干吗的呢——是要给孩子读书，希望他受到更好的教育的；是要给父母养老，希望他们颐养天年的；是要给自己提升生活品质，希望可以换辆更好的车、买个更大的房子享受生活的。而这笔钱一旦因为意外而流失，也就相当于全家每个人的“未来更好的生活”就都没希望了。所以，如果我们能花小钱、利用杠杆效应解决这个问题，那就是守住了我们未来本可以享受的美好生活。

这个账户要放多少钱?

现在保障类的保险产品不贵，只要会选，一年几千元就可以得到几十万元的重大疾病和意外的保障。当然，需要具体地了解你的家庭风险，才能更有针对性地提供解决方案，我在这里不继续展开了，感兴趣的朋友可以联系“7 分钟理财”公众号，让我们的顾问帮你测算一下风险敞口。记住，保险姓“保”，用杠杆效应以小博大才是它最本质的作用，所以，费率更低、保障更高才是我们的目的，这一部分的花销没必要超过年收入的 10%。

又到了最后一个问题了，在这个账户，我们应该选择什么产品呢?

这个账户主要是选择一些基础保障类的保险产品，比如重大疾病保险、医疗险、意外险、定期寿险。

重大疾病保险，简单来说，就是罹患重大疾病的时候，保险公司会一次性赔付给你一笔钱，也就是保额。假如选择的是 30 万保额，那么一旦确诊了保险范围内的重大疾病，保险公司就会一次性支付给你 30 万元。而一旦罹患重疾，我们不仅需要看病的钱，同时工作也要暂停，收入也会中断，而家庭的支出并不会停止，所以我们通常建议重大疾病保险的保额要覆盖年收入的 3—5 倍。

医疗险是一种可以报销已发生的医疗费用的保险，比如因为看病产生的门诊费用或者住院治疗期间发生的相关费用，可以通过医疗险进行后端的报销。它不像上面的重疾险那样是一次性给付的，而是要凭发票实报实销，性质跟我们常说的“五险一金”中的医保是类似的。但国家提供的医保只能报销部分医疗费用，它设置了一些自费的内容、自费的比例、封顶线等，所以我们可以通过购买一些商业的医疗险做一个很好的补充，但是整体报销金额不会超过实际看病的钱。

意外险是对遭受意外伤害而造成的死亡、残疾给予相应赔付的保险。意外险的保费也并不贵，通常一年花一两百块，就可以获得几十万甚至上百万的保额。一旦发生意外，赔付的这笔保额就可以用来应付后续家庭的一些日常开销。

定期寿险是指在固定期限内发生身故或者全残事件时，可以得到赔付的保险产品。这个期限你可以自己选择，保障 10 年、20 年或者保障到 60 岁、70 岁，都可以。保障期内人一旦不在了，定期寿险就赔钱，是一种简单明了的产品。因为一个人在保障期内死亡的概率往往并不高，所以定期寿险的杠杆效应比较高，保费很便宜。一般优先给家里的经济顶梁柱买这个保险，如果顶梁柱身故了，这笔钱可以针对他身故之后，造成的家庭收入损失进行补偿，以确保其他家庭成员的后续生活质量不受到影响。我们通常建议定期寿险保额至少要覆盖年收入的 5—10 倍。

保值账户与增值账户：财富蓄水池

接下来要介绍的分别是第三个账户——保值账户，以及第四个账户——增值账户。保值账户的目的是跑赢通货膨胀，预期年收益 3%—6%；增值账户的目的是帮助我们实现财富的较快增长，预期年收益 6%—15%。

既然都是“钱生钱”的账户，为什么要把它们分开讲呢？这就必须和大家先聊聊我们过去 8 年做理财辅导的“经验结晶”了。

很多用户刚开始做理财的时候，思路会比较混乱，资金分配更是乱成一锅粥。早年在银行工作的时候，每当我问客户“您的资金打算如何规划，这些钱可以放在需要承担一些波动的产品上吗”的时候，客户的回答经常是“你先讲讲你有什么产品吧，如果产品好，我买点也行”。

如果开始的时候只是这样简单地思考问题，几年下来，你很容易浪费资金的利用效率。要么是从风险的角度，认为产品里风险低的就是好的，选择了过多低风险的资产，影响了家庭整体资产的增值速度；要么就是从收益的角度，认为产品里收益高的就是好的，选择了太多高风险的资产，最终因为承受不住市场波动，“割肉”离场。

所以，在“钱生钱”的这个部分，我们需要在思考哪款产品好之前，先把这两个账户区分一下，分别管理。每个账户先定下来一个金额范围，然后在范围之内，根据自己的风险承受能力的最大值去做选择，这样才既不浪费你的能力，又不浪费资金的利用效率，最大可能地选到好产品，让“生”钱的过程更稳定、更容易，进而“生”得更多。

懂了道理之后，我要开始分享我的操作方法了。虽然按顺序来说，应该先讲第三账户，但实操中，我通常会建议用户先做第四个账户，把提高收益的钱配置好，剩下的钱放第三个账户里，这样思路更清晰。

那我们先看第四个账户——增值账户，应该放多少钱。

第一步，初步估算可承受风险。

这个账户主要的目标是赚更高的收益，那也就意味着我们在过程中要承担一定的风险，有可能面临亏损，所以我们把评估风险放在了第一步。我们去想象一个场景，如果你买的产品出现浮亏，那亏多少是你认为不会影响心情，还能继续吃得好、睡得着的呢？比如浮亏一部手机的钱、浮亏 3 个月工资、浮亏一个包的钱？你先思考一下。

这个钱不会真的就没了，只是暂时消失了，但是当你查看账户的时候，这个亏损的数字就是摆在那里的，会影响你的心情，所以你先告诉我这个数字，比如你可以承受浮亏 1 万、5 万、20 万元，无论数字大小，先把它记下来。

第二步，确定能承受的浮亏金额。

如果你是理财小白，接下来你可以在刚才能够承受的浮亏数字上打个 8 折，乘以 80%。比如你认为自己可以承受 5 万元的浮亏，5 万的 8 折就是 4 万，记下这个数字，这就是你真正能承受的浮亏金额（至于为什么要打折，我们在第 1 章第 5 节“短视效应：点与点之间最美的不是直线，而是有价值的曲线”和大家分享过，不记得的话可以往回翻，再复习一下）。

如果你是有理财经验的，经历过从涨到跌，经历过浮亏甚至真实的亏损，那就直接记下来你第一步的数字就好。

第三步，计算第四账户中可放的最高金额。

用上一步确定的可承受的浮亏金额除以 20%，就是第四账户中可以放入的最高金额。假如你能承受 4 万元的浮亏，用 4 万除以 20% 就是 20 万，这 20 万元就是你能放入第四账户的最高金额。

为什么要除以 20% 呢？因为这个账户的投资风险较高，偶尔会产生 20% 的浮亏，如果这个浮亏金额超过了你可以承受的范围，你的心态可能就会崩掉，进而导致你做出错误的投资决策。本来忍一下就可以赚钱的，但如果你此刻做逃兵了，真的“割肉”走了，那就太可惜了。

在我 18 年的职业生涯中，我发现只要这个账户浮亏的钱在你的承受范围之内，发生浮亏的时候你不慌张，那最终的结果就都是好的。

第四步，确定第四账户资金的最终金额。

算到上一步，知道了最高金额，我们还需要再核查一下，看看刚才计算放入第四账户的最高金额中，有没有哪些钱是最近 3 年可能会用到的。如果有，那就把这笔钱剔除出去。也就是说，第四账户的投资金额 = 能承受风险的最高金额 – 最近 3 年要用的钱。

还是刚才的例子，如果计算完可承受风险的最高金额是 20 万，但是接下来的 3 年里有 5 万元是会用到的，真正不用的钱是 15 万元（20–5=15），那第四账户的最终金额就是 15 万。

又到这个账户的最后一个问题了，我们应该选择什么产品呢？

为了达到财富增值的目的，股票基金、混合基金、股票等投资产品都比较符合这一账户的特性。我们说理财不是一种投机行为，所以在这部分资产里，我并不建议个人投资者投资风险太高的产品，比如期货、股票。它们都需要你有很强的专业能力，而且会花费你大量的时间。我们更建议用户以配置偏股基金为主。从大类资产配置的角度，这部分的资金也就是我们常说的股权类资产。

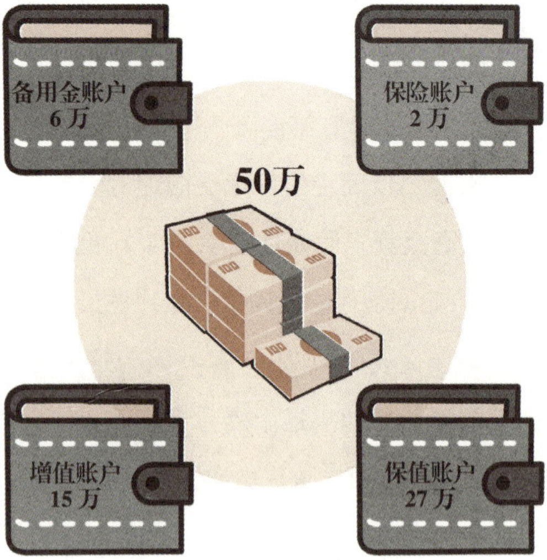

说完了第四账户，我们回过头来看第三账户——保值账户，应该放多少钱。

答案很简单，就是你可投资资产中剩余的部分。假如你有现金资产 50 万元，6

万元放入了第一账户——备用金账户，2 万元放入了第二账户——保险账户，15 万元放入了第四账户——增值账户，50 万元还剩下 27 万元，这部分钱就是放入第三账户——保值账户中的。它们是你 6 个月后到未来的 3 年之间可能要用的钱，以及你不想承担过高风险的钱。

为什么要有保值账户？

很多人做理财咨询的时候，第一层思维就是哪个产品在资金安全的前提下收益高，我就做哪个。这个想法是不对的。因为人生本身有不同阶段，每个阶段有恋爱、结婚、买车、买房、旅行等不同需求。如果为了理财的长期收益，盲目攒钱，全家一起节衣缩食、吃糠咽菜，不知道你愿不愿意，反正我是不愿意。虽说理财是要在每个消费的当下有延时满足的意识，目的是将来更好地花钱，但这并不意味着在理财过程中必须放弃眼前可以拥有的小美好。所以，第三个账户放的钱是满足 3 年内人生幸福需求的钱，比如换车的钱、办婚礼的钱、全家一起出去旅游的钱，等等，让我们在长期理财中也不放弃享受当下生活中的小确幸。

最后一个问题，保值账户应该选择什么产品呢？

因为这个账户里包含你不想承担过高风险的钱以及 3 年内要用的钱，你肯定不希望用钱的时候它还亏着，所以要选择一些低风险的投资产品，不能贪图高收益。底层资产是债权类的产品就很适合，比如银行理财、长期国债、债券基金、具有一些理财功能的保险产品等都是不错的选择。从大类资产配置的角度，这部分的资金也就是我们常说的债权类资产。

在这里需要提醒大家的是，每个账户中的钱都要做到专款专用，尤其是第四账户——提高收益账户，千万不要贪婪。不要因为一时赚到了钱，就去挪用其他账户的资金过多地投入，这样会使得你的投资中的股权部分比例过大，一旦市场下跌，你不能承受亏损，做了低位“割肉”离场的选择，那最后的结果肯定会让人痛心。比如，我身边的一个朋友，在 2015 年的大牛市里看到了自己随手买的基金在市场上涨的过程中都赚了不少钱，于是觉得自己的投资能力很强，就把本来放在第三账户里、原本计划3年内换房的首付款，直接挪去了第四账户。本想把装修的钱赚出来就走，却由于在高点入场，最终难逃被套的命运。但这还不是最惨的，更让人郁闷的是，被套的过程中，房价还在疯狂上涨……所以，理财的关键不在于短期的收益，而在于长期坚持合理的配比，我们既要耐得住亏，也要赚得到钱。而无论盈亏，对家庭都不能有致命性的打击，这样才能从容抉择。

说到这儿，我的最具实操性的资产配置方法也就讲解得差不多了。相信你现在应该能够理解，一套专业的资产配置方案是如何“生产”出来的了。没错，它不是按照菜谱去市场采购原材料、千人一面那么简单，它应该是分析了每个投资者甚至是每个家庭的不同需求，在充分了解了每个用户面对人生中可能出现的风险、面对投资中可能出现的风险、面对未来3年对幸福生活的具体需求时出现的差异，最终提供的千人千面的专属规划。它的原理不难，但要做好也并不简单。如果你学会了这套方法，不妨现在就动手具体算算你家的这四个账户分别应该配置多少资金吧。

在分配好四个账户的资金之后，我将和大家分享第二层次的操作，也就是第三、第四账户的具体产品配置方法。从大类资产配置的角度，我们知道了第三账户是债权资产账户，第四账户是股权资产账户，那么在确定了金额之后，我们又该如何把这两部分的资金分散在具体的产品上呢？别着急，后面我会来教大家具体的方法。

4.3 我从业近 20 年的配置心法

文章写到这里，四个账户到底为什么配、怎么配，已经都介绍完了。如果你是看过我的第一本书——《7 分钟理财》的读者，我猜你一定会发现，这本书里介绍的理财方法和上一本书里的有很大不同，甚至有了“颠覆性”的改变。没错，这本书是我们根据过去的理财辅导经验总结出来的升级版，也是我和我们团队这些年潜心研究的宝贵成果。如果说上一本书分析的是理财这件事，那么这本书分析的就是理财中的人。而这个“内核”的变化究竟经历了怎样一个迭代的过程，究竟升级在了哪里，我想用一个单独的小节和你分享。

过去我们做的第一版理财辅导依据的数据模型是马科维茨理论。我们利用了其中“大类资产”的概念，对当时中国市场的历史数据进行分析整理，找到了不同风险维度下各个大类资产配置比例的最优解。

那时，我们的最优解方案是基于用户的风险承受力，得出不同的股权、债权、货币、商品及另类资产的配置比例，然后通过优选每一资产项下的产品，提供具体的产品配置方案；同时在执行的过程中，定期为用户提供资产配置的再平衡建议，以做到适当地高点卖出、低点买入，进一步提高长期的整体收益。

我们相信这套方法的底层逻辑是扎实可靠的，数据测算是真实有效的，后续的持续跟踪管理是及时负责的，我们也从用户对收益的满意中感受到了认可。

随着我们服务的用户越来越多，公司规模也越来越大，服务的范围从最开始的投资扩展到了保险领域。用户对我们的信任与日俱增的同时，黏性也越来越强，一切似乎都很美好，进入了一个令人欣喜的正向循环。但是再优选的解法也做不到牢不可破和无懈可击，所以作为创业者，我总会有一丝丝遗憾。

这遗憾来自在每一个我能看到的进步背后，总有一个能同样被我看见的更好的可能性。它微小、不显眼、无声无息，却散发着一种神秘的力量，吸引着我更多的目光。

我想，这种永远存在的遗憾大概和我所在的金融行业有关。

在投资理财的世界里，无论你从市场中获得了多大的回报，回过头来看，都难免会陷入“当时我如果那样做，收益就会更好”的不甘。这种不甘虽然如同看着后视镜向前开车一样，没有意义，但我也能理解，因为人类贪婪的本性就是想赚到每一个铜板。

每个人都希望自己的收益能够最大化，而我也希望我们的四账户策略能穷尽这个“最大化”的阈值，让“最大化”不断扩大。我理解这些，不是因为我看懂了人性，而是因为我也一样。

我虽然不纠结于市场中的铜板，但我不甘于理财辅导中的那些遗憾，那些可以帮助用户做得更好的可能性。所以哪怕是微小的细节或者不能完全受控的因素，也是我们努力的目标。

举个简单的例子。几乎市场上的所有的金融机构在用户入场之前都会要求用户做风险测评，每年还要更新。那么，测评结果是激进型的投资者在面对市场下跌时，就一定波澜不惊吗？我认为不是。

人都是动态的。他填写风险测评问卷时，可能正坐在街边喝咖啡，微风习习，阳光和煦，面对手机屏幕里的几道文字题目，他觉得现世安稳、岁月静好，“天空飘来几个字，亏点不是事”，于是他在那一刻就被定义为激进型。而在市场暴跌的时刻，他可能同样是面对着手机屏幕里的几行绿色数字，耳边传来的是家人的埋怨，短信提醒他这个月信用卡账单已经到了还款日，在那一瞬间，他对投资的看法、对风险的看法可能就会突然发生改变。

心态变了，认知和判断就会发生改变，随后的动作就会发生变形，最终的结果就会截然不同。无论我们的辅导方法多么有效，无论我们对优选的产品多么充满信心，在那一刻，一切都显得苍白无力。用相对静态的方法去服务绝对动态的人，无异于希望用沙袋堵住崩溃的大坝。我觉得，这其中应该有可以做得更好的可能性。

诺贝尔经济学奖的获奖理论在最初给了我关于最优解启示的同时，也让我在工作中产生了对“更优解”的反思。确实，不同风险等级的用户，理论上都能找到一个最适合他的大类资产配置比例的最优解，但用户在实操一段时间之后，新的问题就会出现。比如，有的人在市场下跌中承受不了当初自认为可以承受的风险，在低点卖出基金撤出投资，那无疑是把自己当成“韭菜”主动“割”掉了，最终虎头蛇尾地结束了理财之路。

再比如，有的人虽然能够坚持下来，可是随着市场的变化，大类资产配置比例需要不断调整，以保持“最优”状态。但是，调整用什么来调？一定是用具体产品，辅以买卖多少金额来量化调整。也就是说，需要我们通过微观的产品层面的买卖，去达到宏观的配置比例层面的“最优”，这种穿透“层级”之间的界限以达到收益“最优”的操作，牵一发而动全身，纵向的复杂性无疑增加了操作的难度。用户做不好，再好的工具也起不到作用。

马科维茨最优解的理论，底层逻辑是对的，但要怎样才能把底层逻辑运用到实操中，实现用户既可轻松操作，又能达到收益“最优”的效果呢？我们必须跳出“按用户风险找资产配置最优解”的思维框架。

那么，我们换一种思路，能不能打破“配置比例”和“产品”这两个不同层级之间的纠缠呢？比如在面对一笔资金应该如何具体配置的时候，不再一上来就用某个固有的股债配置比例，去追求整体资金的收益“最优”，而是让用户按照我之前分享的，用能承受的亏损金额倒推法，先把资金分配到四个账户，划分出一个“安全边界”，然后在划定出的“绝对安全”的范围里，通过寻找产品层面的“最优”组合，践行马科维茨的“风险收益投资性价比”理论。这样既实现了大类资产比例的清晰化，也通过落地的产品组合实现了收益的“最优解”，我们让尘归尘，土归土，很多问题就迎刃而解了。

这就像刚学会跑的孩子，如果你让他在大客厅里跑来跑去，那一定充满了危险，这时我们把桌子、椅子的边边角角，孩子容易磕碰的地方都用软条包起来就行了。这么做有没有用呢？

当然有用，可以降低孩子在疯跑过程中磕碰的风险，但其实并不实用，也不美观。而有孩子的家长们通常都会采取一种更简单有效的方法，换一种思路，用一个物理围栏在客厅里围出一个尽可能大的安全范围，这个范围里不摆放家具，就不需要安装任何防磕碰软条，因为不存在风险因素。只要确保孩子不离开这个围栏，那他就可以更自由甚至更快速地奔跑了。

我们的“四账户法”中的第四个账户，就相当于刚才提到的物理围栏。我们知道你在面对未来不可预测的投资风险时，会脆弱得像一个孩子，所以我们先通过这个账户，利用“损失量化”的方法，测算你能够承受的最大损失金额，然后利用损失比例预测法倒推，让你确定“物理围栏”的范围。换句话说，不再用千人一面的几道风险评测的问题定义你的风险边界，而是让你通过自我提问的方式，找到自己在风险投资中的安全边界，找到未来舒适的奔跑圈。

在这个区域里，我们也不再需要安装防撞条般地借用债权等低波动资产去对冲风险，你可以在自己的安全范围里恣意行动，最大限度地利用你的风险承受能力去获取高回报。这，就是我们的进化方案。

中国古代十大阵法中，你可能听说过一字长蛇阵、二龙出水阵，一直到十面埋伏阵。其中四门兜底阵是防守很好的阵法，而古罗马战场进攻最厉害的阵法叫马其顿方阵，我把这两者结合起来，给我们这个进化的理财方法起了个名字——“马兜法”，既防守牢固又进攻强悍。

在第一版的理财方案中，我们是将用户的整体可投资资产作为目标金额，按照各大类资产的比例去进行配置，过程中一旦涉及补仓、止盈、再平衡调整的时候，都要重新评估大类资产的比例，以尽量贴近用户自己的最优解。而每当需要进行细节操作时，用户难免会产生“多了这个，就少了那个”的缠绕感，牵一发而动全身，导致赚钱的过程不够丝滑。

而这一次的“四账户法”，在第一步就把未来可能产生缠绕的部分直接划分清楚了，每一份钱都有它存在的意义和职责，各司其职，分工明确。

这和大多数家庭的分工是同样的道理：论挣钱能力，肯定是年富力强的年轻夫妻能力较强；而上了年纪的爷爷奶奶如果非要出去挣钱，也不是挣不到，但相较于年轻夫妻，挣钱能力肯定弱很多。论照顾孩子，年轻的夫妻有更先进的育儿方法，但经验不足；爷爷奶奶早年养活了一大家子人，虽说经验丰富，但方法可能传统保守，不够与时俱进。

如果所有人都混在一起不做分工，白天都跑出去挣钱，好像挣得总数多了，但还得再多雇个阿姨在家里带孩子，算下来经济上未必划算，关键是不放心，挣钱的时候还要牵挂家里的孩子有没有被认真照顾；但如果四个人都专心在家带孩子，明显浪费了创造更高价值的可能性。

所以想要家庭效率更高，第一件事也是明确分工：白天年轻夫妻上班，爷爷奶奶照顾孩子，既实现了挣钱能力的最大化，工作的时候也更安心；晚上年轻夫妻下班回家后接手孩子的“规范化”教育，既能享受亲子时间，又可以让“能量条”被耗尽的爷爷奶奶早点休息。

我们升级版的“四账户法”也是如此，尤其是最难的第三、第四账户，通过划分不同功能区，使两个账户都可以最大限度地发挥各自的特长，进而将功能性做到极致——赚钱的账户就在已设定的安全区域内，用最快的速度出去赚钱；随时要用的钱和不能承担风险的钱就老老实实地待在“家”里，拿它该拿的稳定回报，也让我在赚钱的时候心里更踏实。

当下互不打扰，才能换得未来的岁月静好。

如果后续经过市场涨跌的锤炼，慢慢地，你对于投资的认知得到了提升，掌握了更多的方法，风险承受能力也升级迭代了，那恭喜你，这时就可以把自己第四账户的安全边界进一步拓宽，放更多的钱出去为你冲锋陷阵，也就有机会从市场里赚得更多了。

“四账户法”的理财思路，是让用户在划分资产时变得更加轻松简单，不再乱成一团；而投资过程中即使面对风险，也能心态平和、从容坚定。既没有浪费每笔钱最大限度“生”钱的机会，也不错过“生”来的钱带给生活的“小确幸”，真正做到了把每一分钱都变成了我们的“打工人”。更重要的是，这次还有了财富的“守门员”，在“打工人”为我们 24 小时工作的同时，我们也不惧怕可能失去“打工人”的那些未知风险。

写到这儿，我想你已经明白了我们这几年的理财辅导究竟升级在了哪里吧！你觉得这个升级怎么样，有让你的理财思路更清晰吗？我非常感谢那些躲在内心深处的曾经的遗憾，它们让我在有动力不停思考、迭代，找到更好方法的同时，也让更多的人通过有效的理财辅导真正赚到了钱，收获了人生中更多的美好。

我的存在能够使一些人受益，这就是我人生最大的价值。

4.4 保值账户买什么？

保值账户怎么配置产品？

之前讲的四大账户，让你的总资产分配清晰、分工有效。从这一节开始，我们进入更具体的产品配置环节，让产品协作发挥最大效率。

第三账户——保值账户里的资金是我们的债权类资产，那具体应该投些什么呢？我们通过 163 页这张表格，把能放在这个账户里的产品先列出来，然后再根据你的偏好，把金额分配到具体的产品里。

做好了表格，我把其中大家可能不太熟悉的产品再给大家介绍一下。在产品类型当中，国债和大额存单我就不讲了，大家都很熟悉，保本保收益。

增额终身寿险是我自己比较喜欢的一类产品。它本身是保险，但并不像重大疾病保险、意外险那样有很强的保障功能，主要是能给你带来长期的确定利益，这是我最看重的。我在 39 岁的时候买过 100 万元，合同里就已经明确写了，等到我 60 岁，保险公司会给我 204 万元。如果按照单利计算，在账户里放 21 年，收益率 104%，平均一年约 5% 的收益率；如果按照复利计算，平均每年也有 3.49% 的收益率。在这里跟大家普及一下保险法，保险公司运营不下去，可以倒闭，但你的保险合同一旦生效，就会有国家的保险保障基金来承担保险公司倒闭给我们带来的风险，确保这个保单持续有效。

我买这个产品，无非就是当它是个长期的“债权”，要一个确定性的回报。我见过一些发达国家的债基收益只有 2%，也许几十年过后，中国进入超级发达国家的行列，也会进入低利率时代，那我锁定一个 3% 以上的长期收益，就不用担心未来因为利率下降，给我带来的收益减损了。

结构性存款最近几年比较流行，它是一种保本不保收益的产品。其实这类产品已经存在近 20 年了，外资银行过去发行过很多。它虽然看起来保本，但想拿到收益是有一定条件的，要看挂钩标的在投资期内的表现，好的时候可能收益还不错，不过也可能最终 0 收益或者收益极低，我就亲身经历过持有 5 年最后一毛钱收益都没拿到的情况。

所以，这类产品比较考验购买者的分辨能力，不能光看产品宣传中的预期最高收益。如果你想买，最好也不要选择投资期超过 2 年的，万一没看准，最差情况也就是浪费 2 年的时间。购买之前最好咨询一下像我们这样的独立机构，而不是简单听信销售的介绍，避免框架依赖的影响。

配置产品的顺序

虽然第三账户都是较为稳健的债权产品，但我还是把不同类型的产品，按照风险从小到大、确定收益和浮动收益从少到多做了产品分类。1 类产品风险最低，4 类产品风险最高。

第一步了解了产品都是什么之后，我们第二步要思考的就是配置产品的顺序。

如果你不愿承担任何波动风险，那就把 1 类产品多配置一些。又因为 1 类产品里面有些产品短期不能随意支取，考虑到资金的灵活性，肯定要配置

保值账户配置表格

第 1 步 认清产品

第 2 步 按自己风险承受力配产品

第 3 步 计算买多少

	是什么	预期收益	风险	配置顺序	根据个人偏好配置比例	配置金额	第三账户长期投资可能收益
第三账户总金额					100%	50 万元	4.1%
国债 / 大额存单	有国家或者银行信誉担保的产品，到期还本付息	2%—3% p.a.	几乎没有风险，虽说有 50 万存款保险制度，但大银行不太有倒闭的可能	1 类—确定收益	乘以	0	
增额终身寿险	保险产品，合同中有非常清楚的确定利益	3%—3.5% p.a.	依据合同 5 年之内支取，会损失部分本金，适合长期不用的资金	1 类—确定利益	X 40% =	20 万元	40%X3.49%
结构性存款	合同上标明保本，收益需特定条件，每个产品的挂钩标的以及收益计算条件都不同	0%—8% p.a.	必须看清合同里对最低收益和最高收益的描述，不懂就别做	2 类—保本浮动收益	乘以	0	乘以
纯债基金	全部投资债券的基金	3%—5% p.a.	投资 1 年有可能达不到收益预期，一般投资 2—3 年以上收益稳健	2 类—浮动收益	Y 40% =	20 万元	40%X4%
二级债基 / 偏债混合基金	大部分钱投资债券，少部分钱投资股票的基金	3%—7% p.a.	有浮亏 5% 的可能，相比纯债基收益和风险增加了，也叫“固收 +”	3 类—浮动收益	Z 20% =	10 万元	20%X5.5%
可转债基金	大部分钱投资可转债的基金	10% p.a.	有浮亏 10% 的可能	4 类—浮动收益		0	

2 类产品，比如债基，它就是可以随时支取的。接下来，如果是希望收益再稍微高一点，可以选择配置 3 类产品。

不过需要提醒一下，这类产品虽然也是低风险产品，但中途亏 5% 属于正常情况，要有这个心理准备哦。而对于可转债基金，如果你已经会买可转债了，配不配可转债基金就没有关系了。如果没有直接买可转债，又能承受适量波动的话，也可以配置少量可转债基金。

买多少金额?

配置产品的顺序讲完了，接下来计算每类产品的配置金额。表格中的 X、Y、Z 是您自己个性化填写的部分，我只是作为示例给大家填入了一些比例。

在这里可以给大家提供两个参考方案，它是我们公司在真实服务了上万用户之后，整理出来的两类比较具备实操意义的产品配置比例建议，选择的产品分别是以下三类——增额终身寿险、纯债基金、偏债混合型基金。

第一种方案适合追求账户波动较小，喜欢稳字当头，最好收益再高一点的人，配置比例可参考 4：4：2。这是我们辅导用户的时候，用户选择比较多的一个比例，也是我在表格中使用的比例。

第二种方案适合大部分的钱在 3 年内可能会用到的人，流动性要求比较高，那增额终身寿险的部分就得少配置一点，配置比例是 2：4：4。兼顾了流动性，80% 的资金都是随时能取的，同时收益尽量高一点，所以在偏债混合基金里面多配置一些资金。

以上两种配置方案都是我们在实践中得来的，供大家参考。确定了适合自己的配置比例之后，再把产品的历史收益数据带入，你就可以演算一下未来第三账户可能会获得的收益，以及过程中需要承担的波动了。

4.5 增值账户买什么？

讲到这个账户，我相信很多人已经迫不及待了：“我知道我知道，这里是要买股票基金，要讲怎么赚大钱啦，你快告诉我买哪个吧。”

先等一下，你现在这个急吼吼的样子，可太像早年的我了……

我当年也是学了一点基础知识之后就想着赶紧赚钱，火速下场实操。结果发现，怎么总是我买的不涨，我没买的咔咔涨呢？就好像有魔咒一样，赚钱的机会总是精准地绕着我走，到底是哪里做错了呢？

后来我复盘反思，就是因为太急于求成，和第 1 章里我们提到的短视一样，短视使得我们总是着急——急于规避风险，也急于获得回报。神经科学研究表明，神经元主要根据最近 5—8 次的投资结果来评估未来的可能性。换句话说，最近的经历对人的神经元刺激更大，这也被称为“近因效应”。人性共同的本质就是倾向于不根据长期的经验，而是根据最近少数几次发生的事件和结果，来评估未来发生同类事件的概率。你仔细想想，之前的投资都是怎样失败的？是不是买了几只基金，赚到钱了，就马上觉得自己眼光不错，还能赚更多，于是投入了更大量的资金？然后随着市场不断下跌，就“近因效应”地担心还会继续下跌，怕亏更多，最后在低点“割肉”离场了？没错，人类就是经常会犯类似甚至同样的错误，还总期待下次会在结果上有所不同。

所以，年轻人呀，投资就是急不得，得慢慢来呀。

我在第一本书中分享过，理解资产配置的底层思路，找到适合自己的配置比例，然后选产品，做好投后管理，每一步都不能少。这就和盖房子是一样的道理，我们要先搭框架，再在框架上添砖加瓦，否则拎起个砖头就开始干，别说盖多高，还没搭几块呢，就塌房了……

所以，选产品之前必须掌握的是搭产品的方法——如何配搭能够实现投资的风险更低、收益更高。

增值账户怎么配置产品？

在讲四大资产配置方法论的那一节，我跟大家介绍过马科维茨这个人，他曾说过一句话："资产配置是投资者唯一的免费午餐。"这个人的厉害之处就在于研究出了如何把不同类别的大类资产组合在一起，在降低波动的同时还能起到提高收益的效果，也就是我们所说的找到最优解的过程。

我在讲那部分的时候有提到，用这种方法做大类资产配置虽然效果是不错的，但是对于大家来说很难实操，也不便于后续管理。于是我在上本书出版之后的几年里摸索出了新的升级办法。这也是我们辅导用户 8 年，伴随市场不断变化、历经不断的迭代总结出来的，从实操性到结果全面升级的思路；使用的数据都来自"7 分钟理财"理财实验室利用 A 股市场上所有偏股型基金，进行大数据整理并测算出的概率统计结果，都是一手的独家资料。

接下来我就要给大家解题——如何通过基金组合，达到比投资任何单一基金都更好的收益效果。

来看看下面这张图，图上有很多美丽的点，就像夜空中美丽的繁星。

这里面一共有 924 颗星星，代表了市场上 4000 多只偏股型基金。为何 900 多个点能代表 4000 多只基金？这是因为同一个指数，比如沪深 300 指数，可能有超过 50 只基金追踪它，但是收益差别并不大，所以我们只要把指数找出来即可。

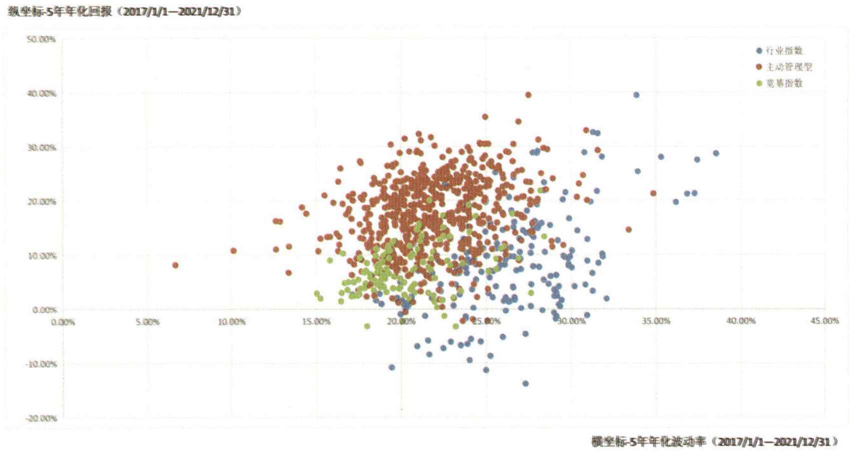

注：选取 2017 年前成立，主动管理型基金共 597 只；行业指数基金和宽基指数基金用对应的指数代表，其中行业指数共 209 个，宽基指数共 118 个。统计以上共 924 个基金 / 指数，自 2017/1/1—2021/12/31 的年化波动率和年化回报。

数据来源：Wind 资讯、7 分钟理财统计整理

我们在这里将 924 颗星区分为：行业指数，例如能源、白酒、基建、智能汽车、军工等，以蓝色为标记；宽基指数，例如沪深 300、中证 500 等，以绿色为标记；以及主动管理型基金，成立时间在 5 年以上的有 597 只，以红色为标记。我们对每个产品过去 5 年的收益和风险信息做了数据量化统计和汇总，将结果分别代入坐标轴——横坐标以 5 年年化波动率的数据代表风险，纵坐标以 5 年年化回报的数据代表收益。

从图上，我们可以很直观地看到一些大的趋势：绿色星星代表的宽基指数，大部分表现为收益较低，风险也低；红色星星代表的主动管理型基金，收益整体来看比绿色的高，风险也略高；蓝色星星代表的行业指数比较分散，整体来看，风险高了很多，但收益高的高、低的低，差别较大。

为了从数据上看得更清晰，我们在这三类产品中，每类找了一个典型代表，然后把它们过去 5 年净值走势图单独拉了出来，如下图。

“7 分钟理财”配置策略累计收益回测（2017/6/7—2022/6/7）

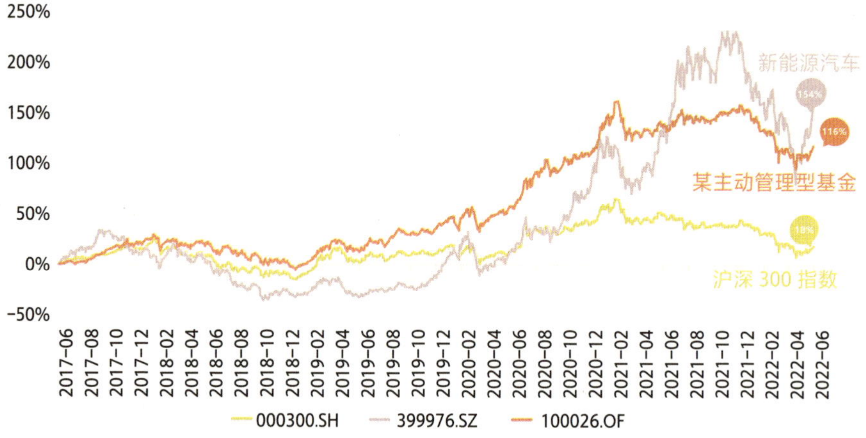

绿色的是以沪深 300 为代表的宽基指数，5 年的时间里累计收益 18%，中途最大亏损为 34.84%。

蓝色的是以新能源汽车指数为代表的行业指数，5 年的时间里累计收益 154%，中途最大亏损为 51.93%。

红色的主动管理型基金，我们以同期业绩表现中等的富国天合稳健优选基金为例，5 年的时间里累计收益 116%，中途最大亏损为 26.92%。

你说这三类基金哪个好呢？很难讲对吗？别说你觉得难了，它们互相都看不起……

这三种基金无限循环地比下去，没有任何意义。有没有一种可能，让这兄弟三个都上场，通过某种组合和配置，让投资风险变小的同时收益变大呢？

不同产品的最优配置比例

这就好像米饭、馒头扛饿，但是一顿饭只吃主食确实有点噎得慌；鱼虾肉蛋富含蛋白质，但每顿只吃大鱼大肉，没两口你就腻住了；蔬菜水果提供 VC 和膳食纤维，口感也好，吃起来倒是容易，但即便你吃得再多，没过一会儿就又饿了。如何才能让一顿饭吃起来既营养均衡又有饱腹感，同时又能吃得开心呢？答案就是每样都来一点。

接下来我们就要开始基金“三兄弟”的金融实验了。先把这三类产品分别买 1/3，会出现什么效果呢？

结果出现了一条紫色的线。

“7 分钟理财”配置策略累计收益回测（2017/6/7—2022/6/7）

仔细看你就会发现，紫色的线似乎游走于三条线之间，5 年下来收益是 96%，比单独买宽基指数基金收益好很多了，但风险又没有行业指数基金那么大，中途的最大亏损不过 32.89%，远小于行业指数基金。把“三兄弟”平均分配，收益和风险的中和效应开始显现了。是不是很有意思？

那如果我再试着去调节一下这三类产品的不同配比，又会有什么样的结果？会不会出现比紫色的“三等分法”收益更高、风险更低的结果呢？我们把 60% 的钱去买主动管理型基金，30% 的钱去买行业指数基金，10% 的钱去买宽基指数基金，看看结果如何。

“7 分钟理财”配置策略累计收益回测（2017/6/7—2022/6/7）

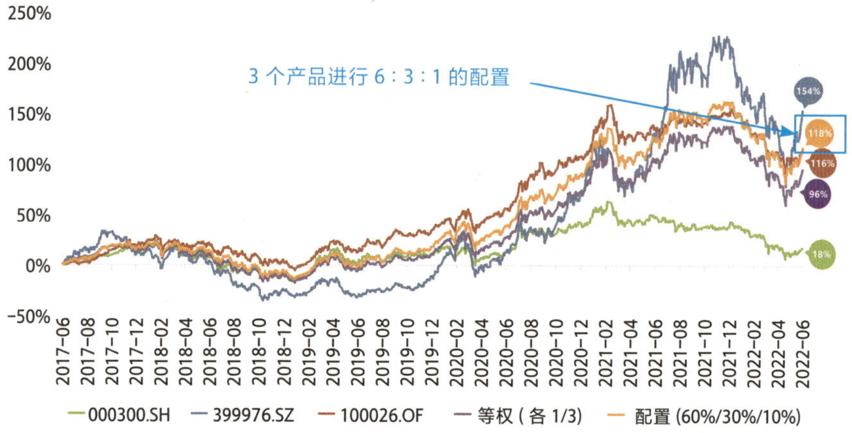

这时又出现了一条橘色的线，它的走势夹在已有的 4 条线中间，收益又比刚才的“三等分法”紫色线高了很多，提升到了 118%，直接超越了主动管理型基金。

经过了“三等分法”和“60/30/10”的两轮测试之后，我们明显看到了组合配置的力量——收益出现了提升。但这时我们也不能忽略另一件事，收益提升的同时，风险是不是也提升了呢？如果两者都提升，那看起来，也并没有什么了不起，毕竟吃到甜枣的过程中，也“挨了一巴掌”，承受了市场更大的波动。

在投资的过程中，我们都知道，想要获得好收益，就要承担一定的风险。即便我挨了同样数量的巴掌，我依然希望可以吃到更多的甜枣，这样巴掌挨得才更有“价值”，也就是所谓的更具投资性价比。

和马科维茨的“大类资产配置”最优解的底层原理是一样的，简单来说，就是利用组合中不同标的相关性较弱的特性，进行不同比例的权重分配，进而测算出更具投资价值的配置比例。

顺着这个思路，我们开始了大数据测算。这件事的难度系数非常高，需要系统去算，靠普通投资者个人的能力是很难找到答案的。不过别灰心，你有我们呀，答案就在下图中。

“7 分钟理财”配置策略累计收益回测（2017/6/7—2022/6/7）

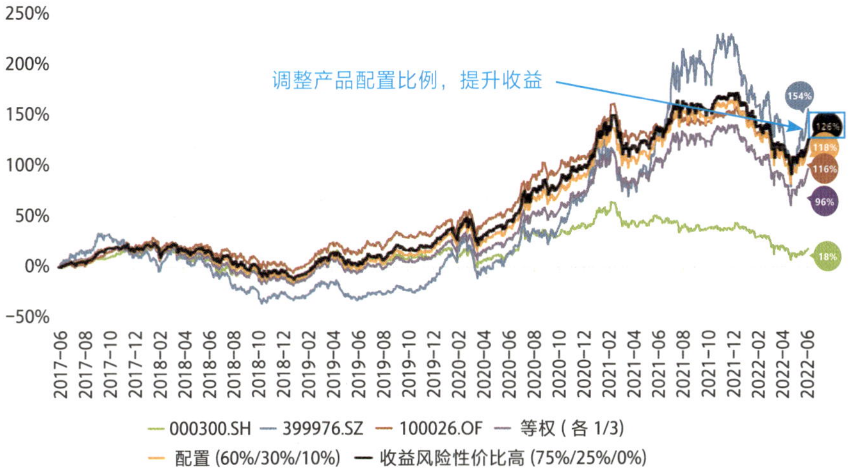

看到上图中那条黑色的线了吗？它是我们基于大量的数据测算出来的。这个组合的结果是 0.7548/0.2452/0，将资金的 75% 配置在主动管理型基金上，25% 配置在行业指数基金上。这是过去 5 年最具性价比的“极致”组合，收益率足足有 126%，这可是顶级机密了。

之前我们给付费会员出的产品方案都基于上述测算的结果，找到比例之后，再优选好产品进行组合搭配。今天我是把背后的方法也告诉给了大家。但你以为这就完事了？那就太小看我们了。

事实上，这个最优解的比例应该是动态的。因为市场是动态的，测算出的标的收益和风险的差异也是动态的，所以普通投资者利用某一时点测得的最优解比例去投资，难免会出现刻舟求剑的现象——你刚把产品选好，市场它又悄悄地变了……

买多少金额？

为了让读者可以自己实操起来，我们通过多年的研究，总结出了一个简单且实用性强的配置比例方案。

我们建议将第四账户中一半以上的资金配置在主动管理型基金上。因为它是由基金经理帮你“操盘”的，成功率会比较高，所以你会看到繁星点点中红色的部分，总体看起来收益高于宽基指数基金，风险低于行业指数基金，相对来讲，在“三兄弟”中更具投资性价比。

如果你是有一点专业性和行业投资敏感度的用户，可以把第四账户中不超过一半的资金配置在行业指数基金上。

为何建议将不超过一半的资金配置在行业板块？

因为行业板块轮动效应比较明显，很难稳准狠地每次都赶上板块轮动的节奏，基金经理都不行，我们普通人就更难了。而且我在讲股票基金分类的那一节里也和大家用过去 5 年的数据做过对比统计，长期下来你会发现，主动管理型基金的收益比单纯赌某一板块更好。

所以如果你不是非常专业的投资者，也没有我们这样的机构进行理财辅导，那可以选择把第四账户中大部分的钱都用来买主动管理型基金。

因为宽基指数基金非常简单、纯粹，有专业人士喜欢，不过对于大众理财者来说，宽基指数基金可配可不配。

这本书出版的时间是 2023 年，从中国市场最近 10 年的历史数据来看，除了极端大牛市的行情之外，投资主动管理型基金的效果都要比宽基指数基金好，原因我们也都讲过了。宽基指数的走势通常会对标大盘的收益，你也可以考虑配置 10% 的资金作为打底，这样一旦接下来大牛市出现，咱们也能不错过“搭车”的这部分收益。

总结一下，在第四账户中的产品配置方面，“主动管理型基金：行业指数基金：宽基指数基金 =6：3：1”的配置比例，是我们和用户长期交流下来，总结出的不失科学性、用户最喜欢的配置比例，因为用户本身愿意每类产品都尝试一点，这确实也是掌握基金理财最好的方法。

当然，投资高手也可以不拘泥于这个比例，随市场变化而调整投资方向。在投资这件事情上，我们眼前铺开的不是一道判断题，而是一道简答题——它没有绝对的正确答案，只有一个模糊的参考答案。我们唯一能做的，就是在当前的环境中把握未来大方向上模糊的正确，在投资策略上把该得的分都拿到，以期最大概率地接近好的收益。

05

买入理财产品的奥秘

产品收益和你的收益完全不是一回事。

短期表现差的产品，

有时候反倒能给你带来更好的回报。

5.1 如何选产品？

选产品之前你需要知道的

你听说过“不可能三角”吗？

一个男人不可能同时满足帅、有钱、专一这三个特点，如果有男人同时满足这三个条件，还喜欢上了你，你遇到的可能不是真爱，而是“杀猪盘”的爱情诈骗。女性也是如此，一个女人不可能同时颜值高、经济独立还温柔，田螺姑娘只存在于神话故事中。

基金产品也同样有“不可能三角”——收益高、风险低、流动性好，这种基金是不存在的。想要找到好基金，第一步就是要放弃对“不可能三角”的幻想。和找另一半一样，只有回归现实，你才能找到最适合自己的。

在这里先提醒大家注意注意再注意，比选具体产品更重要的是先做好产品配置比例，比如主动管理型基金、行业指数基金、宽基指数基金的比例，这才是对收益起到决定性作用的一步。如果过去几年你配置的都是宽基指数基金，就算买到非常好的，那收益也比主动管理型基金的平均水平低很多。所以，做理财实操，一定要先明白什么是对你的收益贡献最大的，否则本末倒置，再好的产品也出不来效果。

如果你已经做好产品配置比例，现在就可以跟我一起来看怎么选择具体的产品了。虽然选产品并不是对你整体资产收益贡献最大的要素，但选对了，确实可以让收益锦上添花。

如下图所示，在 2021 年全年 1500 多只偏股型基金当中，有 500 多只收益为负，有几十只收益超过 50%，看起来差别很大，但其实每年都是如此，这个差异很正常。

2021 年偏股基金收益分布	
收益区间	基金数量
>50%	38
10%—50%	608
0%—10%	336
<0%	541

注：统计 2021 年有完整业绩的偏股主动管理型基金收益情况。
数据来源：Wind 资讯、7 分钟理财统计整理

选基金的难点在于，今年 A 基金表现好，明年 B 基金表现好，基金经理以及团队的智商都很高，每个人都想跑赢整体业绩的平均值，所以他们内部也不停地卷啊卷，竞争非常激烈。当然，作为基民的我们，恨不得他们卷得更起劲，他们越卷，我们的收益就越高嘛，嘿嘿。

市场上教你选产品的方法有很多，对于如何在自己有限的时间和能力范围之内做好选择，我总结出了下面的十步法，按这种方法选出来的产品不一定比专业人士选出来的差。

如何挑选主动管理型基金？

接下来我们说一下，如何在海量的“基金库”里面挑出未来大概率值得投资的主动管理型基金。

为了给大家演示这种方法好用不好用，我用 2016 年到 2020 年的数据做筛选，然后看看用这种方法选出来的基金在 2021 年真实的效果如何。

第一步，看过去 5 年每一年的业绩，把排名在前 30% 和 31%—50% 的基金打上标签。我把所有主动管理型基金过去 5 年每一年的收益列出来，按照收益从大到小降序排列。每一年度排名前 30% 的基金标注橙红色，代表不错；排名 31%—50% 的标注为黄色，代表也还行。把有颜色的在表格中都写个数字 1，代表中等以上，写 1 主要为表格筛选用。另外，基金越来越多，为了自己筛选方便，主要看偏股基金和股票基金即可，灵活配置就不放入筛选库了，否则你的工作量会多一倍。

第二步，统计所有基金在这 5 年中排在中上等的次数，看看每只基金达到了几次中上等。所以你看到绿色列，有 345 等不同的数字，代表 5 年中这只基金有几次排到了中上等。

第三步，看累计收益。想要数据更具代表性，截取的时间段内必须包含一次大跌再反弹的过程。比如，2018 年全球市场大跌，我们选取的 5 年数据中就包含了这部分市场大幅波动的情况，可以更全面地考验基金经理在不同市场环境中的“操盘”实力。考虑到有少部分基金是 2017 年之后成立的，所以在累计收益部分，我们选取了 2017 年以来累计收益排名前 30% 的标注为橙色，代表不错；排名 31%—50% 的标注为黄色，代表还行。

第四步，看基金经理从业年限。我们选择的是有 3 年以上经验的，3 年以下的暂时剔除了。我承认有投资天才横空出世这种可能性，但他究竟是天才还是靠幸运得来的收益，我不想用我的钱验证，毕竟市场上有这么多产品可以选择，我更愿意相信经过时间验证的老将。

第五步，看基金经理管理基金的总规模。这里指的是基金经理管理的所有基金的总计规模，不只是某一只产品。我们研究了基金规模和基金收益的关系，发现基金规模越大，越影响基金经理的最终收益。如果总规模大于 300 亿，或者总规模小于 2 亿，都需要谨慎考虑。所以在这一步，我们把规模过大和过小的都剔除了。

第六步，Excel 表筛选。按照累计收益（2017 年到 2020 年）从高到低排序。选择 5 年中绝大多数时间里跑赢同类，同时在 2017 年、2019 年、2020 年这三个上涨年度中都跑赢了同类的基金，再剔除规模过大或过小，以及基金经理从业年限过短的基金。这样就筛出了 51 个备选基金。

第七步，将基金经理管理该基金时间不足一年的剔除出备选库，避免基金过去是好产品，但刚换了基金经理的情况。

第八步，把这些产品过去 5 年的净值曲线图放到一张图中，这样可以清楚地看到每只基金的波动情况。有的波动大一点，有的平滑一点，我们可以根据自己对波动的偏好，给基金表格中的产品标注颜色。比如，我喜欢波动大的，给它们标个蓝色。如果你喜欢过程平稳一点的，那就标注波动小的产品。记住，这些都是过去 5 年业绩还不错的产品，所以不必再比较它们的 5 年累计收益，我们要选的是不错的产品中的潜力选手。

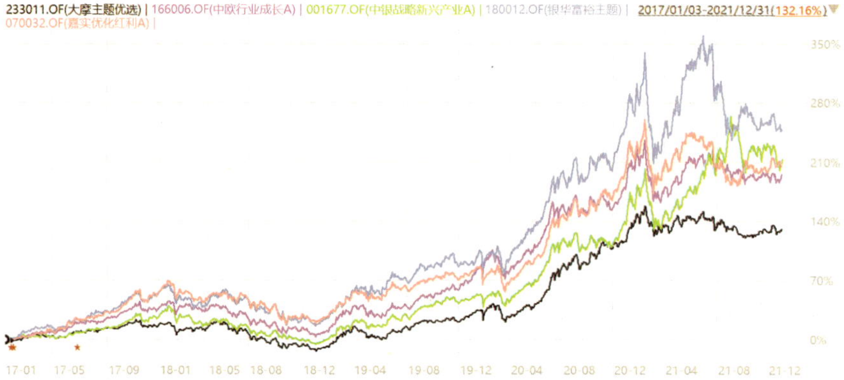

在持仓非常类似的产品里面，对比它们的收益情况，选涨幅大一点的那个。

第九步，把不错且符合你波动偏好的产品放到一起，打开“助推”App，看一下它们前十大持仓行业的分布，把行业分布比例非常类似的打个标签，在持仓非常类似的产品里面，对比它们的收益情况，选涨幅大一点的那个。

这样可以避免选到的产品持仓集中，有利于分散风险。比如之前很多主动管理型基金重仓医药，有的用户虽然买了多只基金进行分散，但由于买的都是重仓医药的，导致在 2022 年上半年浮亏较多。

基金代码	基金名称	重仓行业
001717.OF	工银瑞信前沿医疗 A	医药生物
001171.OF	工银瑞信养老产业 A	医药生物
000831.OF	工银瑞信医疗保健行业	医药生物

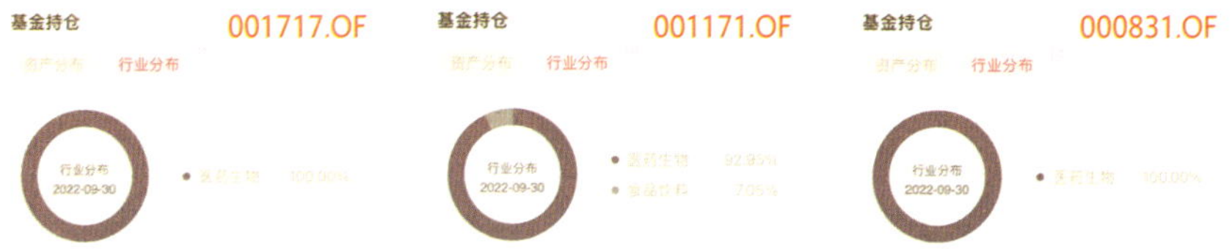

第十步，如果我们最后的目标是挑选出 10 个产品，那么一个基金公司的产品里选一个就行，因为同一公司代表类似的研究思路。如果出现一个基金经理管理的多个产品都在备选库的情况，也是选一个产品就行。也就是说，你持有的 10 个产品最好是由 10 个不同的基金经理管理的。如果最后筛选出来的产品数量还是大于 10 个，那就将基金经理的从业年限从高到低排列，选从业年限长的。如果你还有一点时间，那就听听基金经理平时做的路演，了解下他们的研究思路，看看你比较喜欢谁的思路。比如，我接触的基金经理中有人很有胆识，就喜欢挖掘别人还没有看到的机会，这样做的风险在于买入初期的表现可能不好，但是如果选对，未来就会带来大量的超额回报。也有的基金经理善于左侧交易，就是在没有反弹的时候提前布局，可能初期也是跌得多，但是市场反弹后，就会获得更丰厚的回报。总之，要么选你喜欢的，要么就简单选最有经验的。

十步法讲完了，我们看看结果如何。由于上面的第七步到第十步是缩减数量的细化过程，同时喜好因人而异，所以我们直接看下第六步筛选出的51只基金在2021年的表现如何——其中有27只基金的业绩排名在中上等，挑选成功的概率是53%；同时，这51只产品在2021年的平均收益是7.6%。

看到这里，你可能要抓狂了——费这么半天的力气，才有50%多的可能性选到好产品？嗯，确实是这样的。

我们给付费会员选基金采取的是多因子打分法。用系统编程的定量研究和多维定性方法，可以提高选出好产品的概率，就目前来看，可以有75%的概率选出好产品。可是要达到这个概率，普通投资者自己是很难实现的。你需要先买几十万的数据库，懂金融工程，会做算法编程，会做细致的定量研究和定性研究，调研不同的基金经理，通过研究他们的思想和行为，分析基金业绩归因……如果你不能实操，我把这个过程讲得再细也是没有意义的。所以十步法是每个人都可行的方法，当然如果你觉得比较费时间，也欢迎成为我们的会员，我们用多因子打分法做好结果给你。

我将普通人能实操的十步法选出来的产品，和基金经理选基金的FOF产品对比一下，看看高手挑基金的眼光是不是比咱们更厉害。2021年偏股FOF基金的平均收益是5.33%。你看，我们用十步法选出来的基金并不比基金经理们选出来的基金组合收益差呢，单论排名也能排到中上等。

2021年前成立的偏股FOF基金表现

基金代码	基金名称	2021年表现	2020年表现	2019年表现
005220.OF	海富通聚优精选	5.83%	49.93%	35.69%
006042.OF	上投摩根尚睿A	6.75%	20.15%	21.80%
005925.OF	建信福泽裕泰A	12.17%	25.27%	
007898.OF	富国智诚精选3个月	4.73%	50.71%	
007904.OF	广发锐意进取3个月A	10.25%	40.12%	
008079.OF	诺德大类精选	0.70%	35.31%	

续表

008461.OF	平安盈丰积极配置 3 个月持有 A(FOF)	3.71%	49.61%	
008145.OF	兴全优选进取 3 个月 A	8.63%		
007896.OF	易方达优选多资产 3 个月 A	12.13%		
008754.OF	泰康睿福优选配置 3 个月持有期 (FOF)A	2.82%		
008169.OF	汇添富积极投资核心优势 3 个月持有期	1.05%		
007933.OF	嘉合永泰优选 3 个月 A	0.11%		
008158.OF	招商盛鑫优选 3 个月持有期 (FOF)A	2.00%		
008168.OF	汇添富聚焦价值成长 3 个月持有	0.81%		
952013.OF	国君资管君得益 3 个月持有 A	8.27%		
平均收益		5.33%	38.73%	28.74%

数据来源：Wind 资讯、7 分钟理财统计整理

在这里，我并不是想说我们有能力比 FOF 基金经理做得更好，我想告诉你的是——选产品真的不容易！

选基金难，最主要原因是产品的业绩表现会受到多种因素的影响，就算基金经理能力超群且稳定，但他的“交易对手”是很难被预测的。市场不是由某个人或者某一群人来决定的，市场是由除了这群人之外，剩下的人中的大多数人共同“用钱投票”来决定的。当市场上充斥着大量的散户，有人认为“垃圾”也有价值时，其他人可能因为羊群效应而共同买入，进而拉高“垃圾”的价格。此刻，只靠基金经理和他的团队是无法通过“理性压制”实现业绩压制的。预测投资市场就像预测选美比赛的冠军一样，你作为评委，认为谁好看不重要，得大多数评委都认为好看，那个人才会是冠军。美不美说的就是个股，有时过度理性，和大众审美之间产生偏差，就很难短期判断精准，所以基金经理的短期业绩也会受到持有个股短期审美倾向的影响。

FOF 基金经理和我们一样，干的是“在市场上选基金”的事，而这些聪明的大脑最终的挑选结果每年差异都很大。2020 年的最好和最差基金，

业绩收益差距会达到20%；2020年最会选基金的基金经理，在2021年也表现平平。你说FOF基金经理是不是比我们更懂产品，在产品调研上更有实力，比我们经验更丰富呢？那是当然！那他们都做不好的事情，我们逼着自己必须做好，是不是不太现实？

告诉大家这个结论，不是鼓励大家都“躺平”。“哎呀，闭着眼睛随便买吧，反正都是命。”不是的！这是为了给大家卸下一些心理包袱，告诉自己没必要非得在这件事上精益求精，在产品选择上放过自己。你的收益不是完全来自你的产品净值上涨，还记得我们在前面提到的“大长腿效应”吗？好产品难找，但好方法可寻，学会好的理财方法对你收益的贡献会更大，下一节我会和你分享细节的内容。

我曾经和基金经理向伟博士咨询过这个问题，他是少数从人工智能领域转型做基金经理的人，对通过机器人和算法研究基金这件事非常精通。当我们谈到为何基金经理选股无法像阿尔法狗那样，通过海量的数据计算获得大概率的胜利时，他说：“下棋是1对1的博弈，计算机可以通过深度学习研究对面这个人，通过计算预估他最大概率出牌的情况，然后战胜他。但是在金融市场，这种博弈的计算是一小撮人面对上亿人，计算机很难精准地算出上亿个个体的想法，进而给出更高的胜率。”

听完他的分享，我理解了，也更释怀了，对事业的信念也更坚定了。如果投资胜率的提高，短期内无法完全靠机器来完成，那理财辅导行业也就无须担心会被机器人替代了。

如何挑选指数基金？

讲完了主动管理型基金，接下来我们说说指数基金的筛选方法。无论是宽基指数还是行业指数，首先记住最关键的一点，就是一定要同类比较，千万不要拿白酒基金和沪深 300 基金比较好坏，也不要拿白酒基金和新能源汽车基金比收益。记好了这一点，我们就可以开始正式挑选了。

第一步，清洗数据，在同类指数里面挑选。比如你想买沪深 300 指数基金，那就把跟踪这个指数的产品都列出来；如果你想买与新能源汽车相关的，那就把与新能源相关的行业指数基金列出来。

第二步，选场外基金。指数基金有场内和场外的区别，所谓“场”，指的是交易的地方，即交易所。通过交易所买指数基金，买的就是场内基金（只能在券商软件上交易）。场内基金的交易规则和股票类似，不同时间点买到的价格都不一样，一般不能做定投，所以不适合非专业投资者。而交易所以外的地方，比如在基金公司、银行、基金交易平台买的基金，都叫场外基金。场外基金可以定投，每天收盘有净值报价，不管是你上午 10 点下单，还是下午 2 点下单，都是同样的一个交易价格，更适合大众投资者。

第三步，除非你要选择的行业基金都是刚成立的，否则筛选成立 1 年以上的指数基金。

第四步，看跟踪误差，看超额回报。买指数基金就是希望它的业绩走势跟得上指数，这也是大部分基金经理都可以做得到的。如果指数涨了 10%，指数基金只涨了 5%，那肯定不行。而超额回报就是指在追踪指数业绩的同时还多了那么一点业绩，也就是收益优于指数业绩的部分。所以原则就是选跟踪误差小的和超额回报好的。

在投资指数基金时，不必在意基金规模的大小，反而规模越大，对指数基金越有好处。

接下来我们以新能源汽车基金为例，用上面的四步法带你实操一下。

第一步，清洗数据。截至 2022 年 6 月，与新能源汽车相关的指数有 3 个，而追踪这 3 个指数的基金一共有 17 只。

第二步，选场外基金。剔除了 6 只场内的基金，还剩 11 只。

第三步，看成立时间。买成立 1 年以上的基金，除非那个指数只有一只基金追踪，否则我愿意选择能看到更长时间业绩的基金。把 2021 年有业绩的基金拉出来，这样就只剩下了 5 只。

跟踪指数名称	基金代码	名称	场内场外	成立日期	规模（亿元）	2021 年收益
中证新能源汽车产业指数	012698.OF	平安中证新能源汽车产业 ETF 联接 A	场外	2021/6/29	2.95	
中证新能源汽车产业指数	501057.OF	汇添富中证新能源汽车产业 A	LOF	2018/5/23	149.43	42.98%
中证新能源汽车产业指数	515700.OF	平安中证新能源汽车产业 ETF	场内	2019/12/31	59.33	46.45%
中证新能源汽车产业指数	516390.OF	汇添富中证新能源汽车 ETF	场内	2021/6/3	2.97	
中证新能源汽车指数	009067.OF	国泰中证新能源汽车 ETF 联接 A	场外	2020/4/3	8.81	39.39%
中证新能源汽车指数	010805.OF	西藏东财中证新能源汽车 A	场外	2020/12/16	8.88	45.48%
中证新能源汽车指数	011512.OF	天弘中证新能源汽车 A	场外	2021/4/9	10.45	
中证新能源汽车指数	012543.OF	嘉实中证新能源汽车 A	场外	2021/8/18	2.35	
中证新能源汽车指数	013013.OF	华夏中证新能源汽车 ETF 联接 A	场外	2021/9/9	1.61	
中证新能源汽车指数	013195.OF	招商中证新能源汽车 A	场外	2021/8/27	4.09	
中证新能源汽车指数	013319.OF	华安中证新能源汽车 ETF 联接 A	场外	2021/10/19	1.68	
中证新能源汽车指数	159806.OF	国泰中证新能源汽车 ETF	场内	2020/3/10	16.23	43.44%
中证新能源汽车指数	159824.OF	博时新能源汽车 ETF	场内	2020/12/10	2.91	43.90%
中证新能源汽车指数	161028.OF	富国中证新能源汽车 A	LOF	2015/3/30	99.61	38.45%

中证新能源汽车指数	515030.OF	华夏中证新能源汽车 ETF	场内	2020/2/20	95.21	41.96%
中证新能源汽车指数	516660.OF	华安中证新能源汽车 ETF	场内	2021/2/3	5.26	
国证新能源车指数	160225.OF	国泰国证新能源汽车 A	LOF	2016/7/1	26.67	30.51%

第四步，看跟踪误差和超额回报，找跟踪误差小，同时能够跑赢对标指数的基金。

跟踪指数名称	基金代码	名称	场内场外	成立日期	规模（亿元）	2021 年收益	2021 年超额收益	2021 年跟踪误差
中证新能源汽车产业指数	501057.OF	汇添富中证新能源汽车产业 A	LOF	2018/5/23	149.43	42.98%	-1.93%	0.1539
中证新能源汽车指数	009067.OF	国泰中证新能源汽车 ETF 联接 A	场外	2020/4/3	8.81	39.39%	-2.63%	0.2463
中证新能源汽车指数	010805.OF	西藏东财中证新能源汽车 A	场外	2020/12/16	8.88	45.48%	3.46%	0.1481
中证新能源汽车指数	161028.OF	富国中证新能源汽车 A	LOF	2015/3/30	99.61	38.45%	-3.57%	0.1720
国证新能源车指数	160225.OF	国泰国证新能源汽车 A	LOF	2016/7/1	26.67	30.51%	-3.48%	0.1777

另外，板块基金里也分主动管理型和指数型，我们在下图中罗列了五个新能源主题的主动管理型基金，供大家了解学习。不过这些行业板块主动管理型基金收益差异也是蛮大的，最好的和最差的一年下来会相差 20%—30%。如果你只是看好这个行业本身，但不想承担万一挑错基金经理导致的收益不佳风险，那就选行业指数基金；如果你认为某行业好，想优中选优，

但又不想费脑子，也可以把主动权交给基金经理，选行业板块主动管理型基金就好了。

基金类型	基金代码	名称	场内场外	成立日期	规模（亿元）	2021收益	2022年初至6/20基金收益
主动管理基金	000828.OF	泰达宏利转型机遇A	场外	2014/11/18	54.80	51.91%	-8.99%
主动管理基金	002168.OF	嘉实智能汽车	场外	2016/2/4	52.15	23.85%	-7.95%
主动管理基金	003834.OF	华夏能源革新A	场外	2017/6/7	187.75	43.73%	-3.99%
主动管理基金	001156.OF	申万菱信新能源汽车	场外	2015/5/7	39.92	38.86%	3.47%
主动管理基金	540008.OF	汇丰晋信低碳先锋A	场外	2010/6/8	96.71	42.15%	-4.62%

讲到这里，怎么选产品基本上就讲完了。如果你想知道过去5年每一年的基金涨跌幅等相关数据，可以在“助推”App中查到。更完整的全基金详细数据因为合规要求不能免费提供，我们会给付费会员提供更优的方法挑选后得出的结果。

如果你认真地按照上面的步骤选基金，花个2—3天的时间，肯定是可以完成的。有人可能觉得：“哇，这么久啊？”2—3天很久吗？你做旅行攻略花的时间都比选基金长吧。做攻略安排行程、选酒店你开心，选基金你就头疼啦？要知道，选基金可是为了让你赚钱，选旅行酒店那都是花钱。从付出的时间和回报来讲，选基金付出的这点时间的性价比已经很高了。更何况，选好了基金，以后才能有更多的钱，去更远的地方，住更好的酒店。当然如果你希望省心，那也欢迎联系我们，我们不仅为你省心、省时间，还能省下冤枉钱呢。

5.2 每个产品买多少钱？

说到第三账户和第四账户的具体配置，大家到这儿已经理解了，基金产品是我们的重头戏。那选好产品后，每个产品要买多少钱呢？我先以第四账户为例，把步骤写下来：

第一步，先写清楚不同产品类别的配置比例，即下图中的 X、Y、Z 部分，得出比例的过程在书中第 4 章有过讲解；

第二步，根据个人第四账户可以放入的资金金额 N，计算买入每个类别的具体金额；

第三步，确定每类买入产品的数量；

第四步，计算每个产品的平均投入金额。

第 1 步：根据“增值账户怎么配”确定 X、Y、Z 比例

第 2 步：算金额

第 3 步：定数量

第 4 步：买多少

偏股基金小配置	配置比例	计划投资总金额（N 元）	买产品数量（个）	每个产品买多少钱
主动管理型基金	X	N × X	5—10（A 个）	N × X ÷ A
行业指数基金	Y	N × Y	1—3（B 个）	N × Y ÷ B
宽基指数基金	Z	N × Z	1—2（C 个）	N × Z ÷ C

接下来我就手把手地教你填。

1. 如果是基于我在上一小节里提到的用户选择比较多的配置比例——主动管理型基金占 60%，行业指数基金占 30%，宽基指数基金占 10%，那么这就是 X、Y、Z 对应的比例了。

2. 假如你有 10 万元资金是最终确定可以放到第四账户的，10 万乘以

60% 等于 6 万，这就是计划放入主动管理型基金的金额，就这样用第四账户的金额上限乘以每类产品的配置比例。

3. 按照常规做法，配置 10 个产品比较适宜。当然资金更多的话，数量上可以多配置一些，但最好不要超过 20 个产品。根据我们的经验，产品超过 20 个，通常你就管理不过来了，需要投入更多精力，也会导致我们的投资性价比降低。而投资资金如果比较少，那也可以在产品数量上适当精简。所以，按照常规做法，主动管理型基金是你配置金额最多的类别，为了避免只选 1—2 个产品，万一没选好导致收益不佳的情况，最好选 5—7 个产品，起到一定的分散作用。行业指数基金的配置取决于你看好的行业，非专业人士配置 2—3 个行业就足够了；宽基指数基金属于打底配置，追踪市场大盘的收益，配置 1—2 个即可。

4. 用每类产品的计划投资金额除以适合自己的产品数量，最终就可以算出来每个产品投多少钱了。

我把上面的具体数值带入表格实操演示一下。

偏股基金小配置	配置比例	计划投资总金额（100000 元）	买产品数量（个）	每个产品买多少钱（元）
主动管理型基金	60%	100000 × 60%=60000	5	60000 ÷ 5=12000
行业指数基金	30%	100000 × 30%=30000	2	30000 ÷ 2=15000
宽基指数基金	10%	100000 × 10%=10000	2	10000 ÷ 2=5000

第 1 步　第 2 步　第 3 步　第 4 步

第三账户的方法和上面演示的第四账户的方法逻辑是一样的。

只不过第三账户不需要配置第四账户那么多产品，因为债基的收益差别不会太大，第三账户一般选择 5 个产品就够了，既便于你管理，又进行了分散。

假如你有 10 万元的资金是要放到第三账户的，可以选择 1 个增额终身寿险产品、2 个纯债基金、2 个偏债混合型基金。因为增额终身寿险的收益是确定的，市场上的产品整体差别不大，不必分散购买；纯债基金和偏债混合型基金会因为基金经理管理能力不同，在收益上存在 2%—3% 的差异，所以这两类最好每种都挑选 2 个以上的产品，按照你资金量的大小，买 2—4 个都是适宜的。

第 1 步：根据“保值账户怎么配”确定比例　第 2 步：算金额　第 3 步：定数量　第 4 步：买多少

偏债基金小配置	配置比例	计划投资总金额（100000 元）	买产品数量（个）	每个产品买多少钱（元）
增额终身寿险	40%	100000 × 40%=40000	1	40000 ÷ 1=40000
纯债基金	40%	100000 × 40%=40000	2	40000 ÷ 2=20000
偏债混合型基金	20%	100000 × 20%=20000	2	20000 ÷ 2=10000

好啦，这一节就这么轻松愉快地讲完了，只要你具备拆解问题的能力，算得过来小学数学题就足够了。

如果你还没有什么积蓄，想从现在开始从 0 做起，也是可以的，把你每个月能放到第四个账户中的钱按照比例分配就可以。我再来带你做一次。

假如没有存款：

偏股基金小配置	配置比例	每月结余 5000 元（且未来 3 年不用）	买产品数量（个）	每个月每个产品买多少钱（元）
主动管理型基金	60%	5000 × 60%=3000	5	3000 ÷ 5=600
行业指数基金	30%	5000 × 30%=1500	2	1500 ÷ 2=750
宽基指数基金	10%	5000 × 10%=500	1	500 ÷ 1=500

第 1 步　第 2 步　第 3 步　第 4 步

而对于有积蓄的读者，看到这儿你一定想了解自己这一手的钱究竟是应该一次性买，还是分几次买，对不对？

下一小节，马上揭秘。

5.3 多长时间买完？

如何建仓？这是个问题。是一次性全部买入，还是分成几批慢慢买？如果是用定投的方式买，那花多长时间投完最好呢？

对于之前没有积蓄的月光族，上面的问题就很简单了，前两个选项跟你也没关系，定投就是你的优选，发了工资就直接扣款到基金账户，攒钱和理财同时进行。对于有了一定积蓄的“小财主”们，上面的问题就有点复杂了，关于我们花多长时间买完计划投资第四账户的钱，有个专业名词，叫“建仓速度”。

接下来分别介绍几种建仓方法：

1. 一次性买入。

2. 个性化定制建仓速度。

3. 先建底仓，再定投。

一次性买入

不要觉得一次性买入不对，这种方法是可以的。

如果我们看过去 1—2 年的时间，那确实会看到市场高低起伏，但如果我们把时间拉长到 7 年以上再回头看，大方向上它就是一条上涨的线。

下图这个产品我持有了 5 年多时间。如果你看最开始的一两年，估计你会替我后悔，觉得我买早了，但是如果看全貌，经过了最初的高低起伏之后，长期来看获得了200%的大涨，之前那点后悔就不算什么了。

如果可以再来一次，你还愿不愿意在起点那里都买入呢？其实也未尝不可。虽然在买入之后经历了当时看起来剧烈的震荡（发生过最大超过25%的下跌，且持续了一年），但现在看来，那些真是不值一提。

你幻想用自己手里的全部资金都只抓住蓝框里面的最低点是不切实际的，因为只有过去了，回头看，你才知道那里是低点，但在当时那个时间没有人知道。我也没见过任何人或者任何机构有什么好的方法，每次都能抓到市场最低点。

所以，我们要辩证地看待一次性买入的利与弊。甘蔗没有两头甜，任何决策都有利弊。重要的是要认识你自己，问问自己：一次性买入之后，就算市场接下来有下跌，自己能不能做到淡定平和、不患得患失，能不能知道买入的区间是便宜还是贵？如果答案是不能，那就不要选择一次性买入。

我用表格的形式来总结下一次性买入的利弊：

一次性买入基金			
利	弊	适合什么人	适合什么基金
如果市场持续上涨，一次性买入比分期分批买，成本更低，收益更高。	如果市场震荡，一次性买入后，市场下跌更便宜机会出现，没钱补仓，不能拉低成本，无法赚更高收益。	看超长时间段，认可市场规律是上涨的，抓长放短，不在意短期更便宜的机会，不患得患失。	行业板块基金，看好行业未来大方向，如果能判断是底部区域，更适合一次性投入。

我们来看一张实操图，重点看图中那条净值曲线。在我买入之后，就没有出现过比我买入的价格低的时候，所以如果我当时选择一次性买入，肯定收益更高。在我服务用户的过程中，我发现 95% 的人在金钱上都不能克服患得患失的心态，所以一次性买入。并不是方法不对，而是这个方法大部分人驾驭不了。

个性化定制建仓速度

第二种建仓方法，即将资金分散到 1—12 个月投完，是可以兼顾市场高低与自己风险偏好的个性化做法。

手里的资金具体要花多长的时间分期分批投完比较好呢？我们对此做了大数据概率统计研究，这也是我们的“独门秘诀”，别的书里都是没有的。

先分享一下我们关于建仓速度的研究过程。想要研究分散建仓是快一点好，还是慢一点好，我们要先有一个锚，所以我们选择了 3 个月、6 个月、12 个月、24 个月、36 个月几个时间段进行对比，看看哪种建仓速度收益更好。

从 2005 年 1 月至 2021 年 6 月，我们在每个月的 1 号开始建仓，一共

16 年，有 198 个建仓起点，这样可以覆盖牛市、熊市、震荡市。同时我们统计了代表主动管理型基金平均收益的偏股基金指数（885001.WI）和代表指数的沪深 300（000300.SH），分别采用 3 个月、6 个月、9 个月、12 个月、24 个月、36 个月这 6 种不同的速度建仓，以双周定投的方式滚动观测在接下来 1 年、2 年、3 年、4 年、5 年的收益情况，最后把同一个建仓速度的收益，取了平均值。

不同建仓速度收益对比

产品	建仓速度	3 个月建仓	6 个月建仓	9 个月建仓	12 个月建仓	24 个月建仓	36 个月建仓
偏股混合型基金指数(885001.WI)	平均 1 年收益率	19.65%	16.17%	13.42%	10.45%	10.23%	10.23%
	平均 2 年收益率	42.86%	39.24%	36.15%	32.60%	20.66%	20.35%
	平均 3 年收益率	50.04%	46.92%	44.25%	41.10%	30.11%	21.61%
	平均 4 年收益率	60.41%	56.73%	53.68%	50.17%	38.89%	30.66%
	平均 5 年收益率	73.54%	69.69%	66.47%	62.74%	50.46%	41.67%
沪深 300 指数(000300.SH)	平均 1 年收益率	17.74%	14.53%	11.96%	9.21%	9.04%	9.04%
	平均 2 年收益率	35.72%	33.15%	30.88%	28.15%	17.89%	17.63%
	平均 3 年收益率	31.57%	29.79%	28.07%	25.93%	18.60%	12.96%
	平均 4 年收益率	33.35%	31.02%	29.02%	26.63%	19.06%	14.42%
	平均 5 年收益率	37.95%	35.77%	33.81%	31.45%	23.64%	18.57%

数据来源：Wind 资讯、7 分钟理财统计整理

概率统计结论：

第一，建仓周期为 3 个月较好，随着周期的拉长，效果会逐渐变差。也就是说在过去 A 股的市场环境下，建仓越快，收益越高。

第二，拉长到 5 年的时间，建仓速度为 3 到 12 个月的收益，其实都不错。但如果是用更长的时间，比如 3 年完成建仓的，对比其他时间长度的收益反而是最差的。这是因为市场是震荡上行的，虽然偶尔也会遇到“打折”，但大部分时间里都是越买越贵的，所以总体成本上升，收益也就下降了。

总的来说，假设任何时间开始买基金，把第四账户要投资的钱用 3 个月时间定投建仓偏股基金，是大概率收益更好的选择。但是中途也会遇到亏损。

同时，我们也做了比较极端情况下的数据统计。下表是选取了三个市场相对高点开始建仓，不同建仓速度下的持仓收益率情况，从数据中我们也可以看出，一旦发生“把仓建在高岗上”这种小概率事件，3 个月完成建仓就未必是最好的选择了。我们做数据统计的意义，就在于找出更多细节的地方，在不同的市场环境下，调整建仓节奏，才能获得更好的收益。

市场高点建仓收益对比

产品	建仓速度	3 个月建仓	6 个月建仓	9 个月建仓	12 个月建仓	24 个月建仓	36 个月建仓
偏股混合型基金指数(885001.WI)	平均 1 年收益率	-27.70%	-21.65%	-18.43%	-13.68%	-13.13%	-13.13%
	平均 2 年收益率	-7.90%	-0.18%	4.74%	11.66%	11.13%	10.92%
	平均 3 年收益率	15.72%	24.22%	29.77%	37.87%	37.33%	28.65%
	平均 4 年收益率	16.74%	24.25%	29.02%	36.41%	36.01%	26.94%
	平均 5 年收益率	15.04%	23.80%	28.53%	35.71%	35.31%	27.20%

续表

沪深 300 指数 (000300.SH)	平均 1 年收益率	-37.46%	-30.78%	-25.75%	-19.70%	-18.94%	-18.94%
	平均 2 年收益率	-17.46%	-7.93%	0.24%	10.20%	11.54%	11.33%
	平均 3 年收益率	-8.30%	1.18%	9.11%	18.75%	20.20%	15.66%
	平均 4 年收益率	-16.57%	-8.34%	-1.78%	6.16%	7.50%	3.35%
	平均 5 年收益率	-20.87%	-12.18%	-5.52%	2.50%	3.89%	-0.06%

注：统计自三个市场高点 2008/1/1、2015/6/1、2017/12/1 开始，不同建仓速度下双周定投获得的持仓收益率，并对三组样本取平均值。

数据来源：Wind 资讯、7 分钟理财统计整理

“7 分钟理财”成立之初，我们当时就是辅导用户用 3 个月的时间完成建仓。赶上市场上涨，用户都觉得大钱都投完了，市场上涨，收益多多，好好啊。但要是赶上震荡或市场下跌，3 个月后看到更便宜的机会，用户会后悔投得太快了，便宜了却没钱补仓，会陷入不开心。虽然 3 个月后市场会上涨还是下跌，没人能预判准确，也不意味着建仓速度快就赚得少，但用户一旦看到下跌，难免还是会产生患得患失的情绪。

后来，我们加入了“市场价格”和“个人风险偏好”这两个因素，在给会员做辅导时，不单纯地追求收益最大化，而是让用户全面了解影响收益的因素，让他们更从容地面对收益的起伏，我们觉得这是有意义的。

对于付费会员，我们会结合市场价格因素，看价格是贵还是便宜，进而对建仓速度提供更有效的辅导——市场处于便宜区域时，将资金在 3—6 个月的时间内投完；市场在较贵区域时，将资金在 6—12 个月投完。当然，如果你不太懂市场是贵还是便宜，可以简单选择 12 个月定投完。个人风险偏好较强的用户可选择 3—6 个月内完成建仓，而厌恶风险、求稳一点的用

户可以选择 6—12 个月内慢慢完成建仓。

所以，在 3 到 12 个月内，你可以根据自己的情况，选择建仓速度。最终我们发现，除非看到很便宜的机会，大部分用户还是愿意选择 12 个月左右的建仓速度。

先建底仓，再定投

关于建仓，其实还有更高阶、更有意思的做法。

资金不一定非要均衡地分配到每个月，而是选择在市场比较便宜的时候，先拿一部分资金建立底仓，比如 1 个月内投资完 30%，好处是如果上涨，投入多，赚得也多一点。如果接下来更便宜了，还有能持续买入的资金。因为谁也没有能力精准判断，所以先用一部分资金建底仓，没投完的资金再设置一段时间的定投，比如 6 个月的定投，完成全部建仓。

先建底仓，再定投			
利	弊	适合什么人	适合什么基金
先建了底仓，如果接下来上涨，赚得比慢慢定投多；如果下跌，还有钱可以拉低成本，不会把子弹一下打光。	万一没有判断对，遇到“黑天鹅事件”，下跌幅度较大，先建底仓，早期投的钱也会在下跌过程中亏损较多。	能承受的浮亏多一点，有一点判断市场贵或便宜的能力的人。	一切皆宜。

这样做，资金会更早、更快地进入偏股基金中为我们打工，投资效率会比较高。当然，使用这种方法短期浮亏的可能会更多，如果后续更便宜了，容易患得患失，后悔自己买多了。但我看得开，咱也不能什么都想要嘛，又要短期风险低，又要短期收益高，这本身也不现实。

那底仓建多少合适呢?

判断市场	非常便宜	比较便宜	不贵	不便宜
建底仓比例	70%	50%	20%—30%	0%

如果我觉得市场不便宜，我肯定就不建底仓，慢慢定投，边定投边“测水温”。等什么时候开始下跌了，我再拿没投完的钱补仓拉低成本。

以上介绍了三种建仓方法，其实还有第四种我本人不太推荐的随机建仓法。

有个用户和我说，她先买一点，然后看什么时候跌了再买。很多人入场前都是这种心态，我年轻的时候也这样。后来我发现：怎么还不跌呀？怎么不仅不跌，还涨上去了呢？哎，你先别涨呀，我这还没买多少呢，你等我一会儿……结果市场根本不理我，我在看着市场上涨的过程中觉得自己少赚了好多钱，实在是不想错过太多，最后的结局就是下跌没等到，被动去追高。

所以这种方法我并不推荐，除非你真的特别专业，平时还有时间自己分析、判断市场。如果都没有，那就算了吧，还是从前面三种方法里面选吧。

延展阅读——产品收益率与持仓收益率的区别

这里补充一个小知识——产品收益率和持仓收益率不一样。

你看下图这个产品，从我 2017 年第一次买入到 2022 年 7 月 29 日，基金有 200% 的收益率，可我的持仓收益率只有 89%。为什么？是我哪里做得不好吗？

不是的。200% 的收益率指的是产品收益率，第一天把全部的资金都投进去，中间也没有任何交易，才会有和产品净值的上涨一样的收益。而图片中显示的持仓收益率，是根据我真实的资金投入成本算的收益率，我的钱显然不是在最初一次性投

延展阅读

入的，而是按月定投的方式，逐步投进来的。因为后面的钱进来得晚，没有享受到200%的收益，所以在上涨中定投，自己的持仓收益率会小于产品收益率，这是非常常见的。

这时候你可能会说："涨了？涨了就先别投了。"那请问你不投，手里拿着现金，你会有多少收益呢？还记得货币时间价值吗？收益率是200%还是200000%都不重要，重要的是你赚到手的收益有多少。如果看到上涨，后续不投了，我倒是会得到很高的收益率，但收益率能当饭吃吗，能用来点外卖吗，能用来还信用卡吗？赢了收益率丢了收益，才是虚假繁荣呀。

所以到这里，总结一下，咱们每个月都在给社会创造价值，会有源源不断的收入，所以建仓完成后也是可以继续定投的，让我们的每一分钱也和它的主人一样创造价值！

5.4 日定投、周定投、月定投哪个好？

知道了要多久投完，实操的时候又会发现新问题：间隔多久投一次呢？是每天投一点的日定投好，还是每周、每双周、每月定投好呢？哪个效果好一点，我们在这个问题上也有独家的大数据概率统计结果。

先给大家做一道选择题，猜一猜，同样产品、同样的下跌市场，图 A 和图 B，用哪种定投方法未来收益更好？

假如用 1 万元买基金，市场是从 1.5 元跌到 0.5 元的，如果买了 3 次，分别买在 1.5 元、1 元、0.5 元三个不同的价格，折算下来，你定投的成本是 0.818 元。

如果还是这 1 万元，我们从 1.5 元开始，每下跌 0.1 元就加投一次，从 1.5 元到 0.5 元，一共投了 11 次，你的成本是多少呢？你可以自己动手算一下，成本是 0.89 元。

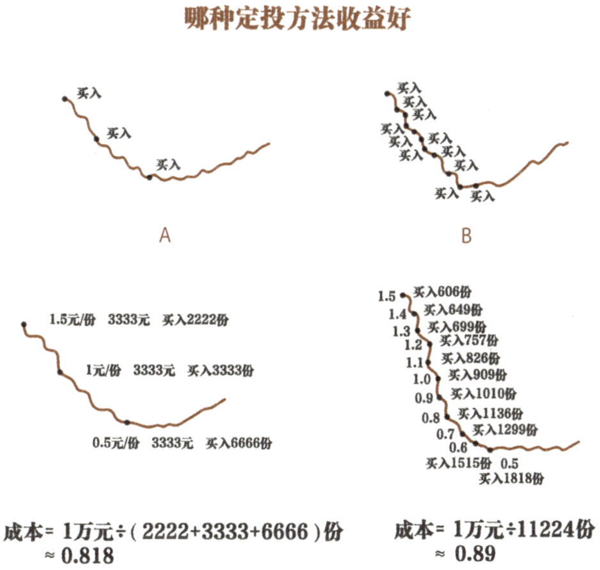

结论就是，定投是为了让我们战胜人性，下跌的时候也敢投，目的是拉低成本。但如果

选择日定投，价格并不会明显拉开，所以效果一般。

有人可能觉得，0.818 元和 0.89 元的成本看起来差别也不算大呀。嗯？不大吗？那你猜猜，如果产品反弹到 1 元，收益率是多少？成本 0.818 元的定投方式，会获得 22% 的收益率；成本 0.89 元的定投方式，会获得 12% 的收益率，相差几乎一倍呢！现在你还觉得差别不大吗？

我们再翻转一下，看看在产品最低点谁亏得更少吧。是图 A 还是图 B？答案还是图 A。因为成本低，所以亏得也更少。

做完这几个选择题，你应该已经掌握了“买几次”和“成本”之间的关系这个知识点。以上仅仅是为了举例，真实的产品通常不会表现出这么显现的一条线，所以让我们看看真实的市场和产品吧。

延展阅读——定投的优点

定投就是固定时间间隔、固定金额，投资同一只基金。

定投能帮助我们战胜人性的弱点，让我们的投资更“佛系”一点。因为在低点、高点都有投资，低点时同样的钱能买到更多份额，所以拉低成本的效果更明显，更容易帮你赚到钱。我在《7 分钟理财》这本书中详细介绍过定投，没看过的朋友可以去找来读一读。

如果你之前没有坚持定投，也没有实现 5 年资产翻一倍，那你可以先试一试把定投坚持下来。回想一下前面我们讲过的那个从 2003 年起每月花 3000 元定投基金，18 年后账户有了 500 万元，收获 400 多万元收益的真实故事。

我们这次还是研究主动管理型偏股基金和沪深 300 指数基金，选取了不同类型的 9 个时间区间，分别测算日、单周、双周、月这四种定投频率对应的收益率。

结论是，无论从多长的时间维度来看，四种定投频率最终的收益率差别都不大。

不同定投频率收益率对比

产品	时间区间		日定投	单周定投	双周定投	月定投
偏股混合型基金指数(885001.WI)定投收益率	1 年	2021/7/1—2022/6/30	-2.29%	-2.28%	-2.37%	-3.07%
	2 年	2020/7/1—2022/6/30	-0.34%	-0.32%	-0.07%	-0.60%
	3 年	2019/7/1—2022/6/30	17.61%	17.70%	17.68%	18.13%
	4 年	2018/7/1—2022/6/30	36.86%	36.46%	36.63%	37.23%
	5 年	2017/7/1—2022/6/30	43.99%	43.61%	43.81%	44.38%
	上涨区间	2019/1/1—2019/12/31	16.26%	16.90%	17.42%	18.09%
	下跌区间	2018/1/1—2018/12/31	-14.75%	-15.15%	-15.64%	-15.85%
	微笑曲线	2018/1/1—2019/12/31	19.93%	19.83%	19.39%	20.06%
	震荡区间	2016/7/1—2017/6/30	2.81%	2.88%	2.92%	3.19%
沪深 300 指数(000300.SH)定投收益率	1 年	2021/7/1—2022/6/30	-2.68%	-2.74%	-2.75%	-3.69%
	2 年	2020/7/1—2022/6/30	-6.45%	-6.43%	-6.21%	-6.74%
	3 年	2019/7/1—2022/6/30	0.67%	0.69%	0.74%	0.63%
	4 年	2018/7/1—2022/6/30	8.24%	8.07%	8.16%	8.25%
	5 年	2017/7/1—2022/6/30	9.55%	9.39%	9.51%	9.57%
	上涨区间	2019/1/1—2019/12/31	9.69%	10.22%	10.63%	11.11%
	下跌区间	2018/1/1—2018/12/31	-15.59%	-16.06%	-16.55%	-16.73%
	微笑曲线	2018/1/1—2019/12/31	12.27%	12.10%	11.78%	12.20%
	震荡区间	2016/7/1—2017/6/30	8.36%	8.46%	8.50%	8.94%

数据来源：Wind 资讯、7 分钟理财统计整理

只不过，月定投毕竟 1 年只有 12 次调节成本的机会，定投的那一天是贵还是便宜会对收益有影响，结果会有随机性；但拉长到 5 年来看，任何一个月的价格与 5 年后高高拉起的曲线比，都显得微不足道了。另外，不是所有平台都支持日定投，所以单周定投和双周定投实操性强，拉低成本的效果也稳定。如果资金在 10 万元以下，选择做周定投，每次就投 100 元，会感觉金额太少了，所以双周定投是比较适合大多数人的一种方式。

每次定投多少？

频次知道了，那每次投多少钱，问题也自然就解开了。拿出之前教你的小表格吧。

第 1 步：在“每个产品买多少”中已确定

第 3 步：确定定投间隔

偏股基金小配置	配置比例	计划投资总金额（N 元）	买产品数量（个）	每个产品买多少钱（元）	确定建仓速度	确定定投频率	计算每次买多少钱
主动管理型基金	X	N × X	5—10（A个）	N × X ÷ A			
行业指数基金	Y	N × Y	1—3（B个）	N × Y ÷ B	1 至 24 个月	单周或者双周	$\frac{\text{每个产品买多少钱}}{\text{建仓速度} \times \text{定投频率}}$
宽基指数基金	Z	N × Z	1—2（C个）	N × Z ÷ C			

第 2 步：根据自己的风险偏好，确定建仓速度

第 4 步：计算金额 $\frac{\text{第 1 步结果}}{\text{（第 2 步} \times \text{第 3 步）}}$

代入案例举例：

偏股基金小配置	配置比例	计划投资总金额（10 万元）	买产品数量（个）	每个产品买多少钱（元）	确定建仓速度	确定定投频率	计算每次买多少钱
主动管理型基金	60%	100000 × 60%=60000	5	60000 ÷ 5=12000	12 个月（12000 ÷ 12 个月=1000 元 / 月）	双周	500 元 / 双周
行业板块	30%	100000 × 30%=30000	2	30000 ÷ 2=15000	3 个月（15000 ÷ 3 个月=5000 元 / 月）	双周	2500 元 / 双周
宽基	10%	100000 × 10%=10000	2	10000 ÷ 2=5000	12 个月（5000 ÷ 12 个月≈ 417 元 / 月）	双周	约 208 元 / 双周

周几定投最好？

我们的理财实验室以主动管理型偏股基金指数（885001.WI）和沪深 300 指数（000300.SH）为标的，分别测算了以 2022 年 6 月 30 日为截点的过去 1 年、1.5 年、3 年、5 年，单周或双周，周一至周五，不同情况下对应的定投收益率。最终发现，在任何一个时间维度内，无论周几定投，最终的收益差异都很小，年化收益最多相差 1% 而已。

周一到周五，哪天定投好？											
偏股混合型基金双周定投收益率	周一	周二	周三	周四	周五	沪深 300 双周定投收益率	周一	周二	周三	周四	周五
1 年	-2.67%	-2.48%	-2.47%	-2.37%	-2.31%	1 年	-3.17%	-3.01%	-2.91%	-2.75%	-2.76%
1.5 年	-2.79%	-2.70%	-3.24%	-3.36%	-3.45%	1.5 年	-6.26%	-6.23%	-6.69%	-6.82%	-6.94%
3 年	17.68%	17.50%	17.66%	17.76%	18.00%	3 年	0.74%	0.60%	0.73%	0.87%	0.90%
5 年	43.81%	43.63%	43.81%	44.22%	44.46%	5 年	9.51%	9.37%	9.53%	9.82%	9.81%

续表

偏股混合型基金单周定投收益率	周一	周二	周三	周四	周五	沪深 300 单周定投收益率	周一	周二	周三	周四	周五
1 年	-2.28%	-2.00%	-2.26%	-2.28%	-2.19%	1 年	-2.75%	-2.56%	-2.76%	-2.74%	-2.71%
1.5 年	-3.17%	-3.02%	-3.21%	-3.11%	-3.19%	1.5 年	-6.56%	-6.44%	-6.58%	-6.36%	-6.62%
3 年	17.70%	17.30%	17.55%	17.69%	17.55%	3 年	0.69%	0.60%	0.68%	0.84%	0.68%
5 年	43.61%	43.73%	43.90%	44.25%	44.43%	5 年	9.39%	9.45%	9.56%	9.82%	9.73%

注：统计截至 2022 年 6 月 30 日，过去 1 年 /1.5 年 /3 年 /5 年，周一至周五，单周或双周定投偏股混合型基金指数 (885001.WI) 和沪深 300 指数 (000300.SH) 对应的收益率。

数据来源：Wind 资讯、7 分钟理财统计整理

所以我的做法是，定投 10 个产品，周一到周五平均分配，每天分配 2 个产品定投就好。只要我的投资时间拉得够长，抓大放小，收益差别对我来说就不存在；只要早设置、能坚持，未来就会获得好收益。

计划做好了，开始实操前，还要知道在哪儿买基金手续费低，这件事关乎你至少几千元的收益。

5.5 手把手基金操作指南

基金在哪儿买？

我们在哪里买基金既安全，手续费还便宜呢？先说一下，由于货币基金没有手续费，放进去、拿出来都免费，所以在哪儿买都一样。我们接下来要说的基金，主要是股票型和混合型基金，它们更加依赖基金经理的管理能力，一般买入时手续费比较高，而且各个渠道的收费会不一样，我们挨个来看看吧。

通常会有以下四个常见选择。

第一个选择：公募基金公司——有点少。

在这里买基金相当于从厂家直接拿货，由于没有中间环节，手续费通常也比较低。但缺点是你通常只能买到人家自家的产品，也就是说你只能买到该基金公司自己发行的基金，选择比较有限。如果你既想买广发基金又想买富国基金，那就需要到两个基金公司的官网去分别购买，后期管理起来也会非常麻烦，需要登录不同的基金公司账户去查看。

第二个选择：银行——有点贵。

各大银行也可以买基金，区别主要在于可选择的基金数量和手续费差异。

有的银行代销基金数量多，有的数量少，差异还是蛮大的。而且从银行买基金的手续费比较高，柜台的标准收费最高的偏股型基金是 1.5%。有的银行会有一些折扣或优惠，网银通常费率低一些，在 0.4% 左右。

第三个选择：券商——有点复杂。

从券商那儿买基金和从银行买有点类似，同样是选择有限，不能想买什么就买什么。

最重要的是，券商除了提供基金买卖服务之外，还有其他业务，比如股票交易、融资融券、场内场外交易等。所以打开券商 App，普通投资者可能会感觉有点晕，容易因为看不懂而点错按键，比如一不小心买成了场内基金，那后续就不能再设置定投了。根据我了解到的信息，90% 的用户并不习惯使用券商软件买基金。

第四个选择：独立的基金销售机构——便宜、数量多。

它们是专注于做基金销售的平台，汇集了大量的基金产品，包括市场上 95% 以上的公募基金，你想买的这里都有。

大部分平台的手续费可以打 1 折。举例来说，买 10 万元的某股票型基金，在银行柜台购买的话，需要收取 1500 元的手续费；而通过独立的基金销售机构，手续费 1 折就是 150 元。如果一年之中交易 2 次，那手续费会相差 100000 × (1.5%−0.15%) × 2=2700 元。要知道，手续费支出其实也是基金投资成本中的一部分，算收益时自然也要减掉这部分，所谓省到即赚到。在同样安全的情况下，独立的基金销售机构不但手续费低，而且选择丰富，后期管理也更方便。不过，在不同的平台交易，得到的后续服务不太一样。

稍微提醒一下，前面所说的独立的基金销售机构手续费打折是大部分情况，我也看到过个别基金销售平台手续费不打折，大家买入前可以仔细看下。

这里要重点强调一件事——不管在哪里买基金，一定要使用证监会批准的平台。因为基金销售机构必须接受证监会的监管，同时证监会也会定期披露哪些基金销售机构是合法备案的，只要是从备案机构购买的，你的资金就是安全的。

延展阅读——如何查询基金销售机构的情况？

接下来我们教大家如何查询基金销售机构是否备案、合法。

先登录中国证券监督管理委员会的主页（http://www.csrc.gov.cn/），然后按照我说的顺序点击：政务信息—政府信息公开—主动公开目录—按主题查看—基金监管—相关名录—公开募集证券投资基金销售机构名录。接下来在名录表格中搜索你想查询的平台名称，就可以知道自己选择的基金销售机构是否合法了。

这时你可能有一个疑问："我没有查询到'7分钟理财'这个基金交易平台啊，那安全吗？"

实际上，"7分钟理财"并不做产品销售，但是因为要做用户的理财辅导，我们就与持牌机构定制了合作，这样做不仅你的资金是安全的，能享受1折的手续费，同时还能得到我们的买卖辅导服务。

总结一下，选择在哪儿买基金的要点是：安全，选择范围更广，手续费便宜，最好有特色服务。

有些人可能要问了："银行、券商至少有个网点、有个门脸在，我能看得到；基金销售平台我看不到摸不着的，会不会倒闭呀？"

这点大家可以放心，银行也好，独立的销售平台也好，说白了都只是一个渠道，是把钱流通到基金公司某款基金产品的"工具"，钱并没有留在渠道手上。而且无论是销售渠道，还是基金公司，都要接受非常严格的监管，在公募基金运作的过程中，账户交易一直受监管，不可能有人把资金挪作他用。所以，如果银行或者平台不代销了，哪怕是倒闭了，你也完全可以去基金公司把钱赎回来。而你买的每一只基金也都是可以在基金公司的网站上查询到的。

基金公司倒闭了怎么办？

只要你不是基金公司的股东，那基金公司本身经营好坏就和你没关系；如果基金公司经营不下去了，需要破产清算，只要你不是基金公司的员工，那跟你关系也不大。你是基金产品的持有人，基金净值跟基金经理的操盘实力有关。无论你的基金最后净值还剩多少钱，钱都是在银行的托管账户中，最后银行会按照净值还给你，所以你不必担心这个问题，目前也没有发生过公募基金公司倒闭的情况。

会遇到基金清盘的情况吗？

理论上会有，但概率比较低，一般都是基金规模在 3000 万元以下才会发生这种情况。而我们通常买基金，选择较多的都是管理规模在几个亿以上的基金，所以一般不会遇到这类事情。如果某个基金产品规模太小了，只剩下几千万元，确实可以按照法规规定的流程进行清盘，但这也并不意味着你的钱没了，你依然可以按照净值把基金赎回来。我曾经看到过清盘的基金还赚 50% 的情况，所以即便清盘，也是该给多少收益就给多少收益。

基金如何交易？

接下来我们说说买基金的交易步骤。简单得很。

第1步 输入你想买的基金的代码。

第2步 进入基金页面，选择是一次性买，还是用定投的方式买。

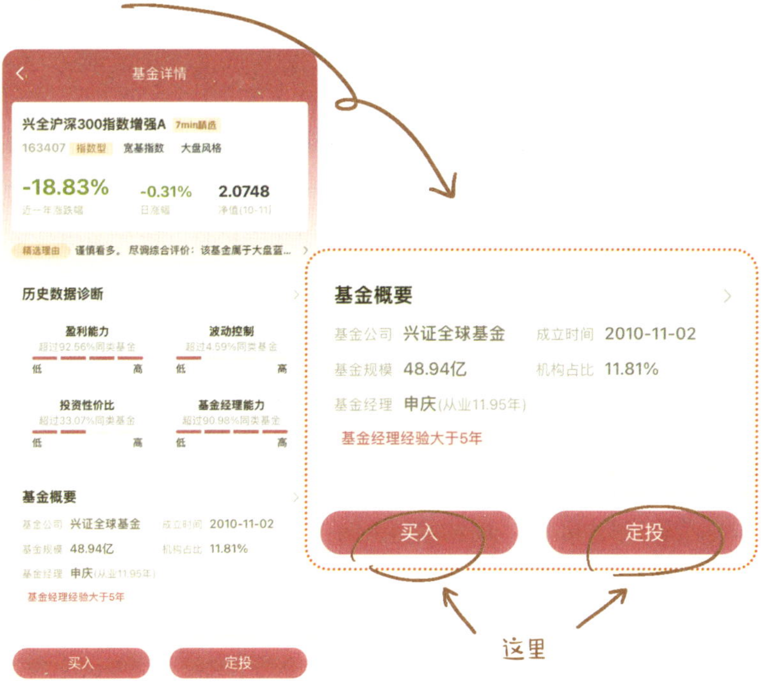

第3步 输入金额，注意看下手续费是否有优惠，在这一步就有显示了。

检查一下，如果没有问题，一次性买入的在这里就可以点击确定。

如果是用定投的方式买入，别忘记在这一步选择一下定投的周期和定投日，比如图中设置的是每双周的周三扣款。

好啦，买完啦。

注意

如果买完之后，发现输错了金额怎么办？没关系，买入当天的 15 点之前选择撤单即可。

看懂基金交易中的“黑话”

买入的基金，什么时候开始计算收益呢?

我们先来了解一下基金的交易规则，这里说的是场外基金。基金的交易时间是周一至周五，周末和节假日不交易，在这个时间段内，可以买卖，也可以撤销当天的买卖申请。基金交易以交易日的 15 点为界，交易日 15 点前申购，按当天收盘的基金净值计算份额，下个交易日开始计算收益；如果是交易日 15 点后申购，按下一个交易日收盘的基金净值计算，下下个交易日计算收益；若是碰上周末或者是节假日，那么基金确认份额的时间就要顺延。

赎回也是同样的规则，15 点前赎回以当天的净值成交，15 点后赎回以下一交易日的净值成交，如遇节假日或周末也要顺延。在这里要解释一下，你在周一的 10 点买基金，或者 14 点买基金，其实没有区别，都是按照当天 15 点收盘后确定的净值计算买入价格。但如果是 14 点买和 16 点买，那基金的买入价格就不同了——14 点下单买的是当天 15 点收盘的确定净值，16 点下单买的是下一个交易日 15 点收盘的确定净值。

卖出的基金，什么时候到账?

卖出专业名词叫“赎回”。不同基金的赎回到账时间会有差异：货币基金一般是 1—2 个工作日到账。现在货币基金也可以做到当天实时到账，但是额度有限，每天限额 1 万元，有的平台限额会更高，也有的平台不支持实时到账；债券基金、混合型基金、股票型基金、FOF 基金一般是 2—3 个工作日到账；QDII 基金时间长一些，一般是 3—10 个工作日。

接下来说说，买完之后你会在基金页面上看到什么，它们都是什么意思。

这张图是比较典型的一个买完基金之后的显示页面，我把重要的信息都给你讲一讲。

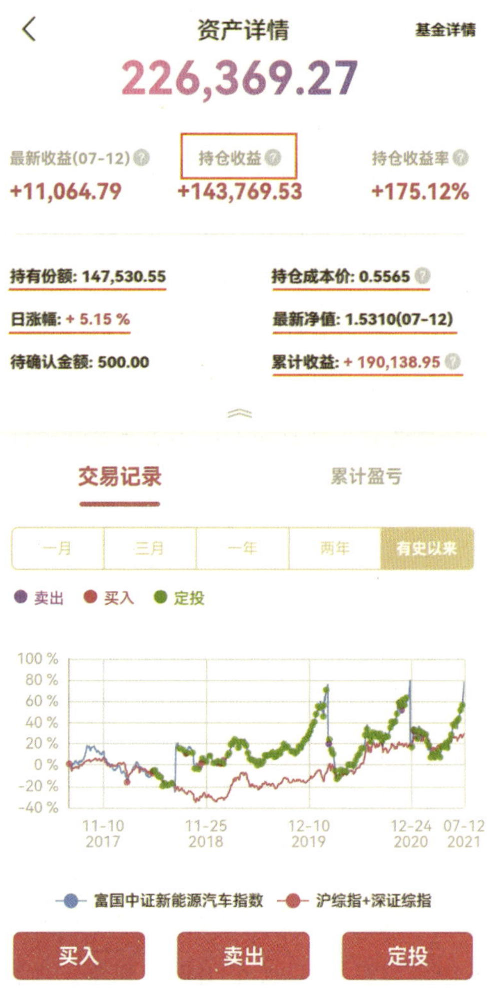

1. 总金额（总市值）

你看到的页面上字体最大的数字就是总金额，也叫总市值。因为基金净值是波动的，总金额指的就是你投入的钱现在值多少钱，可能大于你投资的本金，当然，亏钱的时候也可能少于你投入的本金。

2. 最新净值

净值就是基金的价格，括号里的是更新价格的日期。

3. 持有份额

代表你持有基金的数量。结合上一条，最新净值 × 持有份额 = 总金额。

其实这个不难理解，我们可以举个例子，如果你是卖苹果的，想计算手中的苹果值多少钱，那一定是每斤苹果的价格 × 你有多少斤苹果 = 你手里的苹果今天值多少钱。持有基金份额就是你有多少斤苹果，最新净值就是今天一斤苹果能卖多少钱。对应到基金里，公式就是持有份额 × 基金净值 = 总市值。

4. 持仓成本价

就是多次买卖之后，这只基金的平均成本。因为你每次买基金净值都不一样，买了多次之后，平均成本是多少呢?

举个例子：

第一次，你花了 1000 元，当时净值是 1 元，你买了 1000 份。

第二次，你花了 1000 元，当时净值是 0.8 元，你买了 1250 份。

第三次，你还是花了 1000 元，当时的净值 1.2 元，你买了 833 份。

那经过这三次购买，你的持仓成本价是多少呢？3000 ÷（1000+1250+833）=0.97，这，就是你的持仓成本价了。

持仓成本价都是基金交易平台给大家算好的，不需要咱们自己算，只需了解计算原理就可以了。

5. 日涨跌幅

指的是基金上一个交易日的涨跌幅，是用最新的净值对比前一天的净值得出的。

6. 待确认金额

就是你买入或者卖出的在途金额。因为基金的交易规则是 T+1 天确认份额，你今天 15 点之前买的基金，要到明天才能确认份额。那么在你买完之后、确认份额之前，这部分钱就在待确认金额里面。

我们买基金，最想知道的就是我的基金赚没赚、赚了多少，对吧？这要怎么看呢?

这张图中有好几个收益对不对？我逐一给你解释下。

7. 最新收益

就是根据最新一个交易日的日涨幅，算出来这一天里你是赚了还是亏了，盈亏多少钱。就像图片中 7 月 12 日的日涨幅是 5.15%，这一天你就赚了 11064.79 块钱，很好理解。

8. 持仓收益

是持有这只基金的份额产生的收益，已经赎回的份额的收益就不在这里面了。

9. 累计收益

就是从你买这只基金开始，它一共给你带来了多少收益，其中包括你已经卖出去的份额的收益。

那你肯定要问，这个累计收益和上面的持仓收益，区别在哪里呢？

累计收益 = 持仓收益 + 卖出部分产生的收益。

比如你看右面这张图，累计收益 6 万多元，持仓收益 6.06 元，这就是因为之前买的大部分份额都被卖出了，我只留了 13.13 个份额做截图用。

所以这只基金一共赚的 6 万多的收益只体现在累计收益里。

再讲一个关于分红的知识点。我们买基金的时候，经常会跳出来一个小框让我们选择分红方式，这是什么意思呢？

分红指的就是基金公司将基金资产的一部分以不同形式派发给你，这部分收益本来就是你的，并不是基金公司又拿出一笔钱来给你奖励。所以，分红不是指你的钱突然变多了，分红的同时，基金净值也会下降，用大白话讲就是，背着抱着一样沉。

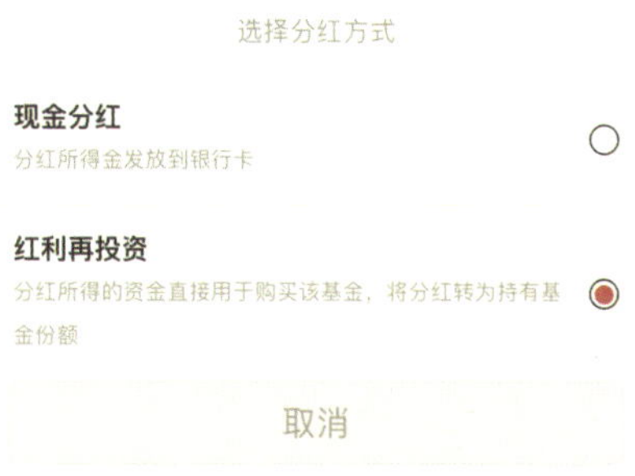

我们在买入的时候，就可以把未来分红的模式设置成现金分红或者红利再投资。两者的区别在于红利会以不同的方式分给你。现金分红是以现金的方式，直接打到你的银行卡上；而红利再投资是把分红的钱，再次买入该基金，转变为更多的份额，同时不收买入手续费。

我在这里举个例子，来加深你的理解。你买了 A 基金 1000 元，之前净值是 1 元，买了 1000 份。现在基金要分红了，每份分 0.2 元，然后净值会调整至 0.8 元。如果选现金分红，你的 1000 元就变成 800 元市值 +200 元现金；如果选红利再投的话，分红的 200 元会按照 0.8 净值折算成 250 份额，加上原来的 1000 份，你的持有总份额就变成了 1250 份，那么按照最新净值 0.8 元计算，总市值还是 1000 元。所以你看，总市值并没有变化，羊毛出在羊身上，分红并不是收益。

我们可以根据不同的市场，选择不同的分红方式。比如，在市场便宜的时候，可以采用红利再投资的方式，因为这就相当于用分红的钱在低位继续买了基金，份额变多了，如果未来市场上涨，收益也会更多一点；而在市场贵的时候，可以选择现金分红，相当于在市场高点的时候拿回了现金，落袋为安。如果你嫌麻烦，觉得费脑子，那就都选择红利再投资吧，毕竟从长期来看，基金迟早会上涨的，分给我们的钱我们可以没有手续费地买回去，也是不错的选择。

06

用对买卖方法，助推收益翻倍

无论你使用哪种方式拉低成本，都没有对错，

不同的方法适合风险承受能力不同的人。

只要你在过程中能够克服下跌的恐惧，就已经很好了。

6.1 方法比产品更重要

我们和大家分享了如何挑选到好产品，但理财的终极目标并不是选到好产品，而是获得好收益，产品只是获得收益的工具。而比选产品重要的是学会用方法，没有好方法，产品再好，收益也只体现在产品上，没有赚到你的兜里；而方法好，即便是看着不好的产品，你也可以从中获得好收益。

所以，把更多精力放到理财方法的学习和运用上，才是获得更高收益、事半功倍的做法。相信看完这一小节，不仅能节省你未来在选产品上花的时间，还会让你在理财过程中理解更多事情，逐渐变得不纠结、不盲从，最终实现理性发财。

进入正题之前，先问一个问题：你觉得对理财收益贡献最大的因素是什么？答案是本金和时间。那除了本金和时间以外，你觉得对理财收益贡献最大的是什么呢？我给你四个选择，你按重要度排个序吧。

A. 大类资产配置比例——第三和第四账户分别放多少钱；

B. 小类产品配置——主动、行业、宽基的配比；

C. 产品选择；

D. 买卖方法。

顺序是 ABDC。

大类资产配置一定是最重要的，你在偏股基金里放了多少钱，决定了你长期的赚钱速度是 15% 还是 5%。放得多，理财收益自然就多。第二重要的是小类产品配置，如果过去 10 年来，你只买沪深 300 基金，无论怎么挑选指数基金，你的收益范围也就是每年 6%—8%；而如果你买的是主动管理型基金，同样的时间里，平均收益可以达到13%—16%。第三重要的是买卖方法，能有效地帮你拉低成本、提高收益，让你真正地赚到，而不只是赚过。我会通过大量的案例，让你理解如何通过好方法，让烂产品为我们赚到好收益。最后，也是重要度排名最末的，是产品选择。

说实话，产品选择这件事，是大多数普通投资者最想做好但又最难做好的。很多人一看到产品收益的数字就容易受到刺激，看到别的产品比自己的产品一年收益多了10%，就直拍大腿："要是我当年也选这个，不就好了吗？！如果我未来能找到好的产品，不就好了吗？！"我见过很多用户因为觉得自己的产品最近一两年收益不好、排名靠后就放弃了，但我拿同样产品最终却获了不错的回报。所以，选产品看起来是条捷径，但其实，捷径往往是最难走的路……

为了不让大家再舍本逐末地陷于对"好产品"的茫然找寻，我接下来会分享几个真实案例，看看这些案例最后的收益差距能不能给你一些新的启发。

差的产品也能有好的收益吗？

下图中紫色和黑色的线代表的是两个不同的产品，如果你在2008年1月买入并持有这两个产品，到2009年12月，黑色产品下跌33.04%，紫色产品下跌8.11%。在这个过程中，下跌最厉害的时候，黑色产品跌了67.88%，紫色产品跌了48.43%。请问如果你选的是黑色的产品，你当时会是什么心情？大概会觉得这产品也太差了，自己真是瞎了眼才会买了它。

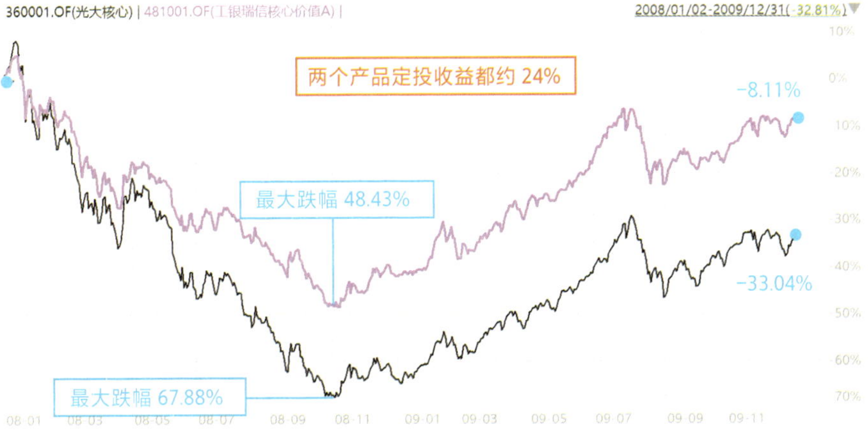

跌得多的，收益一定差吗？

但其实，方法用对的话，你的收益并不差。

在坚持定投的情况下，这两款产品 2 年下来都收获了超过 24% 的收益，平均下来，每年也有 10% 以上的收益了。虽然产品本身都还没有涨回来，黑色产品距离刚买入时的净值还有 33% 的亏损，但我们的持仓收益已经达到 24% 了。所以你看，好像两个产品都不怎么好，但也并没有影响你赚收益。虽然两者比起来也有差和更差，但最后实现的理财收益其实差不多。

跌得多的产品会方法，不一定收益少		
2008/1/2—2009/12/31	黑色产品——光大核心（360001）	紫色产品——工银瑞信核心价值 A（481001）
产品点对点	-33.04%	-8.11%
最大回撤	-67.88%	-48.43%
双周定投	24.19%	24.82%

数据来源：Wind 资讯、7 分钟理财统计整理

我们还进一步研究了如果投了一年没钱了，情况会怎样。结果是黑色

产品最终依然获得了 23% 的收益，紫色产品获得了 30% 的收益。所以你看，即使在反弹的时候没钱投了，其实也不影响收益率，但由于投入的本金少了，最后赚到的钱也就相应地少了。

如果在这个过程中，你还知道如何用后面我会讲到的“测水温市值补仓法”，那么收益会更好。先给你展示一下效果，如果同样的时间、同样的产品，加入了测水温补仓，最后收益会进一步提高 10%。

同样的时间、同样的产品，加入了测水温补仓，最后收益会进一步提高 10%		
2008/1/2—2009/12/31	光大核心（360001）	工银瑞信核心价值 A（481001）
产品点对点	−33.04%	−8.11%
普通定投收益率	24.19%	24.82%
测水温补仓收益率	35.36%	33.75%

数据来源：Wind 资讯、7 分钟理财统计整理

看到这儿，你有点开窍了吗？产品收益和你的收益完全不是一回事。短期表现差的产品，有时候反倒能给你带来更好的回报。

亏了三年，还能涨回来吗？

上面讲了一个 2 年大跌的例子，接下来我们再看一个持续震荡了 3 年的情况。

假如你在 2011 年 1 月 4 日买入了下图的两个产品，到了 2014 年，已经持有 3 年了，黑的跌了 60%，紫的跌了 30%，你这会儿是不是都想放弃，或者已经放弃了？

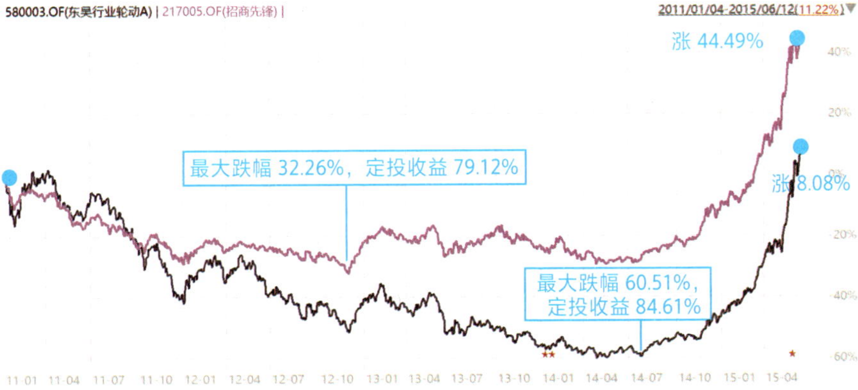

如果基金跌了 60%，未来还有希望吗？

但到了 2015 年，市场开始快速地反弹。截止到 2015 年 6 月，累计 4 年半的时间，如果一次性投资，结果是这样的——黑色产品最终上涨了 8%，紫色产品最终上涨了 44%。唉，这次的黑色产品依旧表现极差。

但是，如果你是采取最普通的佛系定投方式投资的黑色产品，最终 4 年半的时间里你会获得 84% 的回报，选紫色产品你会获得 79% 的回报。

3 年震荡期，会方法也能安全上岸		
2011/1/4—2015/6/12	黑色产品——东吴行业轮动 A（580003）	紫色产品——招商先锋（217005）
产品点对点	8.08%	44.49%
最大回撤	-60.51%	-32.26%
双周定投	84.61%	79.12%
双周定投（定投 1 年后续无资金）	26.61%	69.24%

数据来源：Wind 资讯、7 分钟理财统计整理

你这会儿肯定会惊讶：“什么？差的产品，回报还高？”没错，事实就是如此。这有没有刷新你的认知？

我也知道，大家有时候投着投着就不敢投了，或者没钱了。所以对于投了 1 年，后续没有资金再继续定投了的情况，我们也做了统计——4 年半之后，黑色产品也获得了 26% 的收益。

所以你说，到底是选产品重要，还是会方法重要?

好像是方法更重要，对不对? !

有时候，我们做理财辅导很难，很容易和用户产生误解。很多用户一般只看过去半年或者一年的收益情况，一看自己的基金排名不好，就会对辅导机构产生不信任。我没法说所有辅导机构都是专业的，但至少我们是，我们给出的所有的辅导建议，背后必定有专业的原因。

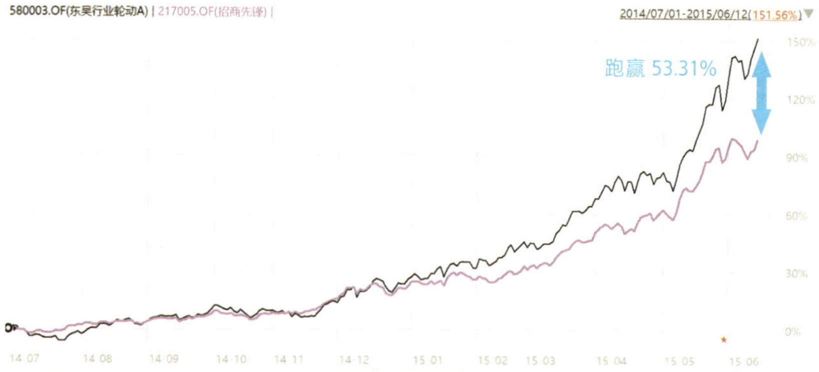

跌 60% 的“摆烂”基金，反弹中竟然反超

就拿刚才的例子来说，2011—2015 年年中的 4 年半的时间里，紫色产品的走势一直都是压着黑色产品的。但你看上面这张图，我们把这两款产品从 2014 年 7 月到 2015 年 6 月的数据单独拉出来，你会看到之前“摆烂”的黑色产品在反弹的过程中表现极其强劲，比紫色产品的同期收益高了 53.31%。

如果你不会方法，提前离场，或者盲目换产品，那岂不是太可惜了。

产品没涨回来，但我竟然有了收益？

看完了涨回来的，我们再给大家看个没涨回来的。

在 2015 年 6 月之后，市场暴跌，下图中的黑色产品仅 4 个月的时间就跌了 60%。即便在两年半之后的 2017 年年底，黑色“差生”依然亏损 40%。而紫色产品在同期经历了下跌和上涨之后，也亏损 10%。

产品还亏钱，但自己已经赚钱了

直接看结果——如果是定投这两个产品，“差产品”黑色基金为你获得了 13% 的回报，“好产品”紫色基金获得了 6.7% 的回报。

你这会儿可能想说：“点对点还跌着 40% 呢，我就能有收益了？”是的，惊不惊喜，意不意外？当然，你要是会用更多的理财方法，收益还可以更好一点。

涨不回来也能有收益		
2015/6/12—2017/12/29	黑色产品——上投摩根阿尔法（377010）	紫色产品——光大精选（360010）
产品点对点	-40.19%	-10.67%
最大回撤	-60.07%	-37.38%
双周定投	13.15%	6.75%
双周定投（定投 1 年后续无资金）	18.61%	14.42%

数据来源：Wind 资讯、7 分钟理财统计整理

讲了这么多案例，我现在问你："之前跌得多的，最终收益就一定差吗？"答案是未必！就像在 2021 年年初，我们辅导用户配置中证 500，用户觉得产品前一年表现不好，没有选择，结果 2021 年中证 500 的全年涨幅达到 15.58%，我们挑选的那只中证 500 增强基金获得了 21.76% 的收益。所以，选产品并不是一味去挑涨得最好的那个，反而是寻找未来更有潜力的。

看到这儿，你是不是觉得上一节的"选产品"更难了？

哈哈，确实是这样的。在不同的时间长度里看，谁都有优势，就像每一个小朋友都有自己的优点和缺点，有的小朋友顽皮好动，有的小朋友安静内向，很难说哪个就是优点或缺点。

优秀老师的厉害之处就在于不是单纯地给孩子贴标签——你是好孩子、他是坏孩子，而是知道如何鼓励引导他们，发现每个孩子独有的特质，扬长避短，甚至把缺点转化为优点。理财过程也是如此，我们要学习的就是这种游刃有余的"点石成金"术。

我猜你这会儿应该产生了一种不想再费劲选产品的冲动，心里说："美罗，你别磨叽了，我放弃选产品了，你直接教我方法吧。"

哈哈，我也经历过这个过程，从看重产品，到看重方法，走过两个极端。但后来我发现，选产品和用方法两者并不矛盾，不是一定要非此即彼，

而是可以相互结合甚至相互促进。

所以我用一个很老套的说法总结了理财认知的不同段位：从看山是山，到看山不是山，最后到看山还是山。从认为收益只能靠产品获得，到认为收益应该靠方法获得，最后理解到好方法结合好产品，收益才能更好。

“7 分钟理财”在产品上做了大量的研究，其实找对思路是可以提高选到好产品的概率的；在方法上，我们的理财实验室也不断地研发各种方法，验证它们的好用程度，努力地更新迭代。只要两者结合得好，收益自然不会差。这一节的中心思想是让大家知道善用方法的重要性，从下一节起，我们就要开始迈出方法落地的第一步了，我手把手地带你把每一步的方法做对。方向对了就不怕路远。

6.2 基金应该什么时候买？

曾经的我不理解用户为什么会有这个问题，倒是总想反问：“现在不买，你在等什么？”后来我试着去理解用户，发现了其中的两个“心法”问题：

1. 害怕经济不好，理财收益不行。

2. 拖延症，不懂货币时间价值。

这两个问题的底层认知偏误和破解方法，我在前面的章节已经说过了。后来我也慢慢理解了用户，他们的“我想等等”还有一个意思，就是“我想等稍微便宜一点再布局”。我理解，谁不想买在最便宜的时候呢，我也一样。但我可以肯定地告诉你，理财，随时都可以开始，而且越早越好。

我先给你讲个真事。有一次我拍了个视频，讲基金投资不用太择时，随时可以开始，有人在评论区说：“我的理财经理和我说，等大盘 3000 点以下再买基金，那时候才便宜。”

你觉得这个理财经理说得有没有道理呢？看起来当然有对的地方，3000 点之下的价格肯定便宜。但如果等到 3000 点以下再开始，你会错过更多的收益。我拿数据给你看。

就先拿今年的市场来说吧。2022 年 4 月 25 日，市场出现了 3000 点以下的机会，然后 4 天后就反弹回 3000 点以上了。老天爷只给了你 4 天时间，你确定自己在那 4 天里有勇气把想买基金的钱都投完吗？你一想：哇，才 4 天，这个确实太容易错过了，要不换个姿势，等着跌穿 3000 点，直接“一把梭”都买进去！如果你是赶在 2018 年的 3000 点买进的，那我可要告诉你，接下来市场跌了 9 个月，跌穿 3000 点之后又下跌了 20%。因为你刚才

“一把梭”，到了更便宜的时候，会发现自己又没钱了……

要知道，市场短期是波动的，但波动的同时也是向上的，其实你仔细观察就会发现，所谓长期看涨，是最低点的越来越高，体现出来的上涨。所以如果未来不会出现跌破 3000 点的情况，你又要怎样选择呢？这就和你小时候买的 2 毛一根的冰棍一样，有时候打折也卖 1 毛 5，不过随着物价水平的上涨，现在商店里 2 块一根的冰棍都不多了吧？以前市场还有 1000 点的时候，你要想买便宜，可以等 1000 点以下买基金，确实没毛病。但最后你也只能买个寂寞了，因为最近 15 年再也没有那么便宜过。而你之所以会错过，根本原因是你的“锚”定错了。市场就像流动的水，如果你只锚定在某个具体的数值上决定是否开始理财，那就有点刻舟求剑的味道了。

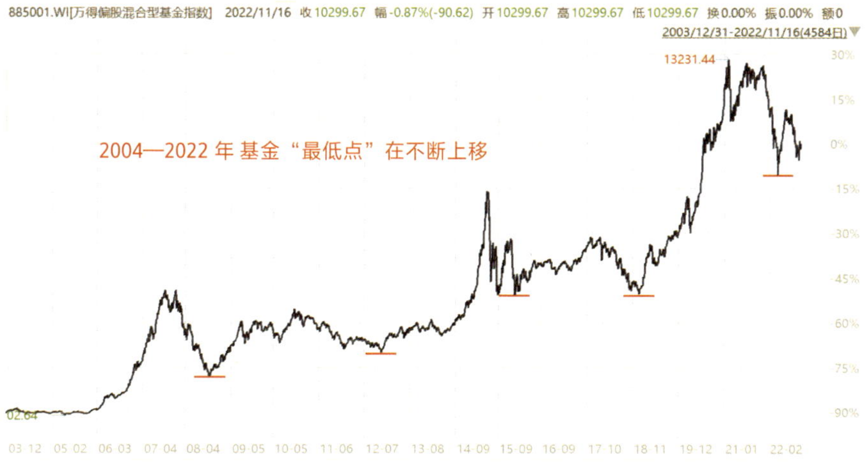

你可能这会儿想说：“快也不好，慢也不好，那怎么才是好的？”我先不回答你，给你看几组数据，看看你能不能自己找到答案。

如果你是工薪阶层，那么在任何时间段，你都会有稳定的现金收入，也就意味着你随时可以开始理财。假定我们在 2009 年到 2020 年任何一年的年初，用 10 万元去买基金，我们以投资偏股基金指数为例，看看结果会不会有什么不同。

如果你是2009年、2010年开始投资的，应该说运气都不错，进门就是上涨的。而如果你是在2011年年初入场的，就比较倒霉了，上来第一年就亏了2万多元不说，还连续亏3年都没回本，在第4年才终于扭亏为盈，最后到2020年，10万元变27万元，年化收益大概是10%。如果你是那个“冤大头”，买在了10年间最贵的时候，也就是2015年6月的高点，虽然进门就惨烈地遭遇当头棒喝，亏得最多的时候亏了4万元，但如果你能忍过5年亏损，到2020年年底，你也能获得5.14%的年化回报，好歹比银行理财强点。

即使账户下跌20%—40%，用对方法，未来依然能有较好回报

时间段	收益率	初始投资10万，每一年账户情况								
2009年	63.00%	16.30万								
2010年	5.30%	17.16万	10.53万							
2011年	-22.70%	13.27万	8.14万	7.73万						
2012年	3.60%	13.75万	8.43万	8.01万	10.36万					
2013年	12.70%	15.49万	9.50万	9.03万	11.68万	11.27万				
2014年	22.20%	18.93万	11.61万	11.03万	14.27万	13.77万	12.22万			
2015/1/1—2015/6/12	81.80%	34.41万	21.11万	20.05万	25.94万	25.04万	22.22万	18.18万		
2015/6/13—2016/2/1	-40.50%	20.48万	12.56万	11.93万	15.43万	14.90万	13.22万	10.82万	5.95万	
2016/2/2—2016/12/31	15.20%	23.59万	14.47万	13.74万	17.78万	17.16万	15.23万	12.46万	6.85万	11.52万
2017年	14.10%	26.92万	16.51万	15.68万	20.29万	19.58万	17.37万	14.22万	7.82万	13.14万
2018年	-23.60%	20.56万	12.62万	11.98万	15.50万	14.96万	13.27万	10.86万	5.98万	10.04万
2019年	45.00%	29.82万	18.29万	17.37万	22.47万	21.69万	19.25万	15.75万	8.66万	14.56万
2020年	55.90%	46.48万	28.52万	27.08万	35.04万	33.82万	30.01万	24.56万	13.51万	22.70万
截至2020年年化收益率		13.66%	10.00%	10.48%	14.95%	16.45%	17.00%	16.15%	5.14%	17.82%

注：测算偏股混合型基金指数收益，可以近似理解为偏股主动管理型基金的平均表现。

数据来源：Wind资讯、7分钟理财统计整理

以上可是没用任何理财方法的“傻投”情况。让我们再用大数据测算一下，看看用了理财方法之后，会有怎样的结果。

我们截取了从2010年1月1日到2020年12月31日，前后共计11年时间的数据，将偏股基金指数（885001.WI）和沪深300指数（000300.SH）作为测算样本，采用双周定投，每次投1000元的方式，将定投持续2年，观察在每年1月1日开始定投、当年最高点开始定投、当年最低点开始定投这3种定投方式下，收益率会产生多大的差别。

择时买入主动管理型基金，效果好吗？

偏股混合型基金指数（885001.WI） 双周定投至次年年末	最高点 开始定投	最低点 开始定投	年初首日 开始定投
2010年	-16.38%	-15.76%	-15.26%
2011年	-4.87%	2.16%	-4.87%
2012年	7.78%	4.26%	9.33%
2013年	18.31%	22.66%	22.66%
2014年	14.54%	33.41%	40.84%
2015年	-1.03%	-0.55%	-0.10%
2016年	11.54%	11.82%	12.23%
2017年	-15.70%	-16.46%	-16.45%
2018年	20.53%	20.81%	19.39%
2019年	29.02%	55.90%	55.50%
2020年	2.76%	16.04%	21.13%
平均	6.04%	12.21%	13.13%

注：测算从每单年度的年初 / 最高点 / 最低点开始双周定投至第二年年末的收益率。

数据来源：Wind资讯、7分钟理财统计整理

择时买入指数基金，效果好吗？			
沪深 300（000300.SH）双周定投至次年年末	最高点开始定投	最低点开始定投	年初首日开始定投
2010 年	-21.61%	-20.47%	-21.64%
2011 年	-2.01%	4.82%	-4.59%
2012 年	-3.71%	-4.52%	-4.28%
2013 年	48.59%	51.32%	48.60%
2014 年	-1.97%	24.27%	28.52%
2015 年	-2.75%	0.66%	-5.55%
2016 年	11.16%	17.93%	18.45%
2017 年	-17.22%	-16.46%	-16.91%
2018 年	12.88%	10.64%	11.78%
2019 年	27.32%	30.77%	30.47%
2020 年	-2.71%	3.92%	6.11%
平均	4.36%	9.35%	8.27%

注：测算从每单年度的年初 / 最高点 / 最低点开始双周定投至第二年年末的收益率。
数据来源：Wind 资讯、7 分钟理财统计整理

最终发现：在年初首日开始定投和在当年最低点开始定投，最终收益率的差距都微乎其微，并没有什么明显的不同。而从当年最高点开始定投，收益确实会比前两种低，但这种情况你很少会踩中，毕竟你都没有能力找到最低点，又怎么会有实力买在绝对的高岗上呢？

所以，择时寻求最低点再开始投资的意义不大，与其等那个最低点，不如早一点开始，“创造”一个最低点。

接下来，让我们把思路放开，再看下面这个例子，看看能不能再多给你一些启发。

图中的蓝色和红色的曲线是两款真实的产品，阶段性涨幅一样，都是

30%，不同之处在于它们经历了两种不同趋势的市场。买了蓝色产品后，遇到了市场下跌，跌幅最大时有 20%。这时估计别人都在笑话你亏，但你不在意，按照自己的节奏持续定投，就这样熬过了 19 个月，你最终收获了 35% 的收益。而如果是买了红色产品，进门就遇到了上涨行情，别人都夸你有眼光会择时，但你也不在意，还是按照自己的节奏持续定投，19 个月后，你获得了 16% 的收益。你没看错，这就是我们用户购买的不同产品的真实盈利情况。

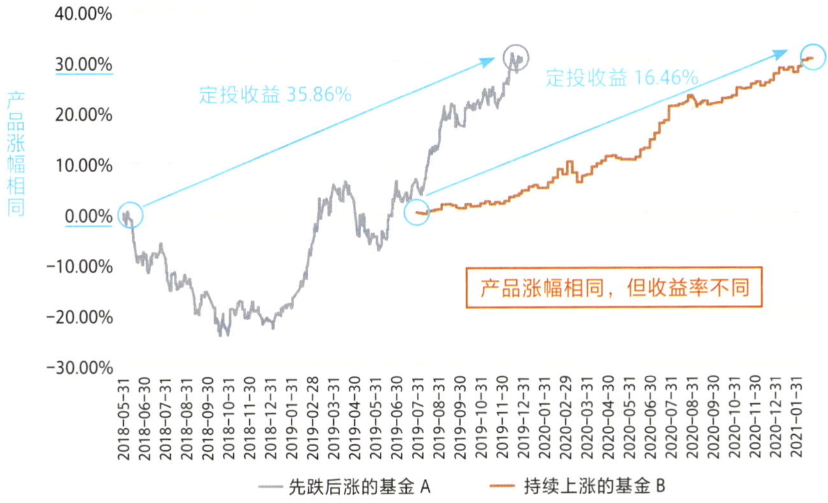

任何时间都可以买基金，下跌市场反而是建仓绝佳时间

对比两个不同的市场行情，同样的产品涨幅，双周定投收益对比

	先跌后涨的基金 A	持续上涨的基金 B
产品涨幅	30.52%（2018/6/1—2019/12/31）	30.27%（2019/8/1—2021/2/25）
双周定投收益率	35.86%	16.46%

注：统计基金 A—华安逆向策略，在下跌市场（2018/6/1—2019/12/31）；基金 B—国寿安保稳泰 A，在上涨市场（2019/8/1—2021/2/25）的双周定投收益率。

数据来源：Wind 资讯、7 分钟理财整理点对点涨幅一样的产品，在先跌后涨的市场做定投，收益要高于在持续上涨的市场中定投的收益。这背后的逻辑也很简单，回忆一下基金定投成本的原理——下跌的时候，花同样的钱，买到了更多份额，所以成本就低。最终价格一样，成本低的那个，收益自然就高了。

看了上面的两个案例，你还那么讨厌下跌吗？任何事物都有两面性。经历下跌，看到自己的账户一直在亏钱，当然会难受，我很理解；但这同时也有好的一面，说明市场打折了，我们可以买到更便宜的东西了，还能拉低之前的成本，难道不应该开心吗？

接下来，让我们来聊聊，为何我不太害怕波动，反而有点喜欢波动。我来给你分享几个在下跌的市场里拉低成本的实用小方法。

6.3 基金亏了怎么办？

丘吉尔说过：“要把握每一场危机。”

每当市场下跌，有些人眼中看到的是风险，而有些人眼中看到的则是机遇。从某种意义上来说，我们要珍惜市场的每一次下跌，虽然在这个过程中我们的投资会出现浮亏，但这更是一个非常难得的可以积累更多、更便宜筹码的机会，但金融的吊诡之处也就在于此，你懂了很多道理，但依然过不好这一生。正是这段时间里投资行为的不同，拉开了你和别人最终的收益差距。

这一节的内容关于如何把握好理财中的每一场危机，希望可以扫除你对亏损的所有迷茫。

先看看偏股基金指数在历史上的表现。2017 年 1 月 1 日到 2021 年 12 月 31 日，总计 1217 个交易日里，该指数有 567 个交易日是下跌的，占总交易天数的 47%。也就是说，偏股基金有近一半的时间都是下跌的。所以我们自己持仓的基金出现浮亏是很正常的，不要觉得下跌就是没选好产品，或者是买错时间，要知道涨涨跌跌是家常便饭，有跌才有涨。下跌不是坏事，反而是提高收益的机会。

过去 5 年，偏股基金近一半时间是下跌的

交易天数	下跌天数	下跌占比
1217	567	47%

注：统计偏股基金指数（885001.WI）2017 年 1 月 1 日至 2021 年 12 月 31 日单日涨跌幅情况。
数据来源：Wind 资讯、7 分钟理财统计整理

讲补仓方法之前，先说一个基础知识：基金产品的涨跌和你持仓收益的盈亏是不同的。右图中的产品就体现得很明显——产品跌了 10%，但是持仓收益率只跌了 3%。这是因为我们做规律定投或者在下跌的过程中间歇性补仓，都可以拉低成本，实现整体收益比产品本身跌得更少。

“躺平”还是补仓？

想一想，以下 4 种关于收益的真实案例里，你想成为谁？

小 A，在 2018 年 1 月 2 日买了一只代码为 000589 的基金 *，买完之后就“躺平”不管了，什么方法都不用。等到 2019 年 12 月 31 日，账户收益率是 22.93%，看起来还不错。

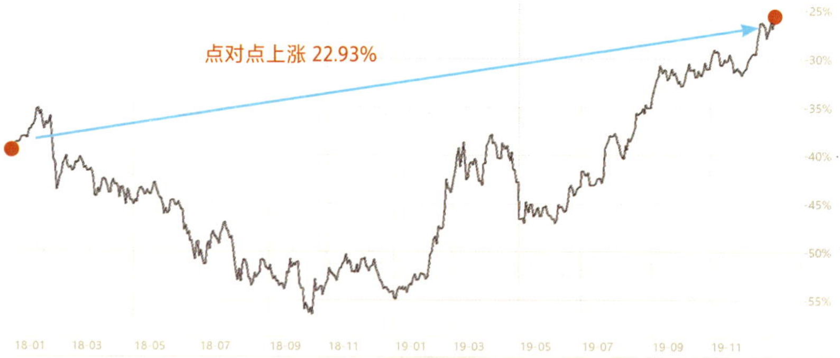

* 该基金在 2017 年属于排名中等的产品，在 2018 年到 2019 年，所有主动管理型偏股基金里面收益排名在中上等，这里只是拿一个中上等产品举例。

小 B 和小 A 一样，在同一天买了同一只基金。不同的是，他对这只基金采用定投的方式，每双周买 1000 元。他不想中途操心，所以也没手动补过仓。在同样的 2 年时间里，基金下跌最厉害的时候亏了 19.66%，亏损 4129 元，不过好歹他都忍住了，定投没停过，2 年一共扣款 52000 元，最终的收益率是 33.45%，赚了 17395 元，比“躺平”的小 A 要好一点。

小 C 和小 B 一样，也对这只基金保持定投，同时还用了“测水温补仓法”中的“倍数补仓法”，补仓后市场继续下跌，忍受了比定投亏更多的情况。但到了 2019 年年底打开账户，38.65% 的收益率，赚了 26285 元，真是守得花开见月明。

小 D 和小 C 类似，也是保持定投，且因为他能承受更高风险，就用了“测水温补仓法”中的“市值补仓法”。因为补仓金额比较大，中途最大浮亏达到 5458 元。收益最终奖励给能承受风险的人，他最终获得了 34247 元的收益，收益率 42.07%。

不同买入方法收益对比

光大银发商机主题 (000589) (2018/1/1—2019/12/31)	普通定投	测水温补仓 倍数法	测水温补仓 市值法
本金	52000	68000	81401
收益率	33.45%	38.65%	42.07%
累计收益	17395	26285	34247
中途最高亏损 (发生于 2018 年 10 月 18 日)	亏损 19.66% 4129 元	亏损 16.26% 5366 元	亏损 15.81% 5458 元

数据来源：Wind 资讯、7 分钟理财统计整理

从最终的收益结果来看，在先下跌后反弹的震荡行情中，它们的收益对比是：点对点收益 < 普通定投 < 倍数补仓 < 市值补仓。使用“测水温补仓法”虽然赚得多，但也要忍受中途有更多亏损。

A、B、C、D 四个人，你最喜欢谁的做法？你又可以成为谁呢？

A. 没使用任何方法；

B. 坚持定投；

C. 使用定投 +“测水温倍数补仓法”；

D. 使用定投 +“测水温市值补仓法”。

无论你使用哪种方式拉低成本，定投也好，手动补仓也好，都没有对错，不同的方法适合风险承受能力不同的人。只要你在过程中能够克服下跌的恐惧，就已经很好了。如果你希望通过补仓，获得比普通定投更好的收益，需要满足以下两个条件：

1. 你愿意拿出每个月的结余去不断投入。

2. 你可以承受补仓后，市场继续下跌，短期内比普通定投亏损更多的可能性。

有用户跟我们说："能承受多大的风险和煎熬，才能配得上多少收益。"说得很有道理。如果你也觉得自己应该配得上好收益，也愿意追求好收益，那我就要跟你分享"测水温补仓法"了，教你如何根据自己的实际情况进行补仓。

学会"测水温补仓法"，正确补仓

你的持仓收益率就是水温，持仓收益率为零的时候，就是你的盈亏平衡点，可以理解为水温达到冰点。持仓收益率从零往下跌，就是跌到了冰点以下，当温度显示 -5 摄氏度，就是持仓收益率跌了 5% 时，这就是在提醒我们，到了可以补仓的时间了。水温每下降 5 摄氏度，都是一次补仓的机会点。如果你通过定投只亏了 1%，这个时候水温只是 -1 摄氏度，还没有

到 -5 摄氏度，就还没有到手动补仓的时候，莫急，继续坚持定投即可。这种通过检测定投过程中的持仓收益率情况，来判断是否便宜、是否值得补仓的方法，就叫“测水温补仓法”。

这就像你得了感冒，程度不同，治疗方法也不同——普通感冒就多喝热水，一般发烧就是敷敷毛巾物理降温，再严重就要吃药甚至去医院打针了。如何判断严重程度呢？看体温呗。“测水温补仓”也是一样的道理。

要提醒大家注意的是，我们在这里观察的是定投中持仓收益率的变化情况，不是基金净值的变化。你买的基金净值从高点回落了 5%，并不能说它便宜到值得补仓了，而是你通过定投，使用摊低成本的方法投资之后，还是亏了 5%，就说明这个产品的跌幅肯定是大于 5% 的，意味着捡便宜的机会出现了。

这里你可能会问：“为什么是持仓收益率跌 5% 补一次呢？为什么不是 -3%，不是 -10% 呢？”你问得可真好呀！

为什么不是呢？因为我们的钱也不是大风刮来的呀！钱是有限的，所以有限的钱，必须最大限度地发挥作用。所以，如果我们补仓太频繁，比如每下跌 3% 就补仓，价位差距不大，补仓拉低成本的效果也就不明显，而且容易补着补着就没子弹了。而如果你想等价位跌到 10% 再补，很多时候可能没跌那么多就反弹了，如果一味地等跌更多再补，也会错过捡便宜的机会。

算一算要补多少钱？

知道了什么时候可以补仓，那接下来的问题就是，补多少钱？

“测水温补仓”有补仓金额不同的两种方法——“倍数补仓法”与“市值补仓法”。

先说“市值补仓法”——当我定投的基金产品持仓收益率为 -5% 时，就到了该补仓的时候了。这时如果我的基金市值是 10000 元，那我就需要补 10000 元的 20%，也就是拿 2000 元过来补仓，拉低成本。如果继续下跌，我的持仓收益率到了 -10%，又到了我补仓的机会点了，那我还是要看当时的持仓市值，如果市值是 15000 元，那我就会拿 15000 元的 20%，也就是 3000 元来补仓，以此类推。所以，“市值补仓法”的核心就是持仓收益率每到一个补仓节点，就拿当时市值的 20% 的资金过来补仓。

“市值补仓法”的好处，一是方便每个人根据自己的持仓金额进行计算，小学数学水平就可以搞定；二是补仓过程中拉低成本的效果比较明显。

这里还有一个小提示：如果补了一次之后，持仓收益率持续在 -5% 以下，长达 40 天都没有再出现 -10% 的补仓节点的话，为了不错过一些市场便宜的机会，我自己会在第 40 天的时候再看一下这个产品的市值，然后用市值乘以 20%，拿一点钱过来进行补仓。虽然没有等到更便宜，但相对便宜的机会，我还是想多抓一抓的。这里的“40 天”是“7 分钟理财”理财实验室的伙伴们在做了 1700 多个产品的大数据统计之后，研究出的买便宜的一个小秘密。

接下来再讲讲“倍数补仓法”。所谓“倍数补仓法”，就是每次达到补仓节点的时候，补定投金额 1—6 倍的钱。和大家分享下我们理财实验室关于“倍数补仓法”的研究结论。

大数据概率统计结果的内容太多，不过结论的方向是一致的。为了让大家的阅读轻松一点，我拿一个产品用 3 种不同方法买入，对比 2 年的收益差别。

我们测算了收益排名在中上等的产品（代码 000589），从 2018 年 1 月

1 日到 2019 年 12 月 31 日，2 年的时间，双周定投，每次 1000 元。

补仓规则：当定投的持仓收益率跌至 -5%，次日补仓。若补仓后的 40 日内，持仓收益率下跌至下一个补仓节点，则次日补仓；若 40 日内未跌至下一个补仓节点，则观测持仓收益率是否低于 -5%，若低于，则手动补仓一次。

补仓金额：随跌幅增加而增加。持仓收益率跌至 -5%，补仓 1 倍定投金额；跌至 -10%，补仓 3 倍定投金额；跌至 -15%，补仓 6 倍定投金额；跌至 -20%，依旧补仓 6 倍定投金额。

最终研究的结果是，用“倍数补仓法”比普通双周定投多赚 8890 元，用“市值补仓法”比双周定投多赚 16852 元。在震荡的市场中，通过使用合理的买卖方法，收益均超越了产品本身两年 22% 的收益率。

那究竟是“市值补仓法”好，还是“倍数补仓法”好呢？大部分的时间里是“市值补仓法”的最终收益好于“倍数补仓法”，因为亏得多的时候，谁补得多未来的收益就多。但如果开始的本金较小，积累的市值少，那么，“市值补仓法”的补仓金额也会比较少，此时反而是“倍数补仓法”更好，因为补仓金额大，拉低成本的效果更强。

写到这里，如何补仓也讲完了。但最大的难点不在于理解这些内容，而在于知易行难。如果老老实实坚持定投 10 年，哪怕什么方法都不用，你的收益也一定不会差。但大部分人都做不到，因为感觉定投太简单了，简单的东西我们通常都不在乎，也就难以坚持。

所以我建议大家先把定投做好，等你的能力逐步提高了，再根据手里的资金和市场的变化，上下调节补仓金额和频次。咱们先把卷子上的必答题都答了，该拿的分都拿了，然后再去做选答题，赚高难度的钱。

6.4 赚了，要不要卖出？

我们在辅导用户理财的过程中发现，面对止盈这件事，大家普遍会有两种不同的表现：一种人会觉得只要坚持定投就有好收益，所以是否止盈不重要，能坚持投资就好。另一种人知道止盈是重要的，但找不到适合自己的止盈方法——要么是“在犹豫中错过了止盈的机会”，最后收益又跌回去了；要么是“在迷茫中乱止盈”，最后少赚了很多……

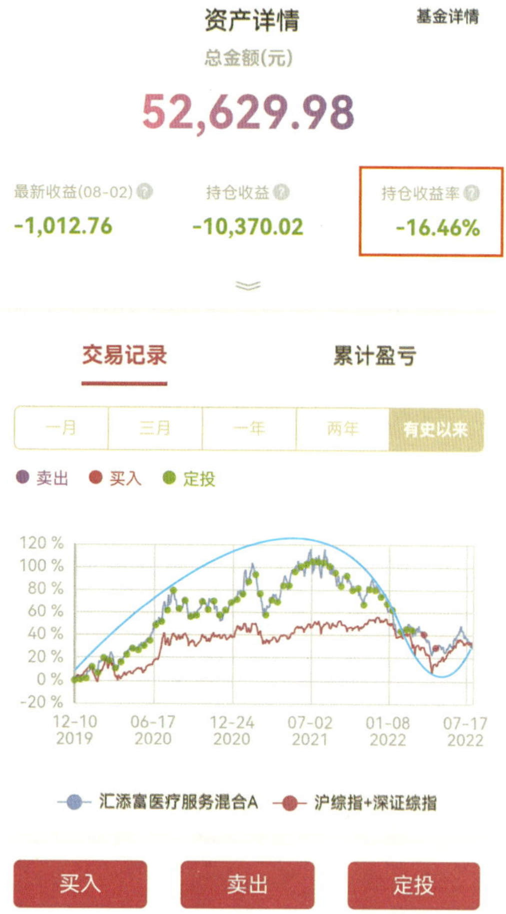

我们先来看个真实的案例。右图中的医疗板块基金曾经涨了100%，没有做任何止盈，2年半的定投时间里，期待的微笑曲线没出现，倒是实打实地走出了一条“哭泣”曲线。基金没有错，点对点是正收益；坚持没有错，长期下来积累了大量的筹码；止盈也没有错——错的是你，你忘了做。

虽然坚持了 2 年半还是亏损了 16.46%，但我们把目光放长远一点，相信未来一定会出现新的高点，终将扭亏为盈。虽然这一过程是“哭泣”着错过了，但只要定投不停，你看从图片右半边的后半程开始，“微笑”的左半边脸不是已经出现了嘛！以上都是自我安慰。从另一个角度来说，如果我们中途止盈过，那高点止盈的资金，早就已经在“微笑”的左半边脸的曲线中，优美地完成又一次收益的翻滚了。

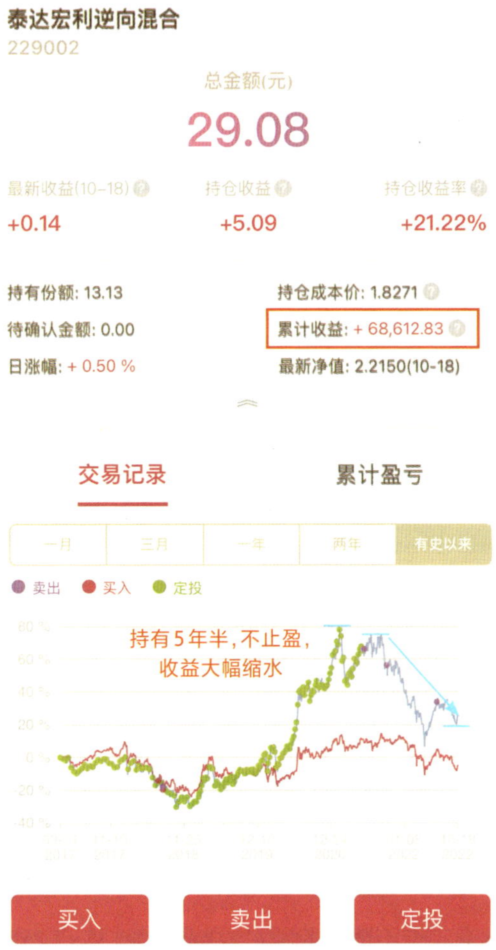

不过说这些都没用，错过就是错了。

我们再来看一个真实的案例。这是一只从 2017 年 3 月开始定投的基金，到 2022 年 8 月，一共持有 5 年半的时间，如果不做止盈，大部分钱都会跌回去，幸好止盈过很多次，保住了胜利果实。

以上两个关于止盈的例子，正面教材和反面教材都有了，但仅凭它们就能代表整体吗？“7 分钟理财”理财实验室通过大数据分析，研究了指数基金和主动管理型基金，止盈和不止盈的收益区别。从结果上来看，止盈还是非常重要的，做和不做，长期收益可能会相差超过 150%。

我们先来看看指数基金的止盈情况，以沪深 300 为例（我们对中证 500、创业板指数做过同样的统计，结果都非常类似）。

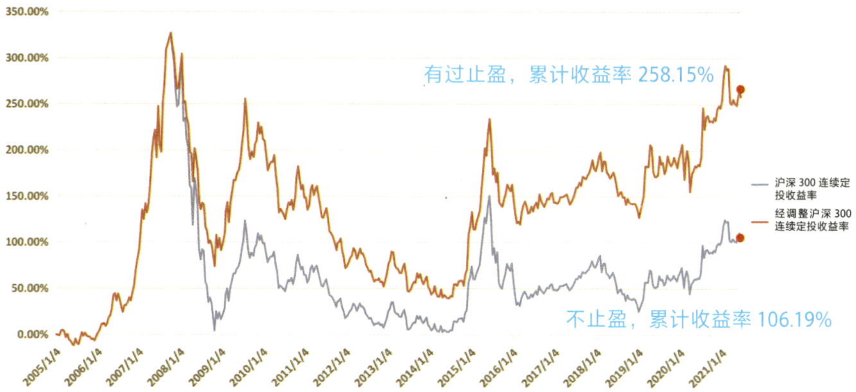

指数基金不止盈，收益差一半		
买卖方法	沪深 300 双周定投	沪深 300 双周定投 + 高位止盈 30%
收益率	106.19%	258.15%
合年化收益率	4.49%	8.06%

注：测算 2005 年 1 月 1 日—2021 年 6 月 15 日，对比沪深 300 指数（000300.SH）普通双周定投和在 2007 年 10 月、2015 年 6 月、2018 年 1 月高位止盈 30%，并将止盈资金买入银行理财（按年化 4%），在市场下跌到相对低位时，再次将银行理财卖出买入基金，比较两种买卖方法的收益。

数据来源：Wind 资讯、7 分钟理财统计整理

从图中我们可以知道，从 2005 年 1 月到 2021 年 6 月，16 年的时间里，如果只定投不止盈，最终收益是 106.19%，年化收益率 4.49%。如果中间用了合适的止盈方法，仅仅止盈 3 次，每次止盈当时持仓金额的 30%，效果就会完全不同，收益可以翻一倍，达到 258%。收益相差超过 150%，由此

可见止盈的重要性!

由于指数基金波动较大，如果不止盈，一旦指数大幅回落，收益就会差很多。比如右图投资的沪深 300ETF 指数基金，5 年的时间里，收益最高的时候有超过 50% 的回报，如果不适时止盈，就像坐了过山车，最后点对点收益只剩下百分之十几。幸好我们在投资期里做了几次止盈，虽然没有止在最高点上，但最终还是保住了 18 万多元的收益。

针对指数基金的止盈方法，我们也进行了深入的研究——我们研究了从 2011 年 1 月到 2022 年 6 月，持续定投沪深 300 指数，止盈和不止盈的情况对比。

指数基金会止盈肯定比“躺平”更好

定投沪深 300- 策略类型	累计买入金额	总盈利	收益率
普通双周定投	300000	113494	37.83%
双周定投 + 持仓收益率 5% 到价止盈	99187	71904	72.49%

注：测算时间 2011 年 1 月 4 日—2022 年 6 月 30 日。
数据来源：Wind 资讯、7 分钟理财统计整理

如果采用普通的双周定投形式，累计投入 30 万元的资金，收益率是 37.83%；如果采取持仓收益率到价止盈的方式，由于止盈后的资金可以直接用于下一次的定投扣款，所以累计投入资金并不需要那么多，最终只需投入不到 10 万元，而整体的收益率将达到 72.49%。无论是从整体资金的使用率上，还是盈利能力上来看，止盈的投资效果都要好于不止盈。而持仓收益率到价止盈提醒是我们给会员做的辅导，这里就不展开论述了。

综上所述，指数型基金，止盈肯定比“躺平”要好。

我们再来看看行业基金。它也是以波动大著称的（参考下面的走势图），这就意味着和指数基金一样，会止盈也是可以帮你提高收益的。

我们看下实操图。虽然中间止盈的紫色点被密密麻麻的定投绿点盖住了，看得不明显，但产品波动这么大，会止盈就可以一笔钱多翻滚几次收益。页面中的累计收益大于持仓收益，就证明了过程中止盈的有效性。

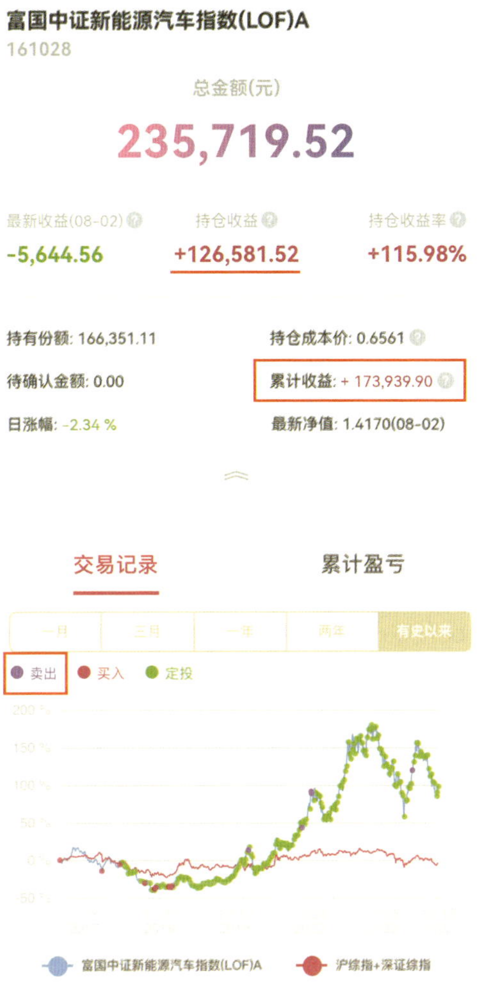

最后再来说说主动管理型的偏股基金。由于它的股性大，几乎所有产品都发生过超过 10% 的下跌，原则上来说，只要有波动、有浪，止盈就是有价值的。

基于目前指数编制的规则和不同偏股基金的波动情况，我们认为“止盈”这件事的结论如下：

指数基金要止盈；行业基金要止盈；主动管理型基金止不止盈都可以，做对效果更好。

虽然我在上面讲了很多止盈的好，但如果不会止盈，看见盈就瞎止，不仅对收益提升不会有任何帮助，甚至还会产生负作用。

我刚接触理财的时候看了一些书，觉得止盈很有道理，但那时理财能力有限，只知道结论，不知道如何操作。随着研究的深入，我发现止盈是把“双刃剑”——用对了，帮你提高收益；用错了，虽不会让你吃亏，但会影响你的收益。人们都说，会买的是徒弟，会卖的才是师父。在止盈卖出的方法上，我们“7 分钟理财”理财实验室这些年做了非常多的研究工作，以我目前接触到的行业信息来看，我还没发现哪家公司在这件事情上比我们下的功夫更多。

经过我们 360 度旋转式的研究发现，关于精准止盈、实现收益最高的方法，结论就是——没有。没错，我很坦诚地告诉你，精准止盈的方法不存在，因为没有人能够绝对准确地预测每一次市场的最高点。所以，止盈就是最难的。止盈的难和前面讲的补仓的难完全不一样。补仓的难，更多的在于你心里的恐惧或急躁；而止盈的难，在于方法论——止盈后的钱怎么能更大概率地买到比卖出时更低的价格。

关于止盈，虽然我们没有研究出“一招鲜”的方法，但我们研究出了 8 个止盈的招式，都能帮你锁住收益，甚至增强收益。我将在下一节与你分享。

6.5 八种止盈方法

怎么看自己盈利多少钱?

在了解具体的止盈方法之前，咱们得先解决一个问题：怎么知道自己“盈”没“盈”呀?

想知道自己投资的某只基金赚了多少钱，最简单的办法就是看持仓收益率。持仓收益率指的是你所持有的产品当前的持有份额对应的收益率。但收益率的获得是需要时间的，那这个是多长时间的投资回报呢?

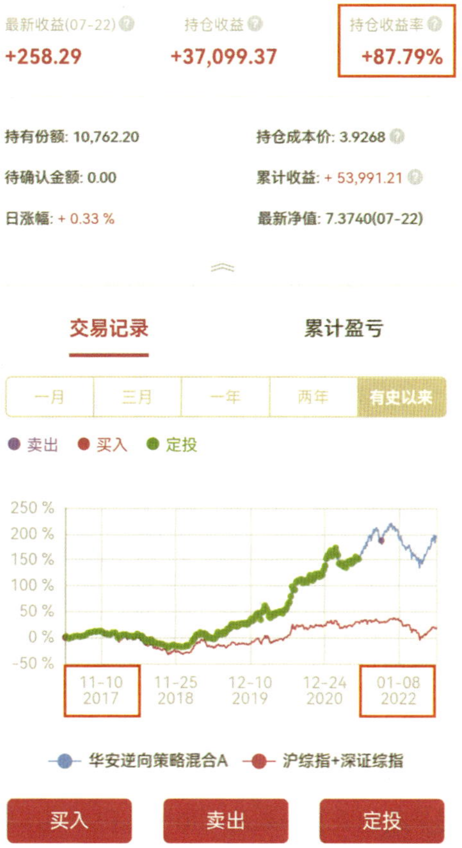

这里就要引入另外的两个相近的名词了——绝对回报和年化回报。

绝对回报是指一段时间内的总回报。比如图中这款产品，我从 2017 年持有到 2022 年，5 年的时间里，持仓收益率是 87.79%，这也叫绝对回报。因为它有一个绝对的时间——5 年，计算的是这段时间范围内的收益。

那我怎么知道自己在这段时间里，每年究竟有没有赚到 15% 的收益呢？最简单的计算方式就是用持仓收益率除以持有的时间，就得到了一个平均的单年回报。87.79% ÷ 5 ≈ 17.6%，这就是用算数平均法计算得出的我持有这款基金的单年回报。严谨一些也可以用现金流的方式计算年化收益，用现金流入的不同时间和累计收益总和，去求解精确收益率，这就会很麻烦。个人理财没必要把自己搞得那么累，毕竟你怎么定义它的年化回报，都不影响你赚到了 87.79% 的收益嘛。

讲完了基础知识之后，我来考考你，看你是否学会了如何看收益。

假如你持有一款产品，从买入到现在是 1.5 年的时间，持仓收益率显示是 20%，请问平均单年收益是多少？答：平均单年收益是 20% ÷ 1.5=13.3%。

假如，持有 2 年时间，持仓收益率显示 36%，请问平均单年收益是多少？答：平均单年收益是 36% ÷ 2=18%。

假如，持有了 6 个月，持仓收益率显示 10%，请问平均单年收益是多少？答：平均单年收益是 10% ÷（6 ÷ 12）=20%。

所以，单年收益 = 持仓收益率（绝对回报）÷ 投资年限。

了解了收益的计算方法之后，我们来讲讲什么是仓位。

如果你定投了 1 个月，赚了 5%，用绝对回报一算：1 个月赚 5%，那一年就是 5% × 12=60%。哎哟，我可真厉害，全部卖出离场，然后继续投资。第二个月刚开始定投，又遇到上涨行情，3 个月下来又赚了 5%，一算绝对回报：5% × 4=20%。哎哟哟还是很厉害，全部卖出走人。你想想，在这样上涨的市场里，你这么“神出鬼没”地交易，看起来每笔的“年化收益率”都很高，但你只能赚点小钱，因为你大部分的钱都还没有投呢！

赚一点就走，赚一点就走，你的家庭资产中永远只是一笔小钱在滚动，虽然看起来蛮高效的，但整体资产的增值速度并不快。在这个例子中，仓位指的就是你已投入的钱，占你可投资总金额的比例。

你想投10万元，已投1万元，仓位就是1成；已投5万元，仓位就是5成。当你的仓位低于5成时，即便持仓收益率看着高，也没必要过早止盈。因为这会儿你“止”出来的“盈”，“盈”的也是蝇头小利，本金少，效用低。来来回回地折腾，没必要。即便未来市场下跌，你也不用担心，因为你手里还有很多钱可以继续投入，借由下跌拉低总体成本，你投入的本金变多了，基数越大，下一次的“盈”才更有价值。所以，通常我们都会建议用户在仓位高于五成的时候，再考虑止盈。

8个止盈方法

收益和仓位的基础知识你都了解了，那就可以听我讲讲8个从未公开的止盈方法了。这可都是我从实践中总结出来的有效战术，接下来按照由简入深的顺序逐一分享给你。

● 目标收益止盈法

目标收益止盈法，顾名思义，就是设定一个收益目标，比如计划一年的时间里赚到5%、10%，那么在限定的时间里，只要收益达到了，就直接全部卖出或部分止盈。

我遇到过一些用户，他们很有主见，说只要达到自己的目标收益，不管别人赚了多少，只要自己满意了就卖出，这类人就很适合目标收益止盈法。这个思路就跟买银行理财一样，一波一波地滚动。这个方法本身没有问题，因为并不是所有人都需要很高的回报。虽然它不是让你利益最大化的方法，但是它符合人性，也是能有效赚到钱的方法。

如果你问我目标收益设定为多少，能够尽可能地实现利益最大化呢，是 10%、15%，还是 20% 呢？这个我还真的可以回答你，我们理财实验室的小伙伴做过大数据概率统计研究。

研究的目标是，在不用任何买卖方法的情况下，只看基金产品本身在长期投资的过程中能不能获得年化 10% 或 15% 的收益，以及获得相应收益的概率是多少。也许你听某媒体说过，过去十几年，股票、基金平均年化收益率是 16%。但要注意的是，这里面说的是主动管理型偏股基金的平均收益水平，并不是指所有基金都能达到 16% 的年化收益，有跑在前面的，也有收益掉队的，但你作为普通投资者，是不可能通过投资单一产品“买”到这个平均收益的。所以我们做独立研究的时候，需要采集所有基金的信息，看每一只基金的收益情况，研究如果任意一天买入，有多少把握能获得年化 10% 或者 15% 的回报。

为了使数据更加全面、客观，我们尽量把时间跨度拉长，研究过去 11 年里所有基金的情况。在 2011 年已成立的所有基金中，测算如果持有 3 年、4 年、5 年，一直到 10 年，在持有过程中最高年化收益能达到什么水平，通过看最高收益，指导我们将止盈的目标收益设在多少比较合适。我们希望能找到那个拐点，争取利益最大化。

所有偏股基金最高年化收益率概率统计

持有时长（年）	有完整业绩的基金个数	大于 10% 的概率	大于 15% 的概率	大于 20% 的概率	大于 25% 的概率
3	2059	81.58%	70.00%	59.92%	51.53%
4	1769	85.01%	72.81%	60.95%	49.20%
5	1453	89.10%	77.60%	63.37%	49.55%
6	1200	91.66%	79.47%	61.30%	45.45%
7	937	94.70%	82.86%	61.52%	43.76%

续表

8	654	97.36%	84.54%	57.86%	35.54%
9	552	94.66%	73.93%	42.90%	20.66%
10	491	90.21%	58.56%	24.84%	10.43%

注：滚动测算 2011/1/1—2022/6/30，任意一个月初买入主动管理型偏股基金，持有不同时长，中途出现最高点的年化收益（若高点出现在首年，不年化）达到不同收益率的概率。

数据来源：Wind 资讯、7 分钟理财统计整理

通过研究发现，几千只主动管理型基金，如果从任意一个月开始投资，持有 3 年时间，有 70% 的概率能达到 15% 的年化收益。而如果在同样的时间维度下，把止盈线下降到 10% 的年化收益，就有 81% 的概率可以达到。如果将持有期延长到 8 年，成立 8 年以上的基金有 654 只，这些基金有 84% 的概率可以获得 15% 的年化收益，有 97% 的概率可以获得 10% 的年化收益。从数字上来看，上述结论给了我们很多长期投资的信心，但这也并不是说随便买只基金，只要长期不卖，就可以获得年化 10% 的回报。如果你在高点全部买入，或者方法不对，年化 10% 的回报也很难在 8 年内等来。

如果将持有期延长到 10 年，我们发现势头出现了变化——获得 15% 的年化收益的概率反而会下降。这从侧面也说明了，基金收益具有周期性，止盈是有意义的。

这些独立研究采用的大数据概率统计非常复杂，都需要通过编程完成，但好在概率学总是可以让我们看到方向。这个研究的最大意义在于，我们如果期望年化收益达到 20%，就会发现无论持有多少年，只有 60% 左右的概率可以达到——不是说不能达到，但这确实对理财方法的掌握程度有更高的要求，同时还要求投资者具备很高的胆识，比如市场大跌的时候，你得敢买。我们不是超人，没必要苛求自己成为高手。

所以，通过研究产品，找出概率下降的拐点，更具有实操价值。你

看上图中红框的部分，同样是持有 8 年的时间，最高年化收益率大于 10% 的概率是 97.36%，而大于 15% 的概率下降到了 84.54%，说明大部分产品的年化收益会在 10%—15%。也就是说，如果我们把目标收益止盈线设定在 10%，那么大部分产品可以给你这样的年化回报；如果你把收益止盈线设定在 15%，那需要你能挑选到更好的产品。

以上是关于目标收益止盈法的解读。如果你能掌握之前教你的“测水温补仓法”，将拉低成本做得再好一点，相信你会有更大概率获得 10%—15% 的年化回报。

指数基金的止盈目标和主动管理型基金的目标有所不同，这里我就不用大数据的概率结果了，只用两个有代表性的产品做说明。

我们研究了从 2006 年 1 月 1 日到 2019 年 10 月 9 日这段时间，以沪深 300 为代表的指数基金，和以成立时间较长的富国天惠成长为代表的主动管理型基金，分别用定投方式投资，测算设置不同止盈点的最终收益情况。在测算过程中，我们需要让大部分本金可以投完，才能保证结果客观，所以我们设置了第一年内必须有 15% 的绝对回报时才止盈的额外条件。

多少收益止盈合适？		
止盈目标	年化收益 15% 全部赎回	
产品	沪深 300	富国天惠成长
一共赎回次数	在 2009 年之前有 8 次 15% 赎回机会，但 2009 年 7 月 27 日赎回后，遇到 2010—2013 年市场疲弱期，直到 2015 年才达到 10% 年化收益，后续也未能达到年化 15% 的收益	8
最长止盈周期（年）		7.13
结论	不可以	可以

注：测算 2006 年 1 月 1 日—2019 年 10 月 9 日，沪深 300 指数和富国天惠成长，双周定投基础上触发止盈的情况。
数据来源：Wind 资讯、7 分钟理财统计整理

最终结论是，指数基金如果起点买在稍微贵一点的位置，就算后续通过普通定投拉低了成本，也会出现达不到 15% 止盈线的情况；但如果把指数基金收益止盈线降到 10%，就可以顺利地止盈。而主动管理型基金富国天惠成长，设置 15% 年化收益止盈，在统计期间却实现了这个目标。所以，如果你是非专业人士，可以将指数基金的止盈收益目标设置得比主动管理型基金低一点。

要提醒大家注意的是，目标收益止盈法有两个要点。

要点一：设定的年化目标应该是动态变化的，不是一成不变的。

如果未来中国市场也和其他发达国家一样经济增速放缓，上市公司利润率降低，偏股基金的平均收益也会相应地下降。如果止盈点还是设置在 15% 的年化收益率，有可能会出现死循环，也就是总也止盈不了的情况。

要点二：不同类型基金的年化目标可以不同。

刚才只是提到了主动管理型基金和指数基金，那么行业基金要怎么设置呢？比如银行、房地产这些行业，由于盈利低，估值比较稳，相对来说波动会小一些，我们在设置这类基金的目标收益时就可以相对保守一些；像新能源、半导体这些行业，波动比较大，潜在收益也会更高，止盈点可以设置得高一点。

目标收益止盈法的利弊都非常明显。优势在于我们可以及时让收益落袋为安，避免出现“竹篮打水一场空”的情况；而劣势是中途的止盈，会使钱离开市场，在离开的时间里也可能会错过收益，但一般人不会有这个意识，所以非常不容易发现这个劣势。

我以前觉得目标收益止盈法非常好，操作简单，回报实在。要是每年都能达成 15% 的回报，资产 7 年就能翻一倍了。但后来升级迭代止盈方法之后，我有了不同的看法。下面就给你看一个我们的独家研究，帮你打开思路。

这是一个真实的产品。我们从 2004 年开始投资，每次 3000 元，如果用定投的方法一直坚持投，到 2022 年 6 月 15 日，中途不止盈，最终收益是

619 万元。如果设定 15% 的收益率止盈目标，一旦达到全部卖出，然后用卖出的钱在接下来的一年内再分 12 个月定投买回来，原来每次 3000 元的定投也继续，最终收益是 459 万元。

策略类型	持仓市值	总盈利	收益率
普通双周定投	7636197	6190197	428.09%
双周定投 + 测水温补仓	8417187	6926358	464.60%
双周定投 + 到价全部止盈	6037733	4591733	317.55%

注：测算 2004 年 1 月 2 日—2022 年 6 月 15 日，双周定投景顺长城优选（260101），每次定投 3000 元，采用不同策略的收益对比。其中到价止盈出来的现金一年内重新建仓完毕。
数据来源：Wind 资讯、7 分钟理财统计整理

为什么会差这么多呢？因为收益率达到 15%，并不能代表此刻一定是市场高点，如果能在市场回调前全部止盈，卖出后，再分批买回来，确实可以拉低成本。可一旦接下来，市场没有如预期般回调，反而继续上涨，那么在后续分批买入的过程中，就会错过这轮上涨带来的收益。

也许你觉得每次 3000 元，用 18 年撬动了 459 万元收益，已经很好了。没错，是非常好，至少超过市场上 98% 的普通投资者了。但未来市场不同，所以我们必须保持与时俱进的眼光。

另外，目标收益止盈法很符合实际需求，每个人的资金都不是永续的，在人生不同阶段会有不同的用钱需求，很难保持相同金额定投持续 20 年，所以目标收益止盈法完全可以用。我在书中跟你分享更多的数据，是希望带给你更全局的思维观念。如果未来你可以结合市场贵和便宜的角度去止盈，而不是单纯地卡死一个收益率目标，你就变得更厉害了。虽然你此刻已经超越了大部分人，但只有自己和自己比，才可以不断提升。

在下一章，我会分享进阶版的内容，告诉你我们“7 分钟理财”是怎么用更灵活的方法去辅导付费会员的。

● 估值止盈法

首先，什么是估值？估值的英文叫作 PE，P 就是 Price（价格），E 就是 Earning（每股收益），代表企业盈利能力。PE 就是 P/E，用每股价格除以每股的盈利能力。简单来讲，就是我们投一个企业，如果它每年把获得的盈利都分给投资者，大概多少年可以回本。举例，如果工商银行每股收益为 0.8 元，以 7 元每股的价格买入，PE 为 8.75，那要 8.75 年才能回本。

PE 只是一个数字，是比较简单地看便宜和贵的一个指标，它很好理解的地方就在于，盈利是客观数据，价格远超盈利能力，估值就高了。如果盈利能力很好，但大家不识货，价格给低了，那就是被低估。

那么，如何通过估值看贵和便宜呢？要看估值百分位。所谓估值百分位，就是现在的估值排在历史估值的什么位置，用百分数表示。和按身高来排队一样，比如你身高 180 厘米，比班级里 70% 的人都高，那你的身高百分位就是 70%。如果我们把身高换成估值，70% 就是你的估值百分位。估值百分位越大，说明现在的估值越贵。比如某指数，估值百分位为 90%，意思就是现在的估值比历史上 90% 时间里的估值都要高。如果估值在历史高点，你买的时候就要注意回调风险；相反，如果估值百分位低，说明估值便宜，买入的风险相对更低。

我很喜欢把估值看作风险指标，即看价格贵还是便宜的指标，也就是如果下跌，谁的下跌空间大，谁可能跌得多。你想想，是估值高的向下空间大，还是估值低的向下空间大呢？当然是估值高的下跌空间大，估值低的下跌空间小。这和从阳台往下跳是一样的，从 1 米的高度往下跳，可能没啥事，顶多摔个屁股蹲；而要是从 3 米的高度往下跳，那可就要骨折了。

那怎么利用估值百分位来帮助我们判断止盈呢？估值百分位在 70% 以上，代表现在比历史上 70% 的时间都贵，就可以考虑止盈。估值百分位越高，止盈比例可以越大。虽然道理听懂了，但你会想说："我自己也不会算估值百分位呀，这东西在哪儿可以看呀？”大家可以在“助推”App 上免费查看具体的估值百分位，历史 3 年、8 年的估值百分位动态信息都能看到，如图所示。

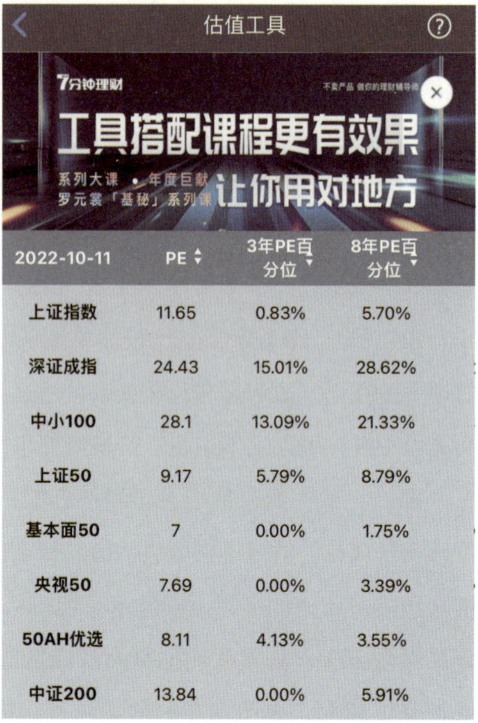

2022-10-11	PE	3年PE百分位	8年PE百分位
上证指数	11.65	0.83%	5.70%
深证成指	24.43	15.01%	28.62%
中小100	28.1	13.09%	21.33%
上证50	9.17	5.79%	8.79%
基本面50	7	0.00%	1.75%
央视50	7.69	0.00%	3.39%
50AH优选	8.11	4.13%	3.55%
中证200	13.84	0.00%	5.91%

估值止盈法除了适用于指数基金之外，也同样适合行业板块基金。因为 A 股中存在较明显的板块轮动现象，有些板块会在短时间内涨得非常快，而一旦涨得高了，估值过贵了，跌的概率会变大。用估值百分位就可以比较清晰地知道哪些行业现在比较贵，提醒我们可以考虑止盈了。对于主动管理型基金，由于基金持仓不是每天实时公布，所以不能像指数基金那样直接算出估值的高低，那我们就没有办法看它们的风险大小了吗？

办法也是有的，我们可以看它的前十大持仓股，每个季度末，基金公司都会公布该基金上个季度的前十大持股。按照大数据平均数来看，基金的前十大持仓一般占总持仓的 50%—60%。也就是说，如果基金规模是 100 亿元，布局在前十大重仓股的资金量大概是 50 亿—60 亿元。前十大重仓就算下个季度有所调整，调整比例也不会太大。所以，通过计算前十大重仓股中每个个股的估值，就可以算出前十大重仓股的平均估值，进而大概了解主动管理型基金的估值高低，评估风险大小。

用估值法止盈时，有几点大家要注意的地方：

第一，估值百分位是自己和自己比的结果，把银行板块估值和科技板块估值横向比较是没有意义的。盈利模式完全不同的板块，大家对它们会给出完全不同的估值，所以，只有现在的自己和过去的自己做对比，才有意义。

第二，除了 PE 之外，还有另外一种估值指标叫 PB，也就是市净率，以 Price（价格）除以 Book value（每股净资产），它是衡量股价和净资产的比率，代表你花多少钱能买到这家公司 1 元的净值产。假设现在股价是 6 块钱，每股净资产是 5 块钱，PB 为 1.2，意思是用 1.2 元买 1 元净资产；如果 PB 为 0.8，就是你可以用 8 毛钱买它价值 1 元的净资产。

股票名称	申万行业	占净值比例
赤峰黄金 600988.SH	有色金属	9.48%
赛轮轮胎 601058.SH	汽车	8.12%
昊华科技 600378.SH	基础化工	7.72%
远兴能源 000683.SZ	基础化工	6.05%
明泰铝业 601677.SH	有色金属	5.78%
保利发展 600048.SH	房地产	4.20%
金地集团 600383.SH	房地产	3.94%
鲁阳节能 002088.SZ	建筑材料	3.51%
银泰黄金 000975.SZ	有色金属	2.69%
驰宏锌锗 600497.SH	有色金属	2.53%

而在看行业指数的时候，可能有 PE 和 PB 二者百分位差别很大的情况。比如，证券行业由于近 2 年资管新规的影响和市场本身的冲击，券商的主营业务下滑，导致盈利下降，影响了它的每股盈利，在 PE 计算中，分母变

小，导致 PE 变大。如果未来券商的每股盈利逐步上升，PE 就会回落，而券商的 PB 目前却处于历史低位。所以，投资是投预期，把 PE、PB 两个数字结合着看才更客观。

第三，估值是评估贵和便宜的，不能把它看作收益指标。因为估值低的资产可能会持续低估值，1—2 年也涨不起来。比如，建筑装饰基金在 2019 年到 2022 年估值一直很低，估值百分位也低，说明很便宜，已经是地板价了，但是 3 年也不涨……它不贵是事实，你买得便宜也是事实，但是眼看着别的基金涨，就手里的不涨，你也会很闹心。所以止盈的时候看估值，效果比较好；买基金的时候可不要只看估值，光图个便宜。

● 绝对收益止盈法

说完了最常用的前两个方法，现在来说说第三种止盈方法——绝对收益止盈法，这个方法适合短期博弈。绝对收益是指一段固定时间（目标时间）内产生的收益，在你的目标时间达到目标收益即止盈的方法，就是绝对收益止盈法，比如半年绝对收益 7% 止盈。这部分内容我会在下一章的进阶部分具体分享。

● 超额收益止盈法

如果某只基金的收益，和同类平均水平相比，已经超出很多、过于优秀了，这时候我们也可以考虑止盈了。这个方法适用于主动管理型基金，因为这类基金比的就是谁收益高；而宽基指数基金或行业指数基金由于是跟踪某个指数的，不适合用这个方法。

超额收益止盈法的内在逻辑是，虽然基金经理比普通投资者能力强，但并没有哪个基金经理的能力在业内同行中是绝对“神仙”级别的。而如果谁的短期业绩水平大幅超越平均数，继续超越平均水平大涨的概率就会变小，反而大概率会均值回归到平均水平。所以这时考虑止盈，是可以把他过去超越别人的那部分收益落袋为安的。

比如下图中紫色线代表所有的偏股基金的平均表现。白色线代表的163415这个产品，在2019年和2020年2年时间里，它跑赢平均水平的幅度越来越大，但是从2021年年初开始，有些时间它就游离在平均水平以下了；而从2021年年初到2022年8月点对点来看，它的收益就没有比平均水平好了。这说明什么？就好像跑步比赛一样，每个人的平均水平其实都差不多，有的人这段时间跑得快一点，有的人那段时间速度提一点，快慢互相交替。

所以如果我们把前段时间加速度很快的基金挑出来，按照我们的大数据概率统计，接下来有很大可能出现的情况是，它们的速度就会慢下来，别人会快上去。所以在它超越别人一段时间之后，适当做一些止盈，是能享受它加速成长那部分的超额回报的。

我们来看一个数据概率统计的结果。

很难有基金能获得长期超额收益		
时间	偏股基金总数	跑赢平均收益基金数量
3 年	838	481
5 年	597	347
10 年	299	180

注：统计截至 2021 年 12 月 31 日，成立满 3 年 /5 年 /10 年的普通股票型基金和偏股混合型基金，点对点收益与平均收益对比，平均收益用 885001.WI 作为参考。

数据来源：Wind 资讯、7 分钟理财统计整理

上表是我们测算了过去 3 年、5 年、10 年，普通股票型基金和偏股混合型基金在不同的时间段内，能够持续跑赢平均水平的情况。我们分别在基金产品层面和基金经理层面做了统计，并最终找到的 12 位累积业绩在每个时间段内都跑赢平均业绩的基金经理。

仅有 12 位基金经理能长期跑赢平均业绩					
证券代码	证券简称	基金经理	3 年跑赢	5 年跑赢	10 年跑赢
450009.OF	国富中小盘	赵晓东	YES	YES	YES
110015.OF	易方达行业领先	冯波	YES	YES	YES
161005.OF	富国天惠精选成长 A	朱少醒	YES	YES	YES
166001.OF	中欧新趋势 A	周蔚文	YES	YES	YES
206007.OF	鹏华消费优选	王宗合	YES	YES	YES

续表

257020.OF	国联安精选	魏东	YES	YES	YES
270028.OF	广发制造业精选 A	李巍	YES	YES	YES
320003.OF	诺安先锋 A	杨谷，张堃	YES	YES	YES
377240.OF	上投摩根新兴动力 A	杜猛	YES	YES	YES
460007.OF	华泰柏瑞行业领先	吕慧建	YES	YES	YES
470008.OF	汇添富策略回报	顾耀强	YES	YES	YES
519035.OF	富国天博创新主题	毕天宇	YES	YES	YES

注：统计截至 2021 年 12 月 31 日，基金经理管理的偏股基金与所有样本的平均收益对比，平均收益用 885001.WI 作为参考。

数据来源：Wind 资讯、7 分钟理财统计整理

总结一下，我们已经分享了 4 个止盈方法：目标收益止盈法、估值止盈法、绝对收益止盈法、超额收益止盈法。接下来继续讲剩下的 4 个止盈方法。这 4 个止盈方法是更高阶一些的，如果你觉得难，也可以先参考上面的 4 个止盈方法来做，能做到上述 4 个方法就已经非常不错了。不过呢，我希望你可以更多地了解理财技巧，不断地迭代升级，毕竟授人以鱼不如授人以渔嘛，市场每天都在变化，我们多学点总归是没坏处的。下面我们就来逐一讲解一下。

● 肩膀止盈法

之前用到的几个方法都是在涨的时候止盈，而肩膀止盈法就不同了，它是在回落的时候止盈。比如你的基金已有了 40% 或更高的收益，你这时可能还想等等，看能不能涨得更高，但后来没涨上去，收益回落到 35% 了，也就是从最高点回落了 5%，这时候也可以考虑止盈。这种止盈方法的思路来源是技术图形分析中的“头肩顶”形态，当基金的净值曲线从头部开始滑落到肩膀的时候我们止盈卖出。我们看下图。

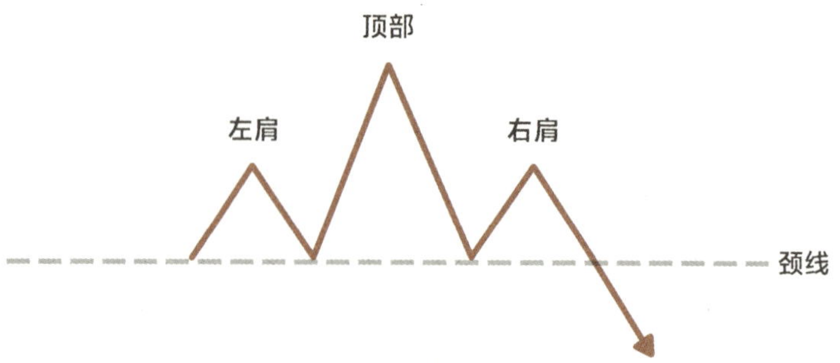

我们可以看到右边的蓝色箭头，这个趋势大概率就是会继续下跌了。也就是说，未来有可能会进一步吞噬我们之前好不容易积累起来的收益。你看那条“颈线”，把它想象成我们的肩膀，跌破了那个位置，我们就可以止盈卖出了。

而从上面这段描述中，你也可以发现，想要做好这种止盈方法并不容易，需要你有一定的技术图形分析能力，可以辨认出“头肩顶”或者“头肩底”的形态。同时，我们现在是在比较“静态”的情况下分析，是很理想化的。比如，我们提到的“颈线”是一条直线，但在真实场景里，有时它是一条斜线，更有甚者，我们说的肩膀部分实际上会有好几个肩膀。所以，这种止盈方法比较适合有丰富经验的投资者使用。

我把这个方法做一个简化版供大家实操参考：在你盈利不错的前提下，同时仓位在五成以上时，如果市场接近之前的高点，同时估值百分位很高，那么持仓收益率回落 5% 以上，就考虑止盈卖出。

- 景气度变化止盈法

景气度，可以理解为某行业或板块的未来潜力。比如新能源汽车行业，当身边还没几个人开的时候，就说明空间还很大，景气度就高；而当满大街跑的都是新能源汽车时，就说明它的行业空间不大了，景气度降低。当一个行业或板块景气度走低的时候，就要考虑止盈相关基金了。这个方法适合行业基金，不适合主动管理型基金。

想象一下，天上的云彩今天会变幻成什么样的形状，是一条龙，还是一只羊？是不是很难预测呢？没错，景气度变化止盈法相比肩膀止盈法，是技术含量更高的止盈方法。

31 个行业表现

行业	2020 年涨跌幅	2021 年涨跌幅	2022 年截至 9 月 30 日涨跌幅
农林牧渔	18.29%	-4.93%	-11.57%
基础化工	34.98%	37.19%	-18.64%
钢铁	4.90%	34.06%	-25.97%
有色金属	34.77%	40.47%	-18.31%
电子	36.05%	16.04%	-37.74%
家用电器	31.08%	-19.54%	-20.88%
食品饮料	84.97%	-6.01%	-15.60%
纺织服饰	-7.08%	3.39%	-20.44%
轻工制造	15.76%	11.65%	-25.62%
医药生物	51.10%	-5.73%	-27.95%
公用事业	0.98%	31.38%	-16.02%
交通运输	0.24%	2.57%	-7.07%
房地产	-10.85%	-11.89%	-10.36%
商贸零售	-0.22%	-4.60%	-15.54%
社会服务	99.38%	-10.27%	-19.76%
综合	13.05%	13.81%	-2.57%
建筑材料	23.74%	4.46%	-29.71%
建筑装饰	-7.92%	16.39%	-14.34%

续表

电力设备	94.71%	47.86%	-22.42%
国防军工	57.98%	11.17%	-25.92%
计算机	9.75%	1.37%	-34.73%
传媒	7.86%	-0.47%	-35.19%
通信	-8.33%	3.05%	-17.55%
银行	-3.25%	-4.58%	-13.97%
非银金融	6.11%	-17.55%	-27.63%
汽车	45.85%	17.20%	-19.79%
机械设备	31.06%	14.83%	-25.07%
煤炭	7.05%	39.60%	32.67%
石油石化	6.72%	20.25%	-9.28%
环保	-1.48%	20.64%	-24.89%
美容护理	57.94%	0.13%	-15.46%

数据来源：申万 31 个一级行业，Wind 资讯、7 分钟理财统计整理

从上面这张表你可以清晰地看到，31 个板块在 2020 年至 2022 年 9 月 30 日这两年多的具体表现情况。你会惊讶地发现食品饮料在 2020 年涨了近 85%。但在 2021 年和 2022 年短短 2 年里，同一个板块的涨跌幅却发生了翻天覆地的变化，跌了约 20%。

看行业景气度是比较难的一件事情，需要大家去看更多的行业研报，清晰地了解每个行业的发展趋势，才能做出较为正确的止盈判断。

● 基金经理调仓止盈法

这个方法就是跟随基金经理的调仓方向做止盈，做个“瞄学霸作业”的投资者。

在调研基金公司和基金经理的过程中，我们发现，他们判断出市场贵或便宜后一般不会直接告诉大家，但是我们可以从他们的持仓中发现端倪。我们可以去研究基金经理的股权仓位，每个季度基金都会公布其投资资金中的股权比例——上个季度是多少，这个季度是高了还是低了，一目了然。

比如下面这款产品，在 2022 年第一季度股票仓位是 77.87%，到了年中，股票占比调高到了 91.83%。这就是根据基金经理的仓位变动思考是否要止盈。

申万菱信乐享 011488.OF 资产配置

报告期	2022 年中报	2022 年一季报	2021 年年报	2021 年三季报
债券市值占基金总资产比例（%）	1.26	1.13	-	-
银行存款占基金总资产比例（%）	7.34	21.21	8.33	9.08
其他资产占基金总资产比例（%）	0.24	0.18	0.13	0.44
占基金资产净值比				
股票市值占基金资产净值比例（%）	91.83	77.87	92.19	91.38
债券市值占基金资产净值比例（%）	1.27	1.14	-	-

数据来源：Wind 资讯、7 分钟理财统计整理

如果是股票基金，仓位必须在八成以上，就算他们觉得贵了，也没有办法调低下来。这时怎么办呢，有的基金经理会把前十大持仓的比例降低下来。比如之前前十大持仓占总市值的 60%，而当他们认为市场高、想降低风险的时候，就会分散配置股票，所以在操作上会把前十大持仓的占比从 60% 调到 40%。

另外，他们还会把产品打散。比如市场便宜的时候，有的基金经理会重仓某一只股票，达到接近 10% 的占比，而到了觉得贵的时候，每个都少买点，尽量分散，这样即便遇到下跌，跌幅被平均一下，也会跌得小一点。

所以，如果他们重仓的某些股票变成特别分散化，也许就是他们认为贵的一个端倪。

虽然这种做法在时间上有一点滞后性，但我们可以通过基金经理选择的大方向获得一些参考。一般季报在每个季度末之后的 2 周内发出来，通过对比基金经理的投资大方向变化，还是具备参考价值的。当然，不是所有基金经理的调仓原因都一样，这只是一部分基金经理的做法。我们的理财实验室也会统计市场上所有基金经理仓位的变化，注意，是所有产品的变化哦，然后看多少人加仓，多少人减仓，通过研究基金经理的行为来帮助我们做基金买卖。

● 山顶止盈法

基金净值到达历史最高值，或者指数到达阶段高点，都是在提醒我们是不是要止盈了。

“市场先生”是有情绪的。如果行情涨到了历史高点，这时你会想什么？你会不会担心突破不了，会不会考虑谨慎一点？如果你会考虑，那其他人也会，如果大家一起变得谨慎起来，前期的高点就很难突破。虽说历史都是被创造出来的，但创造历史需要很强的实力，要逐步攻破才能达到新高。所以每当接近前期高点，市场情绪变得谨慎，就很有可能会产生回落。比如上证指数的历史高点是 6124 点，如果哪天又涨到了 6000 点，咱们就可以考虑要不要止盈了（我只是举个例子）。

我们给付费用户辅导的时候，看的是动态点位，而不是这种静态点位。因为市场环境是一直变化的，如果看历史高点，只看一个固定数字是非常初级的，我们会根据上市公司的数量、资金面、盈利情况等信息去看动态点位。注意，这个高点可不是只看上证，其实创业板、上证 50 等都有自己的历史高点。

到这里，8 种止盈方法就全部介绍完了。后面 4 种止盈的方法——肩膀止盈法、景气度变化止盈法、基金经理调仓止盈法和山顶止盈法——属于比较高阶的知识，普通投资者做起来确实有难度，但是只要在实操过程中有止盈的意识，就比没有意识要强，我们愿意陪你在理财能力上不断地进阶。再次强调一下，任何止盈方法都无法让你卖在最高点，很有可能你卖出之后，这只基金还会继续涨，你会比较郁闷，觉得自己“少赚了”。既然客观上我们无法赚到市场上的每一个铜板，在操作上，我会建议你考虑部分止盈。也就是如果你担心卖出之后，市场继续上涨，也可以只卖出一部分的份额，止盈一部分，保留一部分“底仓”。如果市场涨了，因为还有一部分底仓在，还可以继续享受收益；如果跌了，因为已经卖出了一部分，肯定比不卖要好，这样可以做到进可攻、退可守。

这里讲到的 8 个止盈方法，都是以你持有的产品为维度的，除了产品维度止盈之外，其实还有一种方法，可以在更上一级的层面做止盈，让你体验完全不一样的角度和视野，它就是资产再平衡止盈法。

6.6 资产再平衡：让风险实时可控

如果我们把前面的 8 个止盈方法比作显微镜，那么资产再平衡可以称得上是望远镜，不仅可以帮助我们部分止盈，还可以让我们在便宜的时候补仓。《资产配置的艺术》这本书中非常详尽地解释了资产再平衡，简单来说就是定期把大类资产的比例进行平衡调整。

30 岁之前，我对资产再平衡的理解就是它是一个工具，是一种理财方法；到了 30 至 40 岁的阶段，我越发对资产再平衡着迷，因为我相信万物皆有周期，就像我们平时说“30 年河东，30 年河西”一样。我们知道资产再平衡重要，可是具体在什么时间点进行平衡呢，又要平衡多少呢？概率学可以给出答案。或许答案不是最完美的，但足够用了。

从创立“7 分钟理财”到如今的 2023 年，9 年的时间里，我不断地研究各种买卖方法，希望能够帮助用户提高收益。而资产再平衡就是我心中的那个平衡器，不求最大回报，但求平平稳稳。经过我们的研究发现，资产再平衡降低波动的效果非常明显，大概率可以将年化波动降低 5%—8%。

资产再平衡有效降低组合波动

再平衡周期	年化收益	年化波动
不做资产再平衡	9.98%	22.51%
1 个月	10.08%	15.06%
3 个月	10.24%	15.17%
6 个月	10.26%	15.21%

波动率下降 7.3%

续表

12 个月	10.30%	15.18%
24 个月	10.35%	15.43%

注：对纯债基金和偏股基金各赋予 50% 权重，测算自 2005 年 4 月 1 日至 2022 年 3 月 31 日，不同时间周期进行资产再平衡收益对比，分别用 885008.WI 和 H00905.CSI 代表。

数据来源：Wind 资讯、7 分钟理财统计整理

什么是再平衡？

在前面的章节中，我们介绍过“四账户”的概念。除去备用金和保险的钱，假设在第三、第四账户的总计可投资资金是 20 万元，按照“浮亏倒推”法*，得出第四账户也就是增值账户的目标是 10 万元，第三账户目标也是 10 万元，那就意味着，股权部分和债权部分的初始投资比例是 5∶5。

接下来如果遇到牛市行情，我们第四账户中的股票基金就会快速升值，而与此同时，

* 注：“浮亏倒推”法在前文第 151 页。

第三账户债权资产的收益相对稳定，于是两类资产就会出现“步调不一致”的情况——股票型基金从初期的10万元涨到了20万元，另外10万元的债券型基金并没有明显的上涨。这时总计可投资资金就从20万元变成了30万元。

此时股权类资产（第四账户）的占比是多少呢？

$$20 \div 30=66.7\%$$

此时债权类资产（第三账户）的占比又是多少呢？

$$10 \div 30=33.3\%$$

你的股权比例从最初的50%变成了现在的67%，这时，把股债比例重新调回你的最优解比例5：5，也就是把目前30万元的总资金重新分配，变成15万元的股票型基金和15万元的债券基金，这个调整的过程就叫作资产再平衡。资产进行再平衡，就是要让我们的资产定期调回配置的最优比例，这样才不会因为比例失衡造成特别大的亏损，超出你的承受能力。

刚才说的是市场上来就涨了，再平衡可以让你高点止盈股票基金、买债基，那如果一上来市场就下跌呢？其实道理是一样的。熊市来临的时候，股票基金的净值会迅速下跌，股权类资产的金额就会缩水，而债权类资产由于相对稳定，并未亏损或亏损不大，占比就会被动升高。这时资产再平衡，就是卖掉一部分债权类资产，去买偏股基金，将比例调回平衡状态，也就起到了低位补仓的作用。

如果你仔细思考一下，就不难发现：再平衡的过程中，出现了“高点卖出”的止盈和“低点买入”的补仓。但这里的止盈和补仓，指的是对大类资产的低买高卖，而不是前面的章节中所讲的对具体产品的止盈和补仓，这也是为什么我在本节第一段中说，资产再平衡关注大方向，是“望远镜”。

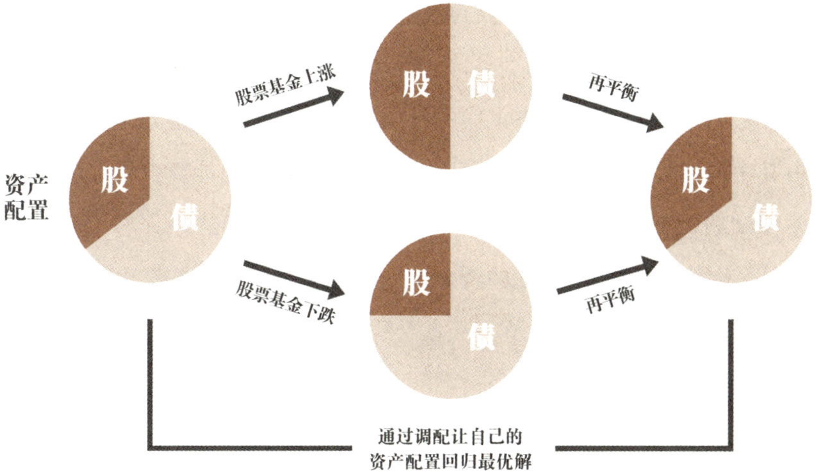

再平衡有什么价值？

在理财过程中，我们想要获得好收益，总是需要用一些方法来约束人性中的贪婪和恐惧，而资产再平衡就是一个简单实用的工具，是资产配置（Asset Allocation）实操中的行为过程。资产配置分为战略性资产配置（Strategy Asset Allocation，简称SAA）和战术性资产配置（Tactical Asset Allocation，简称TAA）。

战略性资产配置的意义在于，谁都无法判断短期市场走势，而大部分人又无法承受很大的市场波动，所以我们把低相关性甚至负相关性的资产进行合理配置，构建出一个高效的投资组合，在给定的风险水平下实现收益的最大化，也让理财变得可以让普通人实操起来；战术性资产配置是一种随时间变化调整的资金配置方式，它的意义在于，经济有周期，基金的价格也会高高低低，我们可以根据对经济状况、估值、市场周期等短期或中期预期，积极调整投资组合的权重。也就是说，战术性资产配置在每个资产类别中的投资比例是可以定期更改的。

我们常说，资产配置决定你的长期回报。很多人知道这个结论，但不明白其中的道理。这是因为在配置的第一步，你通过计算自己能够承受亏损多少金额，来决定可以配置多少资金在偏股基金里。当你有 100 万元的资金时，你能承受将 10 万元的资金放进偏股基金，还是能承受将 90 万元放进偏股基金，这 10 万元和 90 万元本金的区别，是决定你长期收益最关键的因素。

而资产再平衡，是让你被动地回到能承受风险的范围内，回归原始资产配置比例的一种行为。所以，资产再平衡并不是突破资产配置大框架去赚取极高收益的，它最大的贡献在于帮助我们降低投资过程中的波动，也就是风险管理。

还是用刚才的例子，你有 20 万元的总资金，同时认为自己可以承受 2 万元的浮亏，那么用 2 万除以“可能下跌比例 20%”等于 10 万，于是放 10 万元到第四账户买了偏股基金。也就是说，你能承受 20 万元的总资金缩水变到 18 万元。当股市大涨，你的偏股基金翻了一番，涨到 20 万元，你的总资产就变成了 30 万元，这时如果你不做资产再平衡，接下来 20 万元的偏股基金一旦遭遇一个 20% 的下跌，虽然下跌比例和我们第一步测算时用的数据是一样的，但你的偏股基金会因此下跌 4 万元，远大于你认为自己可以承受的 2 万元。

看到这里，有些朋友可能会有点疑惑：“市场确实回调下跌了 20%，但我也没亏呀，我手里的偏股基金现在有 16 万元，我本来只投了 10 万元，这不是还赚着呢吗？”

你的本金确实没亏，账面还是盈利的，但我用自己近 20 年的理财辅导经验告诉你，“我是赚着的”这种想法，只是你在看这本书的当下，理性、冷静的判断，而在真实的环境中，你的看法会完全不同。你会忘掉其实你的本金是 20 万元，因为在你的记忆中，你是有过 30 万元的人，现在一下子没了 4 万元……你会由于接受不了这 4 万元的回撤，对“我怎么突然就没了 4 万元”这件事辗转反侧、懊恼不已，甚至后续做出不理性的操作。

实践中，随着资产量的增加，投资者的承受能力确实会提升，但不是等速、等比例的提升，有时甚至会出现资产量越大，越不愿意承担风险的情况。道理很简单——如果你只有 2 万元，亏 20% 也就是 4000 元，觉得没事；但如果你有 200 万元，亏 20%，那就是消失了 40 万元，这对很多人来说是承受不了的。所以早年我在私人银行工作的时候就发现，资产量越大的人，在投资的时候越保守。

所以，不做再平衡，不做任何止盈，一旦市场回调跌下去，你就会产生负面情绪，无法理性地分析。而如果把资产回归到 5∶5 的比例，这样就被动地做了止盈，让第四账户的资金从 20 万元回归到 15 万元，即使接下来市场出现 20% 下跌，回撤 3 万元，也基本是随着资产上升能接受的浮动。

看到这里，不知道你有没有意识到，我们在讲资产再平衡的价值时，大多数的笔墨都着重于如果下跌了你会面临什么，再平衡会帮到你什么。没错，这就是为什么前面我强调，资产再平衡最重要的功能不是助力我们提高收益，因为你的收益是由你放了多少资金在偏股基金上决定的。

资产再平衡只是一种被动让我们重新审视自己能承受多少风险的操作方法，看起来帮助我们做到了低买高卖、适时地止盈补仓，但更重要的意义在于帮助你在面临波动的时候变得更加冷静。简单来说就是，不求为你的增值“热情助力”，但求帮你避免“激情犯错”，助推收益稳健增值。而只要我们能少犯错，那就离早成功更近了一步。

具体怎么做?

具体要怎么做到再平衡呢?教大家两个方法:第一个是定期资产再平衡,第二个是动态资产再平衡。

第一种,定期资产再平衡,是所有理财者最容易实操的,也是最简单的方法,即我们每隔一段时间就对自己的投资组合做一次再平衡操作,将已经偏离的资产配置比例拉回到正常的比例上。

接下来的问题就是,我们应该多久调整一次呢?

“7分钟理财”实验室分别研究了3个月、6个月、12个月、24个月这几种时间间隔,哪种时间间隔降低波动的效果更好。结果发现,不同市场环境下结果略有差异,无法找到一概而论的唯一最好方案。综合来看,每3个月做一次再平衡,降低波动率的效果比其他时间间隔稍好一点。

研究不同时间段,不同时间间隔资产再平衡效果

时间区间	再平衡周期	年化收益	年化波动
5年 2005/1/4—2009/12/31	1个月	22.88%	19.36%
	3个月	23.27%	19.70%
	6个月	25.61%	19.89%
	12个月	29.70%	20.42%
	24个月	22.62%	23.46%
6年 2010/1/4—2015/12/31	1个月	8.87%	14.30%
	3个月	9.02%	14.35%
	6个月	9.14%	14.64%
	12个月	8.55%	15.21%
	24个月	8.67%	15.92%

续表

6 年 2016/1/4—2021/12/31	1 个月	3.31%	11.16%
	3 个月	3.27%	11.02%
	6 个月	3.11%	11.06%
	12 个月	3.41%	11.02%
	24 个月	3.09%	10.59%
17 年 2005/1/4—2021/12/31	1 个月	10.47%	15.08%
	3 个月	10.61%	15.19%
	6 个月	11.21%	15.37%
	12 个月	12.16%	15.76%
	24 个月	10.50%	17.31%
17 年 2005/4/1—2022/3/31	1 个月	10.08%	15.06%
	3 个月	10.24%	15.17%
	6 个月	10.26%	15.21%
	12 个月	10.30%	15.18%
	24 个月	10.35%	15.43%

注：对纯债基金和偏股基金各赋予 50% 权重，测算不同时间段，不同时间周期进行资产再平衡收益对比，分别用 885008.WI 和 H00905.CSI 代表。
数据来源：Wind 资讯、7 分钟理财统计整理

第二种，动态资产再平衡，我也叫它收益阈值法。

它指的是，当资产比例偏离目标一定程度后，再启动再平衡，将资产配置恢复到目标比例。哪个程度最优、在什么时候平衡需要一套更为复杂的计算和比较。

事实上，对于配置比例的偏离，我们无须过分紧张，基金的净值是每天变化的，有些偏离是很正常的，我们一定要等偏离比例较大时再去做调整，这样补仓或者止盈的效果才会更明显。

我们在辅导用户的过程中发现，这种方法只要理解到位，每个人都可以

上手实操。效果较好的方法，是偏离超过 20% 时调整一次。主要原因是基金向上波动 20% 或者向下波动 20%，都算一次较大的波动，这时做再平衡效果比较明显。还是以刚才的案例为例，20 万元的总资金中，初始股票基金有 10 万元，债基有 10 万元，股债配比是 5∶5。如果股票基金收益达到 20%，也就是变成 12 万元，这时就可以做一次再平衡。同样的道理，如果 10 万元的股票基金变成 8 万元，也可以做一次再平衡。

除了定期和动态这两种再平衡的方法之外，我们还可以将两种方法结合在一起。比如，动态资产再平衡要求对持仓市值的变化比较关注，同时任何资产大类的市值只有偏离目标一定程度后，才会触发再平衡机制。但可能一段时间以来，市场涨跌并不明显，只是微涨微跌，并没有达到阈值偏离的目标，这时我们就可以启动定期再平衡的方式，保证至少每半年对投资组合进行一次风险检查。

再平衡的种类

定期再平衡	动态再平衡	更复杂的再平衡
· 3 个月	· 偏离目标 10%	· 定期加动态
· 6 个月	· 偏离目标 15%	· 风险敞口平衡
· 12 个月	· 偏离目标 20%	

无论是定期还是动态的资产再平衡，都是降低投资波动的一种风险管理方法。经验不多的用户可以采用定期再平衡的方式，只需要坚决遵守纪律，执行可量化计算的买入卖出即可，通过合理分散风险来应对市场未来的不确定性，避免自己主观臆断地预测市场。

在实际操作中，关于资产再平衡，我还有 1 个提醒、2 个注意。

提醒：考虑短期新增现金的问题。如果你知道一个月后会发一笔 5 万元的年终奖，那么直接把 5 万元加到自己目前的资金总市值中，重新计算股权账户和债权账户的合理金额，将 5 万元分配到不同账户，直接就能起到再平衡的作用。所以，如果还有新增现金要投资的话，一定要把现金和目前的持仓一起考虑。

注意 1：避免在行业基金之间做平衡。

资产再平衡，平衡的是大类资产之间的比例，如果是调整板块基金各自的比例，意义不大。有人学会了再平衡，就在自己的消费基金和医药基金之间平衡起来了，这种操作的底层逻辑是有问题的。因为市场中投资者的资金并不是只在消费基金和医药基金之间轮动，还有太多不同行业的基金可以选择，所以你只在自己持仓的几个板块基金之间不断平衡，辛苦不说，最终上涨的可能是你没买的。而股债平衡则不一样，传统金融市场就是股票市场、债券市场、货币市场、商品市场这几大市场，股市中流出的钱大部分都会流入债券或者现金等市场，市场上的资金在这几种资产之间有相互流动的关系，所以我们在各个大类资产之间做平衡才是有意义的。

注意 2：避免过度交易。

有的投资者对再平衡非常推崇，甚至产生迷信，因此在自己的投资组合中频繁地进行再平衡操作，希望投资组合始终保持目标配置。但事实上，过度交易会造成交易成本的提高，毕竟每次买入卖出都会涉及手续费，所以过于频繁地做再平衡也是没有必要的。

巧妙的再平衡：寻找平衡点

市场永远是涨涨跌跌、捉摸不透的。如果不及时进行管理，只是放任资金随波逐流，那最终的收益结果也只能是随机获得的。但资产配置再平衡通过定期或者动态地对股权、债权资产的总体比例进行调整，就可以实现阶段性的“低位买入、高位卖出”，进而降低波动，提高整体收益。

写到这里，整本书中基础的实操方法就全部讲完了。也许你都看懂了，但这还不够，关键是要用起来。理财是一门只有通过实操才能真正掌握的技能，用了才是自己的。记住，刚开始练习的时候，要先从小金额开始，不要被其他人的理财结果影响，别人理财理不好，不代表你不行，或许你就是天赋异禀的理财达人呢！

接下来的一章里，我将和你分享我的理财心法。理财不仅仅是一种行为，也是关于幸福感的哲学，让我们继续保持开放的心态，一起进阶。

07

我的
独门理财心法

性格即命运，在成为尘埃前，选择乐观吧，

因为悲观除了让你痛苦，没有任何意义。

7.1 理财和投资不一样

如果我们把理财当作一门武功来学的话，那么当你看到这里的时候，关于这门武功的“内功”部分和“招式”部分，我已经都跟你分享完了。这些都是被市场长期验证过，也是被概率统计验证过的有效又实用的方法。按照这些方法做，你早晚会赚到不错的回报，长期坚持下去，抵御通胀不是什么问题。

在这一章，我想跟你分享一套“罗氏理财心法”。它是我近 20 年理财经验凝结成的升级版“武林秘籍”，是我经历实操、学习、纠结、反思、修炼之后，最终豁然开朗的底层“心法”。学武功的时候，每个人修炼的方向会有不同，有人钻研剑术，有人擅长刀法，技术上没有孰高孰低，但能够形成自己的“心法”，需要靠经历，更要靠悟性。

接下来，我就把我“悟”到的秘籍分享给你。

我在前面的章节中提到过，我对理财的认知，经历了从看山是山，到看山不是山，最后到看山还是山的过程。从认为“理财收益只能靠产品获得”，到认为“理财收益靠好方法获得”，最后到理解“好方法结合好产品，收益才会更好”。这是我对产品、方法、收益三者之间关系的认知。后来，我又深刻意识到，投资和理财，其实是两件事。

简单地说，做投资，是对产品负责；而做理财，是对自己的收益负责。

投资的核心，归根结底是要选择一个标的，也就是投什么。而投什么，那是基金经理的事。无论你是投了 100 元还是 100 万元到这只基金上，基金经理并不在意你何时投了多少钱，他们关注的是产品本身，是净值的上涨。基金经理需要对产品的净值表现负责，所以他们更关注收益率的“率”，基金净值走出一个漂亮的斜向上曲线，才是他们追求的完美作品。

而理财的核心，是我们究竟赚了多少钱。对于投资者来讲，收益的“益”字要远比产品收益率的“率”字更有价值。产品能不能摘得今年的“金牛奖”，业绩排名是不是同类 Top 5，都跟我们投资者关系不大，只有收益的“益”，才能真正使我们的生活变得更加美好，让我们最终获益。

而产品和收益的关系，就好像跑步机和减肥的关系一样，跑步机的设计者只负责产品质量，但使用者究竟能不能成功减肥，不是靠机器本身，而是要靠自己。哪怕你斥巨资买了顶级的跑步机，但只跑了一次，即便跑步机的性能让你赞不绝口，最终它对你减肥的贡献也是微乎其微的。如果对于投资和理财的理解是错位的，那我们就会陷入舍本逐末的迷途。

在理财这件事上，很多人会搞错自己的角色——总是错把理财当投资，只去关注产品，把自己“臆想”成基金经理，总想着怎么“改进”它，不行就换人，却很少花精力认真思考，自己应该如何更好地利用产品获得收益。减肥时，你会想成为跑步机的设计者吗？应该不会吧。因为市场上已经有很多设计师（基金经理）了，也有足够多大品牌、高质量的跑步机（基金）了，你是购买者，是使用者，你应该花精力在如何使用跑步机的各项功能上，更多地关注自己的减肥成果，不是吗？

所以，当我们能真正地把基金净值和理财收益分开来看，意识到“它是它的，我是我的”，这个时候，我们就可以在理财方法上更大胆了。

比如你手里有 10000 元，你可以跟着下面的“市场节奏”，体会一下产品净值和理财收益的关系。

基金产品的净值经历了从 1 元涨到 1.2 元，然后跌到 0.8 元，又反弹到

1.5 元的过程。点对点来看，基金净值从 1 元涨到 1.5 元，收益率是 50%，这是基金经理的投资作品。那我们得到了什么呢？10000 元本金，得到 5000 元，这才是我们理财获得的真金白银的收益。

如果我们尝试把上面产品净值中经历的 4 个阶段，看成 4 个静态的数字，思考一下，如何从中获取更多的收益呢？

净值 1 元时投资 2500 元，1.2 元时投资 2500 元，0.8 元时投资 5000 元。本金悉数投完，分别获得了 2500 份、2083 份、6250 份的基金份额，成本是 10000 元 ÷10833 份≈ 0.9231 元。最终基金净值涨到 1.5 元，我们获得了（1.5-0.9231）÷0.9231 ≈ 62.5% 收益率，乘以 10000 元的本金，总计 6250 元的收益。

我的第一个心法就是，认识到投资和理财的不同。把产品净值看成静态的数字，不对数字本身赋予过多的七情六欲，它只是一个值，我不纠结它；然后把理财收益当成一个数学游戏，我只关注如何去解这道数学题，那一切就变得简单了——只要相信未来的净值比现在高，我心里就有底，而且市场越便宜，我心里越有底、越踏实。这样，我在理财时就不会前后纠结、左顾右盼。

厘清底层逻辑之后，我们一起来解这道题的关键——未来基金净值一定会涨吗？

7.2 未来一定会涨吗?

聊这个话题之前，先给大家看一张图。

主动管理型偏股基金净值走势

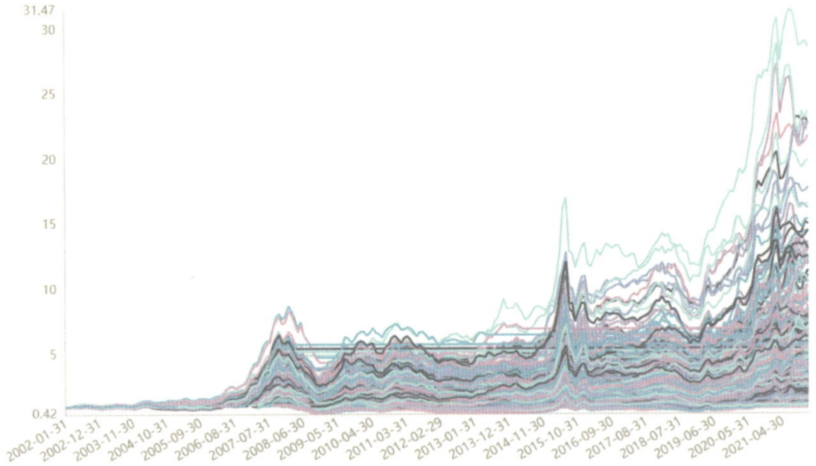

注：2002 年 1 月 1 日至 2021 年 12 月 31 日，所有主动管理型偏股基金（偏股混合型基金和普通股票型基金）净值走势。

这不是美丽的银河系，这是自 2002 年起，所有的主动管理型偏股基金的净值走势图。你看，图中那一条条优美的弧线随着时间的推移都逐渐向右上方走。也就是说，基金们的净值在过去的 20 年里创造出了一轮又一轮的新高。

回到我们这一小节的主题——所有的主动管理型基金，长期都能赚钱吗？“7 分钟理财”的理财实验室做过这样一个研究——因为投资者可能在任何一天开始投资，所以我们以市场上的所有股票型基金为标的，滚动测算了2011年1月1日至2022年6月30日这段时间里，从任何一个月的月初开始投资，接下来坚持持有3—10年不同的时间长度，最终获得正收益的概率。

主动管理股票型基金长期收益		
持有时长（年）	负收益概率	正收益概率
3	13.65%	86.35%
4	8.74%	91.26%
5	3.66%	96.34%
6	1.51%	98.49%
7	3.41%	96.59%
8	1.11%	98.89%
9	0.00%	100.00%
10	0.00%	100.00%

统计方法：统计2011年1月1日—2022年6月30日，所有普通股票型基金，任意一个月的月初买入，持有不同时间点对点年化收益。
数据来源：Wind资讯、7分钟理财统计整理

测算得到的结论是，只要持有时间超过5年，有96.34%的概率会获得正收益。而仅有的3.66%收益为负的情况，都集中在投资起点在2015年的牛市顶点附近，以及一小部分的持有期终点正好卡在了2018年的熊市低点。所以你看，只要我们没有踩在市场最高点的时候入场，没有在最低点的时候割肉离开，长期持有主动管理型基金，大概率就是会赚钱的。

这一结论，不仅是历史数据的倒流测算带给我们的事实，更是依托了投资背后的底层逻辑——投资主动管理型基金，就是间接投资优质上市公司的股票。一方面，优质上市公司的股价从长期来看大概率就是上涨的；另一方

面，基金经理将这件事情的确定性从专业角度做了进一步的提升。

假如你看好一家企业，向它投资了 10000 元。企业第一年盈利，给你赚了 10%，那么你就可以得到 1000 元的分红。这时老板说："既然咱们运营得这么好，那要不我们就不分红，把分红的钱直接拿来扩大再生产吧，这样明年就会赚得更多了。"这时隔壁老王也觉得这家企业不错，也想入股，想从你手里买走这家公司的股份，你会多少钱卖给他呢？你肯定会出价 11000 元以上，因为上一年的盈利你没有拿走，企业现在是在用你的 11000 元赚钱。所以，如果企业能够持续盈利，那么持有股份的人在卖出他手中的股份时，自然就会要更高的价格。也就是说，股价上涨背后的核心驱动力，就是优秀上市公司的持续盈利能力。

如果这家企业不仅能够保持持续盈利，还能够通过将公司做大做强，实现盈利增速的提升，前年给你赚了 10%，去年给你赚了 15%，今年给你赚了 30%，这时如果别人想买你的股份，你又会怎么办呢？你会认为这家企业潜力巨大，它在你心中的价值远远大于它现在的价格，你预估自己手中股票的内在价值非常高，未来会更值钱，这时你会更不舍得卖，你需要买方出更高的价格你才会动心，这就是股票估值的提升。

一方面，企业持续盈利，会带来每股盈利的提高；另一方面，随着盈利增速的提升，投资者看好这家企业，对其股价内在价值的预期也在提升，在两者的共同作用下，股票价格就出现了更进一步的上涨。所以，从这一逻辑来看，长期持有上市公司的股票，成为优秀公司的"拥有者"，随着公司的发展壮大，我们就可以从它为社会创造出的财富里分得一杯羹。

但是，这"一杯羹"分来的也并不容易，因为并非所有的上市公司都具备长期投资的价值。很多时候不是企业的运营者不努力，或者运营能力不强，而是时代的发展总会将机遇与红利赋予不同的公司甚至不同的行业。比如我们很多人童年都有印象的柯达相机和胶卷，我至今还记得当年广告中“记录每一刻”的温馨画面，要知道，柯达的市值在巅峰期一直都处于世界前五。但随着新兴电子行业的兴起和数码产品的飞速创新，“胶卷时代”最终告别了我们，柯达由于在时代变迁中错失了最佳转型机遇，最终成为我们童年记忆中的一个片段。

正所谓“人无百日好，花无百日红”，和柯达一样为我们带来过美好，但也最终成为记忆的还有诺基亚。它们都曾是伟大的公司，创造出红极一时的产品，但最终并没有能够为股东创造长期、持续的财富。而一个家庭的投资理财生命周期长达几十年，在这几十年里，时代会发生翻天覆地的变化，一个上市公司能否顺应变化、不断发展，我们普通个体并不知晓。所以，单纯地去参与个别企业的股票投资，很难确定成为某个“一杯羹”的持续获得者。

但是投资基金不一样，虽然基金的底层投向也是上市公司的股票，但主动管理型基金的净值是由几十家甚至成百上千家优质上市公司共同组成的，它们共同代表着时代最强劲、最具价值的“造羹”新势力，即便其中有几个未来的柯达和诺基亚，也并不会改变整体的大势。而所谓的大势，就是一个国家经济发展的整体趋势。

我们在第 1 章和大家分享过这一底层逻辑——上市公司是一个国家 GDP 增速的重要组成部分，也是最强的拉动主体。如果一个国家的 GDP 增速为正，那无所谓增速快慢，都意味着这个国家的优秀企业是在不断地创造价值的，只不过大部分企业创造得多，一部分企业创造得少，小部分企业可能拖了后腿。当基金经理帮我们把优秀企业中的“更优”代表挑选出来，作为标的进行投资时，自然会把落伍的剔除掉，选择盈利能力高、未来潜力好的企业，从长期来看，基金净值就是上涨的。

所以，我们参与基金投资，就是利用基金经理的专业能力，把将国家发展中的那“一杯羹”分到我们普通人兜里这件事的确定性变得更大。

那基金净值上涨，具体能涨多少呢？金融学告诉我们，价格永远围绕价值上下波动，而股票价值的核心来自企业的盈利能力。所以，基金的收益从本质上来说，就取决于好的上市公司的盈利水平。我们以 2021 年的 A 股为例，当年上市公司的平均盈利水平是 9.73%，这就意味着，好的基金净值从长期看，可以获得平均每年 9.73% 以上的增长。而股价的上涨速度通常比企业的盈利增速还要高，因为有“预期”的加持，所以我们会看到，偶尔某一年的基金净值可能会上涨 50% 以上，但泡沫多了自然也会跌下来。我们将 2002—2021 年这 20 年的数据做了截取和整理，如下表。

过去 20 年偏股基金历年收益情况

年份	排名中等的基金收益	基金个数
2002	−11.32%	45
2003	20.62%	53
2004	−2.42%	60
2005	3.41%	69
2006	114.00%	91
2007	117.68%	129
2008	−49.70%	148
2009	69.24%	179
2010	3.42%	225
2011	−24.01%	275
2012	4.56%	329
2013	14.71%	373
2014	23.89%	398

续表

2015	46.78%	443
2016	-13.92%	554
2017	15.08%	612
2018	-24.10%	728
2019	45.05%	871
2020	59.72%	1082
2021	6.13%	1558
2002—2021 年均值	20.94%	
2016—2021 年均值	14.66%	

注：统计所有普通股票型基金和偏股混合型基金历年收益排名中位数。
数据来源：Wind 资讯、7 分钟理财统计整理

自 2002 年以来，排名中等的普通股票型基金和偏股混合型基金的平均收益是 20% 左右，但考虑到 2006 年和 2007 年那轮市场大牛市，主动管理型基金的当期收益都超过了 100%，导致均值较高，可能不够客观，所以我们以 2016 年以来的数据作为参考，得出主动管理型基金的平均收益是 14.66%。

当然，历史数据不代表未来收益。过去我们国家经济飞速发展，企业盈利水平一直保持着高位，未来如果上市公司的盈利水平下降，作为投资者的我们也要降低自己的收益预期。比如过去 20 年里，美国企业的盈利水平就没有中国的高。我们将 50% 的标普 500 指数和 50% 的纳斯达克指数作为标的，统计了 2001 年至 2021 年的收益情况，计算得出的平均收益率是 7.75%。但无论中美两国市场的收益孰高孰低，金融的本质百年以来都没有变化。

写到这里，有些人可能会问："我们国家的经济真的会持续发展吗？我

看近期这经济情况可是挺差的……”这个疑问，我会在本章第7节“收益终将奖励给理性的乐观主义者”中做出解释。珍惜眼前，当下的中国仍然是全球主要经济体中经济增速最快的。如果我们愿意从短期的账面盈亏中抬起头，看向远方，就可以发现更多的确定性。而理财的价值，就是在不确定性中，寻找自己确定的那杯羹。

不过，在这里我还要强调一句。上面所说的基金净值会上涨，针对的是主动管理型基金，因为基金经理会帮助我们调仓，选不同行业的好公司。如果基金经理业绩不好，基金公司也会换人管理。

但在行业指数基金和宽基指数基金上，情况会有不同，因为它们都是被动追踪某个行业或指数。比如行业指数基金，一旦某些小众行业多年不景气，或者随着时代的变化，行业慢慢落伍甚至退出，都会导致基金净值持续下跌；而宽基指数也不是只有沪深300、中证500，宽基代表一类公司，未来也会出现新的宽基。

在前面，我们跟大家分享过一个宽基指数——“活跃指数”，选取每周换手率最高的100只股票，成分股每周更新一次，最后下跌了99%，把自己“玩没了”的故事。

当然，它是比较极端的特例，当年也没有哪个基金经理追踪这个指数，我们只是借由它的例子和大家说明，长期会涨这一结论在行业指数基金和宽基指数基金上并不完全适用，毕竟它们和主动管理型基金的投资逻辑不一样。

7.3 我补仓的方法

你身边有爱囤货的叔叔阿姨吗？我有，且很多。

我们父母那代人从小生活在物质匮乏的年代，成家立业有些积蓄之后，普遍都有囤货的习惯。你看他们去超市购物，经常是看到什么打折，就多买一些——酱油买二赠一，他们会一次性拎回来 3 桶；卫生纸 20 块钱一提，满 100 减 20，他们就会拎 5 提回家。你无奈地问他们："家里用得了这么多吗？"他们马上就会说："早晚都要用的东西，趁打折就多买点囤着呗，这不是便宜嘛。"言外之意就是你懂啥，你接下来上厕所的生活成本，都将随着这 5 提卷纸的折扣而降低呢。

人民群众的生活智慧在投资里也是通用的。他们眼里的"早晚都要用"和"今天便宜"，其实跟我们买基金赚钱是一个道理。如果在上一节，你也认可主动管理型基金的净值从长期来看是上涨的这个道理，那么这种笃定、这种对未来的确定性，就和爸妈们常说的"早晚都要用"是一样的。

反正早晚要买的东西，你希望买在便宜的时候还是贵的时候呢？那自然是在便宜的时候买，这就是处于市场低点的时候我们要做的补仓。

补仓的 5 个锦囊

补仓，是我认为对收益最有用的理财方法之一。我觉得只要你能真正理解底层逻辑，从"心法"上确定未来市场是上涨的，基金净值是上涨的，那你就不会害怕，不会被波动带来的恐慌情绪影响。反正早晚要涨，只要有钱，我就敢在市场低点的时候补仓，而且是果断地补、大胆地补，我就是横扫基金打折区，抱走所有“早晚都要用”的打折品，还高喊着“今天便宜”的“罗囤囤”阿姨。

讲到这里，有人可能想说：“你说得容易，我也想在低点的时候补仓啊，但我没钱了，子弹已经打光了……”别急，接下来就跟你分享几个没钱怎么补仓的小锦囊。

● 锦囊 1

通过资产再平衡，从债权资产中拿出一部分资金。比如刚开始建立四个理财账户的时候，你手里有 10 万元，最后配置了 5 万元的债基和 5 万元的股基，也就是你的投资资产中债权类资产和股权类资产的比例是 5∶5。那么当市场下跌时，可能你的股基跌了 20%，变成了 4 万元，而债基基本没变化，还是 5 万元，我们就可以通过资产再平衡策略，卖出 5000 元债基，逐步买入股基，使资金情况变成债基 45000 元，股基 45000 元，比例重新回到 5∶5。资产再平衡策略本质上为我们提供了在市场的低点补仓的资金来源和具体金额的参考。

● 锦囊 2

用动仓管理的方法。所谓动仓，就是可动态调节的仓位，这部分的钱只有在市场很便宜的时候才会启动。比如，你将手里的 10 万元分别配置了 5 万元债基和 5 万元股基，但随后市场下跌了 20%，你发现市场便宜了那么多，不希望错过捡便宜的机会；而债基部分的 5 万元里有 3 万元是最近 3 年之内用不上的钱，这时你就可以将这 3 万元转投到股票型基金里，这就是动仓管理。等未来市场涨了，获得收益之后再把动仓的 3 万元还到债权资产里面。

动仓管理和资产再平衡的区别在于，再平衡是相对量化、被动的调整策略，但在具体操作中，由于是用比例来平衡，所以会出现市场明明下跌很多，但算出来的补仓金额并不高的情况，会显得补仓的效果不明显。比如，你买的基金发生了下跌，但在下跌过程中你一直在坚持定投，拉低成本之后账户的持仓收益率显示并没有亏太多，所以你的整体资产也不会出现明显的“不平衡”，这时锦囊 1 就会失效。但从基金净值上来看，可能它确实已经从高点下跌了 40%，价格已经非常便宜了，你不想错过这个“打折囤货”的好机会，这时锦囊 2 动仓管理就可以上场了。动仓管理相对更灵活、主动，是更为大胆的补仓策略，既能在市场下跌时有效拉低我们的成本，从长期来看，也不会改变我们的配置比例。

● 锦囊 3

卖出一部分宽基指数基金。这里并不是说宽基指数基金不好，主要是一些宽基指数由于过“宽”，指数中包含的股票非常多，通常涨跌幅和大盘相差无几，仅能代表一类上市公司股票的平均表现。如果后续反弹，虽然也会跟着上涨，但由于里面的股票过于分散，有涨得多的，也会有拖后腿的，毕竟这些不是由基金经理自主挑选的。所以，如果不会挑宽基指数基金，它通常没有进攻性强的主动管理型基金涨势好。

● 锦囊 4

卖股权占比较低的灵活配置型基金。在做初始配置的时候，我们也会配置稳健一些的基金，比如股权比例不太高的灵活配置型基金。在市场下跌中，这类基金通常会跌得少，而市场便宜下来的时候，可以把这类产品逐步置换到股权仓位比较高的股票型基金上，以期未来反弹时有更好的收益。

● 锦囊 5

这是最后一个锦囊，也是适用于高手的锦囊。我有一个朋友在理财方面很有经验，她说她补仓补到没钱的时候，会选择去做保单贷款，将过去买的保险中的现金价值贷出来。目前各家保险公司的保单贷款利息不太一样，通常在 5% 左右，但手续非常简单，在线就可以办理，效率高的保险公司 1 个工作日资金即可到账。而且保单贷款和其他贷款不同的是，你可以随时还款，也可以每半年只偿还利息，不还本金，这样资金利用率就更高。她认为在市场那么便宜的时候，只要自己贷出来的资金，长期投资的收益率大概率是可以覆盖贷款成本的，那就可以操作，市场涨起来，卖出之后再把本金还回去，多赚的部分就是真实落袋为安的了。但这种胆识只限于专业的高手，如果接下来几年都没涨起来，还要付着利息，非高手的人心理上是承受不了的。

以上 5 个锦囊供大家参考。总结一句话，补仓的钱如海绵里的水，挤一挤总是会有的。

进阶补仓方法

好了，我们找到了补仓的钱，接下来要解决“怎么补”这个问题了。前面一章讲了定投和看持仓收益率的“测水温市值补仓法”，在这一章的进阶篇里，我再跟大家分享几个我认为好用又简单的方法。

第一个补仓方法——超跌基金补仓法。

我会观察持仓基金从高点下跌的幅度是多少，进而决定补仓哪一只基金。注意，这里我看的可不是持仓收益率，而是单纯看产品从高点回落的幅度。因为当你的投资期比较长，累积收益比较多的时候，就算市场大跌，你的持仓收益率也很难跌成负数。而我们之前讲的看持仓收益率的“测水温补仓法”，比较适合刚理财不久或者刚买产品就遇到下跌的情况。

超跌基金补仓法，具体操作起来需要两步：第一步，找出前期高点的净值；第二步，计算从高点到现在下跌的幅度。我通常的做法是：跌 20%，可补；跌 30%，多补；跌 40%，大补。我会把挤出来的补仓的钱分成几份，分批补仓，跌得越大补得越多。而这几个不同的层级，是根据基金过去 5 年、10 年的真实波动率测算得出的结论，如果未来基金波动变小，补仓的阶梯数字也会有变化。

下跌幅度与反弹幅度对比

基金代码	基金名称	产品自高点下跌幅度（2021/1/1—2022/4/26）	反弹幅度（2022/4/27—2022/7/7）
007349.OF	华夏科技创新 A	-43.71%	45.18%
007340.OF	南方科技创新 A	-41.83%	37.90%
007355.OF	汇添富科技创新 A	-42.24%	45.61%
001594.OF	天弘中证银行 ETF 联接 A	-14.15%	0.20%
007801.OF	大成中证红利 C	-16.89%	8.87%

数据来源：Wind 资讯、7 分钟理财统计整理

在 2022 年上半年市场经历持续下跌时，我做的功课就是找一些历史管理水平不错、跌得多的超跌基金补仓。你看表中显示，在 2021 年 1 月到 2022 年 4 月 26 日这个时间段里，有的产品跌 40%，有的产品跌 10%。结果可以看到，跌得多的确实反弹得也多，2022 年 4 月 27 日到 7 月 7 日，在市场 2 个月的反弹中，超跌基金短期收益很多都超过 30%，涨幅大概率超过了跌得少的产品。

这里不是评价基金跌得少好，还是跌得多好，重点在于有限的资金在

便宜的时候应该去买什么。

在这里也提醒大家，超跌基金补仓法只适合主动管理型基金，不适合行业基金或者商品类基金，比如原油基金下跌最惨烈的时候跌幅达到70%，明显是不适合用这种方式来补仓的。

接下来分享第二个补仓方法——估值百分位补仓法，这个方法适合行业基金的补仓。

简单来说，估值（PE）就是反映用目前价格买这样盈利水平的企业贵还是不贵、值还是不值的一个指标。估值得出来的数字是动态变化的，可能这个月是10，下个月股价变化了，得出来数字是11，明年股价和盈利水平都变化了，得出的数字是9。

那这个数字有什么用呢？我们让这个行业现在的估值和历史的估值从小到大排列，通过观察这些动态的数字，看现在的估值在过去3年、5年、8年中排在什么位置——如果排名靠前，一般低于30%，我们就说估值百分位很低，代表目前价格相对便宜，可以考虑补仓；如果排名高于70%，估值百分位很高，代表目前价格相对较贵，要谨慎买入。估值百分位我们已经算好了，大家可以在“助推”App中免费查询。

任何一个方法在应用的时候，都不是百分之百完美的，都有需要我们注意的细节。有些行业的估值百分位就很难低下来，比如白酒基金在2020年到2022年估值百分位一直很高，但你依然可以看到它赚钱的效应，因为大家都看好白酒，所以稍微跌一点，就又被买起来。

可见，估值百分位居高不下，也不代表未来就不能继续再涨，所以对于白酒基金，我的策略就是佛系定投。当然，市场中也会有一些低估值陷阱，即估值便宜、百分位低，但就是不怎么涨，比如建筑装饰基金，在2019年到2022年估值一直处于低位，但也一直表现很弱。

所以，虽然看估值百分位看的是贵和便宜，但其实这是一个风险指标，更多的是看预计下跌的空间——百分位越低，下跌空间越有限，意味着买入相对更安全。而看未来究竟能涨多少，还是要结合行业的景气度一起衡量。所以，综合来说，行业景气度高，但估值百分位低的基金，才是更具备投资价值的。

有人可能会说："怎么看贵和便宜呀？既得动态着看，还得结合行业看，这也太难了，有没有更简单一点的方法呀？"有的。

最后我来分享一个不需要很复杂的金融知识，只要懂逻辑，平时就能用起来的方法——FED 补仓法。美联储估值模型（Fed model）是美联储发布的一种估值方法，也是国际上普遍比较认可的市盈率估值法。美联储估值模型是将股票的收益与美国长期政府债券进行比较，来发出是否买卖股权类资产的信号。

从长期来看，投资股票要比投资债券收益高，大家才愿意冒一点亏损的风险去投资偏股资产，否则偏股基金收益 10%，国债也收益 10%，谁还愿意冒中途浮亏的风险买偏股基金呢？所以，股债之间一直存在利差。

股债利差 = 股票潜在收益率 − 国债收益率

究竟是买股划算，还是买债划算呢？如果股债利差减小，说明投资偏股资产的性价比变低；而股债利差变大，说明投偏股资产的性价比变高，在这时入场投资，潜在回报也会更高。

股票的潜在回报怎么看呢？我们买国债的时候就会知道未来的时间里我的收益率是多少，但买股票的时候并没有人给我们承诺收益率。没关系，你还记得 PE（市盈率）吧？就是以现在的价格除以每股盈利的情况。如果我投资的企业每股盈利 1 元，现在股价是 10 元，请问，如果我通过买股票投资这家企业，能给我赚多少钱呢？投入 10 元，每年给我赚 1 元，那以这个速度，根据 PE=P/E ，10（P）除以 1（E）等于 10，可以简单理解为 10 年我就能收回投资。

如果我们想知道投资这家企业的股票潜在收益率是多少，怎么算呢？很简单，既然投 10 元，每年给我赚 1 元，很好理解，用 1（E）除以 10（P）=10%，这就是收益率了。没错，PE 的倒数就是股票的潜在收益率。整理一下：

PE=P/E，即以现在的价格投这家企业，多久能回本。

1/PE=E/P，即以现在的价格投这家企业，未来的潜在回报是多少。

FED 模型的计算方法就是用 1/PE 减国债收益率。假如沪深 300 当前的 PE 是 10，1/PE=10%，而国债收益率是 3%，那么股债利差为 10%-3%=7%。

上面这部分内容只是给大家讲清背后的逻辑，FED 模型计算出来的具体数值结果你可以在“助推”App 上免费查询。

怎么看偏股基金买入信号呢？我们把股债利差的数字放到历史数据中一起横向比较就能知道。比如，2015—2022 年的 8 年中，股债利差的走势如下图，可以计算出股债利差均值是 3.83%，现在如果大于 3.83%，代表股债利差大于平均水平，百分位数字越大，意味着当前的市场下投股的性价比更高，这时非常适合对偏股型基金进行补仓。

上证指数股债利差（2015—2022）

FED 模型显示当前股的性价比较高（2022/9/20）		
指数代码	指数名称	股债利差历史百分位（越高代表股性价比越高）
000001.SH	上证指数	96.00%
000300.SH	沪深 300	95.20%
000905.SH	中证 500	87.90%
399006.SZ	创业板指	94.80%
000985.CSI	中证全指	92.50%

数据来源：Wind 资讯、7 分钟理财统计整理

除了方法，还有技巧

上面的补仓方法主要针对的是持仓产品中“补哪个”，和市场变化中“什么时候补”。从资金分配的角度，我还有 3 个常用的小技巧，分别是单笔择时、长短线配合和变频定投。

先说“单笔择时”。我有一个单独的账户，专门用来做单笔的择时交易，目标是短期（3 个月内）有超过 5% 的回报就走，这样算下来，这笔钱的年化收益率也能够超过 15%。而如果短期内没达到 5% 的绝对收益目标，那半年内如果收益超过 7%，我也会卖。其实这就是用一小部分资金做游击队，一年倒腾几次。虽然我们总说择时很难，但是在便宜的时候择时并不妨碍我们获得短期回报，而且由于继续下跌的空间有限，所以从概率上来讲，只要未来的涨幅大于跌幅，那就可以干。而如果短期择时没成功，那就多等等，拉长投资期，等待赚钱概率的提升，也是没错的。

再说“长短线配合”。比如我买智能汽车指数基金，大部分的资金是长线布局，但是由于这类基金波动也大，所以我留出一小部分资金做短线，如果这笔钱在投资的过程中短期有了好收益，我也会卖出，控制好比例就行。

具体来说，我在智能汽车指数基金的布局中，长期回报的资金占到七成以上，短线博取收益的资金占到三成以下。这样，无论长线还是短线，都能确保是在赚钱的情况下才卖出的。

最后说说“变频定投”。这个方法也很好用，就是在便宜的时候，增加定投的投资金额，或者把定投买入的频率加快一点。比如之前是每双周投 1000 元，市场便宜的时候，可以双周投 2000 元，或者变成单周定投都可以，目的就是在便宜的区域多投一点，毕竟市场“打折”了嘛。变频定投解决了很多用户平时没有时间，也不会时时关注市场，忘记在便宜区域手动补仓的遗憾。注意，这里我说的变频定投不是智能定投，在你还没有找到更智能的定投工具前，可以把加油和刹车的主动权都控制在自己的手里，自己调整定投的金额和频次。

以上就是关于补仓这件事，我想给进阶的你分享的全部内容了。

我们常说：“你投资的收益，在你买入的那一刻就已经决定了。”很多人不能理解这句话，觉得投资收益是由卖出的价格所决定的，卖得越高，收益就越高，其实不然。因为从公式上来看，收益 = 卖出所得 - 买入成本，意味着无论是卖价还是买价，对于我们的收益来讲，都是同等重要的。我们都想知道未来应该何时卖出，都想知道哪天会是市场最高点，但这个最高点永远在预测不出的未来，所以卖出的价格是不确定的。但与之相对，买入的价格则是当下就确定的，你第一次的买入成本是多少，你在后续市场的波动中通过补仓多少钱，将成本又拉低了多少，这些都是可以量化计算出来的。所以，在这个数学游戏中，相比不可知的“卖出”，在眼下可知的“买入”上多下功夫，才是对提高收益更有价值的事情。

整理一下我的“补仓心法”，两件事——我确信未来主动管理型基金净值会上涨，所以我敢于补仓；我想要在未来赚多一点，拉低成本是眼下唯一确定的路。

幸感得悟，与你分享。

7.4 我的止盈“心法”

在上一节，我和大家分享了第一个操作上的进阶“心法”，是关于补仓的。因为基金净值长期一定是涨的，所以我们可以在市场低点大胆地通过补仓拉低成本。而从这一结论出发，又衍生出了下一个问题——既然长期一定上涨，那我们还有必要止盈吗？

止盈的本质是什么？

我早年投资港股基金的时候有过这样的经历：市场涨得不错，我觉得风险有点高了，就想先卖出来一部分，等市场回调、价格便宜了再接回来。虽然没有卖在最高点，但果然不出我所料，卖完后不久市场就下跌了，我还很得意自己做对了止盈。接下来我开始从低点陆续买入，但由于下跌的期间很短，还没等我把之前卖出的全部资金都买完，市场就一路高歌涨回去了。最后一盘点，发现如果当时我不卖，就老老实实地在市场里“待着”，赚得会更多。

有用户曾经在直播中发弹幕说：“我 2 块钱买的基金，现在都 4 块 9 了。止什么盈？根本没必要。”

虽然事实看起来如此，但除了投资港股的经验之外，也有其他无数次“相反”的经验告诉我：不止盈，收益又退回去了，几年下来，白玩。你去看任何一只基金的净值曲线，虽然大方向是向上的，但同时这条点对点向上的线是由一些高低起伏的小曲线组成的。如果我们会及时止盈，那收益一定会更高，这似乎是显而易见的。而显而易见的往往最难，因为任何人或机器都无法精准判断接下来短期的市场走势。

所以，在实际操作上，止盈是一个很玄幻的东西。做？回头看，一次次失败经历告诉你：做不好，不如不做。不做？回头看，一个个净值曲线告诉你：有机会，还是得做。但就像你不可能看着汽车的后视镜向前开车一样，虽然我们回顾历史数据，可以确定地知道如果能抓住机会止盈，收益一定会提升；但所有人都没有回头重来的机会，继续向前是我们唯一的选择。所以，当无法预测未来最高点在哪儿的时候，止盈就会让我们又爱又恨、患得患失。

不仅何时止盈很难预估，即便你感受到了市场的高点，到了这一天应该止盈多少，止盈的钱在什么时点再怎么买回来，这每一步都是难题。在研究止盈这件事上，我们的投研团队花了很大精力，之前我也介绍过 8 种止盈方法，但每次有用户问我们止盈要卖出多少钱时，我们也只能给出一个大概的方向，具体是卖出 30% 还是 35%，我们真的无法给出准确答案——如果止盈得过多，而接下来市场继续上涨，参与在基金里的本金少，赚得自然也会少一些；如果止盈得过少，接下来市场真的下跌，收益回撤变大，手中能用来补仓的钱也很少，补仓的力度也不强。

那是不是无法精准地预测市场高点、预测止盈卖出的比例、预测重新买入的时点，止盈就永远虚无缥缈，无法为我们提高收益呢？也不然。巴菲特常说："模糊的正确远胜于精确的错误。"虽然止盈没有精准的方法，但我们都知道这是一个模糊的正确方向，对吗？所以，我带着这个模糊的问题，继续了理财实验室的研究。

在上一章关于止盈的 8 种方法中，我们提到过一个针对主动管理型基金的止盈方法——超额收益止盈法。这一方法的底层逻辑是基金经理可能由于押对了某些板块，使得短期业绩水平超过市场平均水平，但这种超额现象并不可长期持续。下表是我们研究从 2011 年开始到 2022 年 6 月 30 日 12 年的数据，所有主动管理型偏股基金，超越平均收益的概率情况。从数据中我们可以看出，随着投资期的拉长，很少有基金能持续每一年都跑赢同类平均。

很少基金能持续每一年有超额回报

起始日期	基金数量	第 1 年高于平均收益的概率	连续 2 年	连续 3 年	连续 4 年	连续 5 年	连续 6 年	连续 7 年	连续 8 年	连续 9 年	连续 10 年
2011/1/1	245	37.14%	27.35%	16.33%	6.53%	2.86%	1.22%	1.22%	0.41%	0.00%	0.00%
2011/6/1	265	41.51%	24.15%	14.72%	12.45%	3.77%	1.51%	1.13%	0.75%	0.00%	0.00%
2012/1/1	298	60.40%	35.57%	17.45%	10.40%	5.03%	3.69%	2.01%	1.01%	0.67%	0.67%
2012/6/1	321	54.83%	32.09%	27.10%	8.41%	5.30%	2.49%	1.56%	0.62%	0.31%	0.31%

统计方法：起始日前成立的偏股主动管理型基金，在第一年有超额回报收益后，接下来每一年持续获得超额回报的概率，超额回报指高于所有偏股主动基金平均收益（用 885001.WI 计算）。

数据来源：Wind 资讯、7 分钟理财统计整理

虽然从“长期累计收益”的角度，确实有些基金做到了 3 年、5 年，甚至 10 年回报超越同类平均，但如果我们把基金收益细化到每一年，能够做到“年年超越”的基金则少之又少。简单来说就是，很少有基金经理能保持多年下来，每年都持续地打胜仗，如果有，也是极少数人有这样的天赋。我曾经问一个基金经理：“市场上有多少基金经理有长期超越平均收益的能力？换句话说，真正有主动管理能力的基金经理，大概有多少呢？”

他回答：“不超过 3%。”

大家基本都是稳定输出，偶尔爆发。基金净值的波动，从长期来看并非基金经理在微观层面的操盘能力带来的，而我认为，基金净值的波动是由周期从宏观上导致的。换句话说，只要周期存在，那么止盈就有意义。

所以，当我们讨论是否需要止盈时，我们不应该仅仅是讨论哪天止盈、止盈多少、何时买入这些细节，而应该从更高维度去思考自己是否认可周期的存在，包括过去是否存在，以及未来如何应对。

如何理解周期与止盈的关系？

在被誉为投资周期第一书的《周期》中，作者霍华德·马克斯讨论了这样一个命题：周期会消失吗？

在过去，经济周期数次被怀疑。有的人说："经济增长后必定会发生衰退，这事不对，不存在这种规律。"有的人说："经济周期的波动不会来了，只会持续往上走。"持有这类观点的人中不乏一些知名公司的总裁，甚至是曾经的美国总统。但在他们当年发表完看法之后，市场都进入了衰退期。而霍华德认为，"周期已经消失"这种说法不仅是完全错误的，甚至非常值得我们注意。因为每次这种说法出现的时间点，都正好是经济出现一波上涨，达到周期最高点的时候，此后总会有痛苦下跌的过程。不仅事实证明了这一点，理论上也可以证明这一点——因为有人的参与，"羊群"的力量会将趋势推向周期的顶端甚至极端，人类的情绪

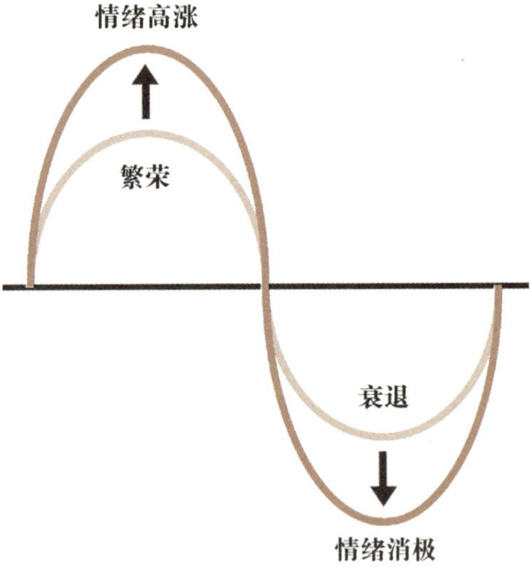

太丰富了，导致我们会夸大客观因素，并做出一些过度的行为。

在经济周期中，会出现繁荣和衰退。在繁荣期，人性不断地放大乐观；在衰退期，人性又不断地放大悲观。因此，是人性的情绪在客观周期之上，进一步扩大了周期的高点和低点。

如果我们认同经济有周期、企业经营有周期，那么上市公司股价就客观地存在波动，基金净值也会随之波动，再加上投资者情绪的放大效应，周期就会愈加明显。那么，所谓的周期的频率到底是多久呢？换句话说，大概经过多长的时间，市场会“贵”到需要止盈？是 1 年、3 年，还是 10 年？我们能否通过测算得到大概率的“模糊的正确”呢？对此，我们利用计算机程序和数学推演，进行了极其复杂的大数据测算和概率学统计。简单来说，我们统计了在不同的时间维度下，不同指数的估值百分位的情况，并将市场上所有的主动管理型基金，按照价值风格、成长风格分类之后代入计算，分别统计是一次性止盈，还是分阶段止盈，止盈后多久买回去、用什么方式买回去，等等，目的是通过多维度的研究，看看哪种止盈策略效果最好。

现在和大家分享我们研究出的结果：我们以宽基指数中证 800 为例，将现在的价格和过去 4 年的历史数据对比，发现如果估值百分位在 80% 以上的时候去做止盈，提高收益胜算更大。而 4 年这个数据结果，与经济短周期的 3—4 年也恰巧吻合。关于止盈的时点和比例，又以每双周为一次间隔，止盈持有偏股型基金市值的 5%—10% 效果比较好，也便于大家操作。这两句结论看起来很简单，但背后是利用大数据和编程算法让计算机不断寻优的过程。

其实在这一小节，我最想跟你分享的不是刚才的测算结果。我希望能够在进阶的章节中帮你看清止盈的本质，以后少一点患得患失。我这个人喜欢挑战，到现在还在不断研究，在什么条件下止盈多少钱，可以胜率更高，可以让用户的利益更大化。我平时除了在“7 分钟理财”的理财实验室做各种研究之外，也经常和基金经理探讨止盈的话题，但截至写到这一章节的今天，我还没有在市场上发现关于止盈这件事的唯一的“最优解”。也就是说，在止盈这件事上，目前任何人都不能做到绝对精准的正确，那么我们每个普通投资者又何必难为自己呢？用现有的不错的方法，可以让手中大部分资产平均每年获得 10%—15% 的收益，这已经很好了。

部分买卖辅导消息

人工择时	描述	原因	卖出方法
2021/8/11	辅导卖出军工基金	军工过去半年定投收益超 20%	绝对收益止盈
2021/8/31	辅导卖出某新能源主题基金	因 2 个月涨幅超 40%	绝对收益止盈
2021/9/7	辅导卖出某中证 500 宽基增强	因过去半年涨 24%，估值变高	估值止盈
2021/9/9	辅导卖出某红利宽基	年初以来涨 27%，估值变高	估值止盈
2021/9/29	辅导卖出美股基金	美股基金估值偏高 + 收益较好，19 年以来收益超 100%	估值止盈
2021/10/15	辅导卖出某科技基金	20 年以来涨幅超 250%，估值变高	估值止盈
2021/10/18	辅导卖出某科技基金	过去 2 年涨幅超 100%，估值变高	估值止盈
2021/11/19	辅导卖出军工基金	军工 1 个月涨幅超 18%	估值止盈
2022/1/28	辅导买入科技基金	7 个月后赎回，收益 5.84%	目标收益止盈
2022/1/28	辅导买入新能源基金	5 个月后赎回，收益 7.52%	目标收益止盈
2022/3/15	短线辅导主动基金	1 天赎回，收益 4.29%	目标收益止盈
2022/3/29	短线辅导消费基金	3 天赎回，收益 3.77%	目标收益止盈
2022/4/22	辅导买入增强指数	1 个月赎回，收益 5.42%	目标收益止盈
2022/5/31	辅导卖出军工基金	军工 1 个月反弹超 20%	绝对收益止盈
2022/6/7	辅导卖出新能源基金	新能源车短期反弹超 20%	绝对收益止盈

数据来源：Wind 资讯、7 分钟理财统计整理

回到我们开篇的那个问题——是否认同止盈的策略，背后其实映射的是我们自己对周期的思考。我给大家讲几个有意思的周期，也许能给你带来启

发。比如，人类的情绪通常以 33—36 天的间隔规律上升和下降，血液的黏稠度循环大约是 56 天，甲状腺分泌是 4—5 周的周期。就像个体的情绪循环有周期，经济也有周期，市场比较公认的周期是短周期、中周期、长周期，感兴趣的朋友可以在后面的扩展阅读部分找到更详细的信息。我作为企业的创始人，深感企业经营也有周期；作为一个普通的投资者，我在投资上也会有风险态度的周期。你想想，在股票、基金收益不好的时候，你的风险态度会不会开始变化？是不是喜欢稳健理财和喜欢偏股基金之间的转变也有周期性呢？

在接受了各种周期的客观存在之后，我在研究理财时还会更深一层地思考——为何周期会存在？我们通过人为管理，让经济不按照周期运行，不可以吗？关于这个问题，我没有找到确定的答案，但《艾略特波浪理论——自然法则》这本书给了我一些启发，书中说，这，也许就是自然法则。

“没有任何真理能够超越宇宙的法则，无论是有生命的，还是没有生命的，都受到宇宙法则的制约。股市是人类创造的，因此也反映了人类的特质。如同宇宙中其他事物一样，股市也有自然法则。宇宙法则的特征就是永恒的秩序，所有发生过的都将会重复。”

延展阅读——周期是如何形成的？

短周期：基钦周期

1923 年，英国经济学家基钦提出的一种为期 3—4 年的经济周期。基钦周期也叫存货周期。基钦根据美国和英国 1890 年到 1922 年的利率、物价、生产和就业等统计资料，从厂商生产过多时就会形成存货从而减少生产的现象出发，将这种短期调整称为“存货周期”，在 40 个月里出现了有规则的上下波动中发现了这种短周期。

基钦周期的内在基础是，商品的需求冲击是被动的、外在的，而供给调整是主动的、内在的，因此需求和供给（库存）的不同变动形成了周期性。简单地说，就是库存的多和少，影响了经济的短周期。

中周期：朱格拉周期

1860 年，法国经济学家朱格拉提出的一种为期 10 年左右的经济周期。该周期是以国民收入、失业率和大多数经济部门的生产、利润和价格的波动为标志加以划分的。一般认为三个基钦周期组成一个朱格拉周期。

朱格拉周期波动以设备更替和资本投资为主要驱动因素，设备更替与投资高峰期时，经济随之快速增长，设备投资完成后，经济也随之衰退。

生产力水平反映了制造业企业的核心竞争力，需要企业不断对设备进行更新和再投资。中周期一般和设备的改进有关，大多也和科技的发展有关，10 年会出现改变生产力的科技出现，例如从报纸阅读到电子阅读，从传统相纸相机到数码相机，从传统手机到智能手机，从燃油车到新能源车，等等。简单地说，中周期是由科技发展推动的周期。

长周期：康德拉季耶夫周期（康波周期）

1926 年，俄国经济学家康德拉季耶夫提出的一种为期 50—60 年的经济周期。康波理论即康德拉季耶夫长波周期理论的缩写。

康波理论的核心观点就是全世界的资源商品和金融市场会以 50—60 年为周期进行波动，一个大波里面有 4 个小波——繁荣、衰退、萧条、回升，也就是美林投资时钟的理论基础。每一个康波是指一个相当长时期内，资产总体价格从上升到下降的过程。以创新性技术变革为起点，前 20 年左右是繁荣期，在此期间新技术不断颠覆，经济快速发展；接着进入 5—10 年的衰退期，经济增速明显放缓；衰退期之后的 10—15 年是萧条期，经济缺乏增长动力；最后进入 10—15 年的回升期，开始孕育下一次重大技术创新的出现。

7.5 胆识 = 收益

进阶章写到这里，你比实操篇又明白了更多道理：

√ 做投资，关注的是产品本身是否能盈利；而做理财，关注的是我们自己是否能赚到钱。

√ 既然我们要关注自己能否赚钱，那就不要对基金产品本身的价格过于敏感。

√ 经济发展的底层逻辑，决定了主动管理型基金的净值未来一定是上涨的，既然确定未来会好，那低点的时候就要大胆补仓。

√ 周期的存在使得上市公司的股价带动基金净值发生波动，既然波动客观存在，那市场贵的时候就要适当止盈。

道理不难，理财方法也都很简单，但为何同样的本金，有人只能赚小钱，有人却能赚大钱呢？

刚学理财的时候，什么都不懂，一切靠运气，赚得多，亏得也多；慢慢地懂得多了，亏得确实少了，但赚得也变少了。我见过很多专业知识丰富的人，恰恰是因为懂得太多，反而会放大投资风险，束手束脚，最终成了知识上的巨人、收益上的矮子。人们常说，“初生牛犊不怕虎，生出双角反怕狼”，也是这个道理。

想要做到既懂得多，还保持乐观和果敢，这是非常难的。这些年我也一直在修炼，而修炼的核心，我总结下来就是两个字——“胆识”。

胆识，既要有胆量的“胆”，也要有知识的“识”。经典古书《处世悬镜》里说道：“有胆无识，匹夫之勇；有识无胆，述而无功；有胆有识，大业可成。”知识可以靠学习来获得，而胆量本身就和每个人性格有关，想要通过学习来改变是很难的。但如果我们能对提升胆识有所意识，那就意味着可以有机会变得更好。

比如你看到基金亏了 20%，现在手里有 10 万元的资金，你会想什么？

A．是投 1 万元，还是投 5 万元？

B．是今天投，还是明天投？

A 和 B 两件事，你会先着手哪件事呢？A 代表的是你的胆识决策，B 代表的是细节执行。无论你选 A 还是 B，它们都重要，但相比之下，前者会让你在收益上获益更多。人与人之间的收益差别，就来源于胆识的不同。

我在这件事上是如何修炼自己、提升胆识的呢？我会给自己设定一个安全边际，有了安全感，就有了底线思维，最差会怎样都已经想明白了，心里有底，胆识就上来了。比如投 1 万元和投 5 万元，最差的情况也就是再亏个 20%，也就是亏 2000 元还是亏 1 万元的差别。计算一个自己心理能接受的安全边际数字，如果能接受最差情况，那就可以试一试。

当然，胆识的修炼也不是一蹴而就的，而是在后续的不断复盘和反思中逐步获得提升。比如在 2018 年，市场下跌了 30%，虽然从概率上我知道市场未来继续下跌的空间和可能性都很低，还很有仪式感地在本上写下自己的补仓计划，但在后续的执行中，我不敢补仓那么多，等报复性回弹发生的时候，我又后悔自己是个“胆小鬼”。比错过收益更重要的是，我会因此不断地复盘反思，批评自己、强化自己，希望错过的收益能成为增加自己未来胆识的筹码，让自己不断地回归理性决策、更新迭代。

所以，“胆量 + 知识”成就了你今天的胆识，而未来的“复盘 + 反思”会增强你未来的胆识。

在提升胆识的过程中，我们除了要有方法地刻意修炼自己，更要意识到一些削弱我们胆识的“拦路虎”，比如过于在意细节。

我们做理财辅导的时候，用户经常会问我们这样的问题：“‘测水温补仓’，我今天忘记补了，明天补还来得及吗？如果明天又跌了，要不要多补点？多补的话，应该多补 5% 还是 10% 呢？如果明天反弹一点，我还能补吗？”新手多问是对的，但重点不是明天能不能，而是要在心中形成一套自己的投资“心法”，寻求大方向的正确即可。就像生病了吃药，医嘱说一天三次，你早中晚随餐吃就好了，很少有人纠结：“三次都应该几点钟吃？如果第一次吃药晚了 1 小时，那第二次是照常吃，还是顺延 1 个小时呢？如果一天中少吃了一次，这病是不是没救了呀？”你思虑这么多，在细节上消耗太多精力，这身体肯定也很难好起来对不对？

投资中也是如此，不要只记得低头赶路，沉迷在细节中患得患失，要时刻记得抬头看天，这样才能走得更远。

而另一方面，我也见过很多聪明人输在胆量过大上。

在《对赌：信息不足时如何做出高明决策》这本书中，作者安妮 · 杜克提到：人们善于发现他人的偏见推理，却对自己的偏见视而不见。没错，越聪明的人，这个问题越严重。

与多数人相比，聪明人在应对偏见方面并没有更多优势，他们甚至更容易受到影响。越聪明的人越善于构建支持自我信念的叙述，以及将数据合理化、框架化，以适合自己的论点或观点。所以她在书中建议：“未来，用概率来做判断，最终在长期博弈中，成为胜者。生而为人，错误、情绪、损失等都是不可避免的。”

给大家讲一个我身边发生的真实案例。我的一个朋友，手里的股票市值曾经达到 2000 万元，后来股票退市了，他的钱全没了。你能说他不聪明吗？他肯定是聪明的，否则也不会有 2000 万元，但在做决策的时候，他用各种数据和经验构建了一套自我的信念，最终花 2000 万元买了一个大教训。他和我说：“资产配置太重要了！”

没错，胆识，除了胆量，还得有知识，他就是忽视了知识，输在了单一资产配置过多比例的问题上，导致一只股票的退市对他的资产造成了巨大的影响。

一个人如果想要抓住机会获得成功，就必须锻炼自己的胆识。很多时候，拥有胆识甚至比拥有才能更重要。

7.6 理财是“反人性”的

理财行业是人性的放大器，尤其是人性中我们不愿意承认的那些贪婪和恐惧，那些认知误区和心理偏误，都会在追求财富的路上被加倍残忍地展现出来。查理·芒格说：“即使你拥有全世界最锋利的刀，如果你自己的心性存在缺憾，那么它也会成为你自残的工具。如果你拥有聪明的头脑，但无法克服欲望的纠缠，那么巨额财富重压，你注定将粉身碎骨。”这话放在理财实践的过程上一点没错。

我舅舅有一个同学，因为投资失败最后只留下遗书……他可是 20 世纪 60 年代出生，在恢复高考的年代考进北大的人呀。当年的天之骄子，后来究竟发生了什么？

原来，这位高才生叔叔自己炒股、做期货，还加了杠杆，把自己家的房子都抵押了。最终他投资失败，输掉了所有的钱和房子，实在没有脸面面对家人，更无法原谅自己，最终留下了遗书，选择自杀。你看，学习能力再强的人，在投资的时候都会变得不堪一击。

有人可能会说：“这位高才生大概只是学习能力强，但并不是专业做投资的，他不懂金融，所以最终导致了失败。”还真不是。金融行业的人投资失败的案例也比比皆是，俗话说得好，淹死的都是会水的。

在《金钱心理学》这本书中，作者就讲了两个关于投资的不同故事。一个故事中的主人公叫理查德·福斯孔，他是著名投资银行美林证券的一名副总裁。2010 年，他宣布个人破产，有两处房产由于无力偿还贷款被收缴，其中一处面积有 2000 平方米之多，光月供就要 66000 美元。理查德毕业于哈佛大学和芝加哥大学，在投资行业取得了巨大的成功。然而他大手大脚的消费习惯以及各种流动性不佳的投资和投机，使他在金融危机期间损失惨重。最后在宣布破产时，他站在法官面前说："金融危机把我彻底击垮了。现在我唯一还能变卖出去的东西，就是我太太曾经买的各种私人定制家具。"

而就在这位曾经的华尔街精英宣告破产之前的几个星期，一位叫格雷斯·格罗娜的女士也刚刚去世。与受过顶级高等教育的理查德不同，格雷斯12 岁就成了孤儿，她从未结婚，也没有生过孩子，甚至从来都没有开过汽车。她一生的大部分时间都在自己只有一间卧室的小房子里独自度过，她的职业始终是一名普通的秘书。

2010 年，度过了平静而安宁的一生的格雷斯以百岁的高龄逝世。人们在她的遗嘱里发现，她把自己积攒下来的 700 万美元都捐给了慈善机构。认识她的人都非常惊讶，心想：她是怎么攒下这么多钱的？答案也出奇地简单：尽管工作平平、收入微薄，但格雷斯一直生活节俭、坚持储蓄、长期投资，超过 80 年的复利让她最终积累起了一笔不小的财富。

在这两个前后发生的故事中，我们发现了一个神奇的现象——一个毫无专业知识、没有任何相关经验、社会资源也几乎没有的人，成功的程度居然远远超过一个受过顶级教育、智商远超平均水平、视野和人脉都是一流的人。

我想除了投资领域之外，你应该很难在其他地方找到类似这样的故事了。你可以想象一下，没有接受良好教育，没有反复训练，一个人不可能成为医生，不可能造出宇宙飞船，也没法赢得奥运冠军。大概只有在投资领域，经验、智力、体能、技术、资源，这些客观条件都未必是最具决定性的因素——反倒是看起来只能意会不能言说的心态、认知、个性与行为，决定了我们投资最终的成败。

在《7 分钟理财》这本书的序言里，我写的第一个故事，就是在我职业生涯中对我影响最大的一件事。

2008 年全球金融市场下跌，有的产品跌幅甚至高达 80%。那时候我还在银行做支行长，有一个客户直接找到我，要把她的孩子托付给我，然后去自杀。后来我才知道，孩子的爸爸因公牺牲了，妈妈获得了一笔抚恤金，她希望用抚恤金去投资，给先天智障的孩子更好的生活，可最终，在这场残酷的金融危机中，她的投资亏了近一半！

当她带着孩子，拿着各种证明向我哭诉的时候，她只有十几岁的孩子就站在旁边，不知道发生了什么。当那双天真的眼睛看向我的时候，你能想象我当时内心的感受吗？我只能说，在那一刻，我非常希望帮助这对母女。

于是我翻监控录像，听录音对话，查销售流程，想看看到底是哪个环节出现了问题。最后我发现，银行的销售流程没有任何问题。

既然过程没问题，那就只能在源头上找答案了。我不明白，这么重要的钱，她为什么要全部都拿去做高风险投资呢？我再次向她确认："你在签单之前，有没有看到合同里的风险提示？"她说："我看了，但我以为那就是吓唬人的，就是银行走个形式。我只看到了 2 年的投资期，预期累计 24% 的收益，我以为那就是固定的，现在才知道还会亏 50%。"

18 年里，我看过无数无助的例子，但无助的又岂止他们呢？

大部分的投资者在变幻莫测的市场面前都是无助的。

2018 年，市场持续走低，陆陆续续跌了 20%。用户很着急，不停地问我们该怎么办。我几乎每天都在吸收大量的负面情绪，却还是要冷静地给出积极的解决办法。虽然理性的我知道，只要用对理财方法，未来会很好。但在持续下跌了近一年的悲观情绪影响下，用户对长期投资的信念开始逐渐丧失，无论我们用怎样的概率统计数据去辅导，都很难彻底缓解大家的焦虑。那时，我想起了10年前的那位妈妈。也正是那一刻，我才意识到，理财中最难的，就是战胜“人性”，战胜我们生而为人的那些“本能”。

比如有的用户学完了“大长腿理论”，知道了下跌也可以是拉低成本的好机会，却在操作上出现了另外一种极端——遇到下跌就疯狂地买买买。我们发现之后赶紧提醒，告诉他别操之过急，要拉开价差再逐步买入效果会更好。客户忽然想起来：“是哦，这个知识点讲过的，但我一看跌了就兴奋，给忘了……”我们眼看着市场刚下跌2%，他就把手上所有能用的“子弹”都打光了，市场继续下跌，他倒是一点不恐惧，但也不怎么开心，因为暂时没钱补仓了。

又如有的用户，似乎是自带投资运的“福娃”体质，刚尝试性地买了一点基金，就迎来了市场大涨，没买几天，账面上就拿到了8%的收益。她觉得自己这么快就赚到钱了，是不是接下来不应该贪婪呀，于是大部分钱还都没开始投呢，就急吼吼地着急卖出了。由于投入的本金太小，虽然8%的收益率看着多，但其实算算口袋里的收益，也没赚到几个钱。

如果你没有辅导过上万用户做投资理财，你都无法想象我“可爱”的用户朋友们会有哪些让你意想不到的“神操作”，有时候让你觉得又可气又可笑。我的一个同事感慨：“我们研究理财方法的速度，都快赶不上用户们神秘‘走位’的速度了。”

是的，因为我们研究理财方法的时候都是理性的。就拿我们的“珂学家”带领的投研团队来说，大多是研究生和博士，所有成员的理性程度应该都是人类平均值之上的，这样的一群人凑在一起研究出的方法，都是经过严密的验证和大数据的测算得出的理性产物。然而每个用户在实际操作的时候都是一个鲜活的人，尤其在面对涨涨跌跌的时候，大家都不可避免地会产生各种情绪，人都变得感性起来。如果只靠方法解决问题，那就是我们理性地稳定输出，大家感性地疯狂使用，结果走样，也就可以理解了。

没错，这些都是事实。但我们很少去深究这些事实背后的“为什么”。所以，想要帮助用户成功，让大家的理财收益更好，除了专注于方法的研究，我也必须研究一下大家的感性从何而来，才能更好地带领大家“反人性”。

我对理财心态的管理也是有进阶过程的。刚开始理财做不好，我去找具体操作方法；后来有了方法，心里还是焦虑，患得患失，于是我再去找认知；懂了认知，发现自己还是会受贪婪和恐惧的情绪影响，不能和自己和解……直到有一天，我翻开了一本书，里面描述了大脑是怎么影响情绪的，我突然意识到，其实我遇到的烦恼是每个人与生俱来的。在那一刻，我终于和自己和解了，不纠结了，慢慢开始学习如何驾驭情绪。这就是我理财心态的平和之路，我把它分享出来，希望对你能有所启发。

也许你刚开始理财，只关心具体的买卖方法，看我在前面的小节中经常研究大脑会觉得莫名其妙，那是因为我就是靠这一步步的理解获得最终的提升的。这个探究“为什么”的过程会帮助我们更好地认识自己，接纳自己在投资过程中暴露的那些人性的弱点。只有找出了恐惧和贪婪背后的原因，不过多地责怪自己的胆小和懦弱，我们才可以和人性和解，和自己和解；只有消除了“心法”中的阻碍，后续的那些“招式”、那些方法，才会更容易被我们接受。

其实我已经在前面和大家分享了很多“心法”的内容了，比如“受表达刺激影响决策”背后的框架依赖效应，“认为买房一定比买基金更赚钱”背后的易得性偏误，“别人买啥我买啥”背后的羊群效应和从众心理，“亏一点就跑”背后的短视效应，“该卖不卖”背后的禀赋效应，而这些都是理财

“反人性”的体现。

当然，我无法用十几万字，就让你在理财上彻底地做到“反人性”。但没关系，修炼也提倡长期主义，希望我写的内容能带给你一些启发，让你产生意识，未来我们带领大家一起做到“反人性”，这就是我所谓的修炼“心法”。

从业 18 年，我感谢老天赏我的饭碗，让我离钱那么近，让我靠理财也获得了不错的生活。我热爱理财本身，也享受和人性长期博弈的乐趣。我喜欢研究各种各样的理财方法，然后拿到我们的理财实验室验证概率统计结果，再亲自试用，亲测有效后分享给用户们。我可以教会你使用各种方法，也能提供工具，但我深知，一个人最终能赚多少钱和心智有关。而人生中的每一处心智的修炼都是在“反人性”，谁修炼得更好，谁就能更有效地克制人性的弱点，也就更容易成功。

再后来你会发现，如果你能很快速地观察到自己人性弱点的出现，然后有技巧、有方法地和它博弈一番，这个过程甚至会变成一种乐趣。面对自身的弱点，你不再需要刻意地“反”，不再需要痛苦地克制，而是会产生一种乐在其中的“驾驭感”，甚至有一种“咱俩又过了一次招，但这次我赢了”的快乐和成就感，到那个时候，你就真正地实现升级迭代了。

7.7 收益终将奖励给理性的乐观主义者

这是“心法”中的最后一节，讲的是无论身边有任何干扰噪声，我都会理财的原因。

算算从 2005 年大学毕业至今，在跌宕起伏、尔虞我诈的资本市场中，自己也是摸爬滚打了 18 年，真金白银地走过不少弯路，赚过、亏过，见过市场的天使面孔给人恋爱般的宠爱，更见过市场的魔鬼嘴脸给人地狱般的折磨。“世界终将属于理性乐观主义者”，这是刘润对谈任泽平的直播中任泽平说过的一句话。我觉得这句话映射到微观，映射到我们个人做理财的这件事上，逻辑是相通的。

理财方法研究了那么多，经过了 8 年对“7 分钟理财”会员的辅导，我得到了一个感悟——财富更喜欢理性乐观主义者。

面对财富，我发现有三类态度完全不同的人。

第一类是彻头彻尾的悲观主义者，觉得自己不懂理财，赚不到钱，自己先否定自己；或者遇到市场跌了一点，就像逃难一样惊慌离场。10 年下来都不曾好好参与，自然是一无所获。

第二类是盲目的乐观主义者，觉得理财不用努力，随便买买就能赚到，财富会靠运气掉下来；或者遇到市场刚刚下跌就大笔补仓，很快打光子弹，索性随着市场沉浮。10 年下来靠运气赚到的钱，再靠实力统统亏回去，最后也是收获寥寥。

第三类是理性的乐观主义者，尊重常识、尊重概率、尊重历史，着眼于方法，又愿意学习，踏实做好每一步，眼光看到 5 年甚至更长，不急不躁。10 年下来早已积累出了不小的财富，就像我前文提到的同事，5 年的时间里，投资的本金和收益一共攒了 50 万元。

甘地曾说过这样一句话："信念决定思想，思想决定语言，语言决定行为，行为决定习惯，习惯决定性格，性格决定命运。"对于理财来说也是一样的。我曾经和一位前辈探讨，虽然知识告诉我们做股票基金方向上的正确，但周围总是会有不同的声音干扰，谈论到萧条会不会持续 10 年、20 年的时候，我也会感到一块石头压在胸口喘不过气的感觉。

这位前辈的一句话点醒了我："理财是一个大型游乐场、是一场红利的狂欢，你是要做旁观者，还是参与者呢？担心未来经济长期萧条的人，就如同在担忧游乐场会不会消失。如果哪天真的连游乐场都没了，那就无所谓旁观者还是参与者了，那时钱多钱少还重要吗？做一个旁观者，不但没体验到游乐场的欢乐，到头来发现拿着钱也找寻不到欢乐了。所以，不如参与到欢乐游戏当中，因为除了顺势而为，你也找不到更好的选择。"

前辈的话让我豁然开朗。是啊，不参与其中，对我有任何好处吗？我们就是时代的一粒沙，最好的状态就是随风飘动，也许还能飞得高一点；如果有一天黄河倒流，世界都变了，钱也就没有用了。大型游乐场中，只有参与者才能收获到快乐，就算哪天狂欢结束，同在游乐场里的旁观者和参与者其实本质上也没有什么区别。就像发生海啸时，无论你在车里还是车外，其实对海啸而言都太过渺小。你不会因为害怕不知何时会来的海啸，就不再上街，不去享受市井的美好。理财也是一样。与其担心那概率极小的未知，还不如乐观一点，随时代的红利一起浮沉、一起向前。

我想起特斯拉董事长埃隆 · 马斯克的话："我宁愿选择乐观，哪怕它是错的，也不想选择悲观，即便它是对的。至少要站在乐观的一边，因为悲观只会让你痛苦。对未来一定要乐观，悲观没有任何意义，只会给你带来更多的负能量。要知道，即使我们人类文明能永远存在，但数亿年后，宇宙终将走向‘热寂’，最终一切都会结束的，只是时间早晚的问题。生命的意义就是去体验这一段旅程。所以去享受这段旅程吧。”

性格即命运，在成为尘埃前，选择乐观吧，因为悲观除了让你痛苦，没有任何意义。

美国知名演员、作家史蒂夫 · 哈维在一次演讲中说：“在面临艰难抉择时，如果你选择半途而废，你必须明白，一旦你此刻贪图安逸选择了放弃，那么几乎可以确定的是，你就注定与你想要的无缘了。”

悲观和半途而废并不会助力你的财富增加，这种负面情绪也很难让你得到想要的东西，所以还不如理性乐观一点，坚定地往前走，不放弃。你看，前段时间低位补仓的钱，是不是也有了一点点收益了？这就是财富给理性乐观的人的奖励。

每个人可能都面临过人生选择，一条路是继续前行，另一条路是就此停下。但我想说，一旦你选择了放弃，几乎可以确定的是，你就注定与你想要的无缘了，这就是半途而废的惩罚，你将永远失去这个可能性。人生最大的遗憾就是，我本可以坚持下去的。所以，想要实现梦想的唯一途径，就是不管前路艰难还是平坦，一旦开始就永不回头。

所以，做个理财道路上的理性乐观主义者吧，这也是我在这一章要与你分享的最后一个“心法”。我研究理财方法、理财工具，与财富对话 18 年后发现，“心法”比方法还重要——“心法”是基础，方法如同武功招式，我可以教会你，但“心法”如同武功的内功，只能给你启发，关键要靠你自己安静地突破。

钱变成财富之前都是苦的，我帮你往里加点糖。

希望这本书能让这条路甜一点。

结语

理财是一次次收益的得失，也是一生的修行

书写到这里，我们已经从“内功心法”到“外功招式”，共同完成了一场修炼。如果你在修炼过程中是认真的，那么在探索财富之路上，你或许能少走十年弯路。所有通向成功的道路难免都有曲折，在这本书的最后，我想给你一个支点，让你在觉得疲惫、坚持不下去的时候，想起我现在的分享，能增添一些对生活保持热爱的勇气。

有个同事曾经问我：“理财对你罗元裳而言，是什么？”

“是最牢靠的男朋友。”

理财就像伴侣一样，给了我很多的保护和支持。我时常和同事感慨 18 年来理财带给我们的变化，大家都说太像谈恋爱了。我们已经不把理财当成一件事，而是把它看成一个人。与理财的相处之道，像极了和另一半的相处哲学。

刚开始理财的时候，买只基金恨不得一天看 8 次，短期不涨、没看到收益就会觉得它不好，想要换掉它。但如果他是你的伴侣，你会这样吗？不会吧。你不会觉得他现在不回你消息，就是不爱你了。因为你知道，他只是忙于工作，不能时时看手机，等忙完了就会第一时间给我们回应，对吗？理

财也是一样，如果你像对待伴侣那样对待理财，你也会变得不再急功近利，而是有松弛感、有耐心，愿意长期持有，静待花开。

理财过程中难免会有攀比，总有人晒出来的收益比我们高，让我们觉得自己投资没眼光，挑的产品不好，想要换掉它。但如果他是你的伴侣，你会这样吗？不会吧。你不会因为朋友炫耀他的伴侣多优秀，就回家责备自己的另一半，甚至分手。因为你知道，每个人对伴侣的需求都不同，每个人也都有自己的优缺点，我们只需要找到适合自己的就好，对吗？理财也是一样，如果你像对待伴侣那样对待理财，你也会变得不再盲目比较，不活在别人眼里，而是活在自己的幸福里。

理财的道路且阻且长，我们会遇到上涨，也会遇到波动，当账面出现盈利或亏损时，我们总会暴露“追涨杀跌”的弱点——基金涨了就追加，基金跌了就认输，“割肉”离场。但如果他是你的伴侣，你会这样吗？不会吧。你不会因为他升职加薪就挥霍无度，也不会因为他失业落寞就转身离开。因为你知道，人生难免有起伏，我们选择了对方，就是要相互扶持才会获得最后双倍的幸福，对吗？理财也是一样，如果你像对待伴侣那样对待理财，你就知道，当它膨胀的时候，你要理性冷静，适当止盈；当它受挫的时候，你要积极鼓励，勇敢补仓。当你更体贴地呵护，你的伴侣同样也会回馈你，这一路的陪伴才是你们最长情的告白。

有人说：“投资是人生的最后一份职业。”我认为，理财是人生智慧的折射。理财和生活之间是作用力和反作用力的关系——生活中的好性格会传输到理财上，使你获得好收益；理财中的勤反思，更能反哺生活，使你获得幸福感。我也希望你在收获自己的理财收益以及幸福人生的同时，能把这本书分享给你的家人、朋友和同事，为他们也带去幸福。

我和妈妈每周都会聊聊理财，她会给我的短视频点赞，并告诉我哪个听懂了、哪个没听懂。我的一位北漂同事说，自己和爸爸沟通最多的话题也是理财，他时常提醒他爸基金要怎么管理、可转债该打新了，他说是理财把他和远在老家的爸爸之间的关系拉近了。用户也说，在学会了理财之后，整个人和家庭生活都有变化，过去遇事纠结、盲目、暴躁，现在遇事逻辑清晰、不慌不忙，一切都变得更美好了。没错，理财就是理生活，是每个人都应该拥有的健康的生活方式。

看完这本书，我相信你对未来已经充满了信心，但光靠阅读并不会带来实质性的改变，我更希望你能够将书中的方法运用起来，唯有行动起来，才会有不同的结果。你可以下载“助推”App，在这里你会看到和你一起努力进步的伙伴，也会获得几项有价值的读者礼物。

我也建议你把这本书放在家里比较明显的位置，每个季度翻开来读一读，不同阶段会有不同的阅读体会。你读过的每本书，你为努力留下的每一滴汗、你走过的每一段路，都不会白费，这些认知上微小的改变都会在时间作用下被复利放大，进而提升成功的概率。量子纠缠理论启发我们，每个人存在无数种未来，所以不要放弃希望，从现在开始努力，最后的结果可能就是你想要的那个。

在准备写这本书的时候，我决定暂时推掉公司的所有工作，专心输出。在酝酿时，我的脑海中浮现了过去 8 年里大量与用户沟通的场景、无数的研究分析数据和模型、海量的用户来信和礼物的照片，以及团队伙伴要我把这些年的理财经验分享出去的鼓励，我原以为这些就是我写这本书的动力所在。但直到我在大连的酒店里开始闭关码字的第一天，我才真正找到了写这本书的原因。那天保洁大姐来给房间做日常整理，收拾完之后特意回来给我送了一箱水，她说:“我认识你，我看过你讲理财的视频，你讲得可真好啊！我看你在写东西，一天都不出屋，记得多喝点水。”这一句平和又真挚的话“烫”到了我，让我感觉到做的事好有意义，能影响很多人。当时我就想，这本书我必须写好！等出版时我一定给那家酒店的客房部邮寄 10 本，希望那位暖心的大姐看到能满意。

我们“7 分钟理财”所提供的理财服务模式已经进入 4.0 阶段。我们在迭代时的提升，不仅仅是更科学的理财方法，更多的是在采纳大量用户和粉丝的建议后，研发、升级的用户便捷体验功能。“科学方法听专家团队的，交互友好则要听用户和粉丝的”——这已经成了“7 分钟理财”的核心理念。

我们把知识做成用户需要的实操工具，实现了全账户实时监测、实时买卖提醒功能，这应该已经大幅超过行业平均水平。用户交易的时候可以轻松看到自己持仓的产品哪些该买、哪些该卖，一目了然。我们的努力不仅得到了用户的认可，更宝贵的是得到了用户的信任。写这本书之前我和一些超级粉丝说，书中需要一些真实的反面案例以提醒读者少走弯路，于是大家就勇敢地自揭伤口，说出了自己在投资过程中那些很后悔的事，还截图搭配文字做自我反思，以求真正地帮到别人。谢谢各位善良可爱的用户，感谢你们给予我的灵感和信任，你们让我感动，更让我自豪和骄傲。

同时我要感谢我的 300 个同事、伙伴给予我的支持和鼓励。没有谁可以独自作战，谢谢大家，咱们一起做了一件了不起的事。

也感谢我的家人，这些年来他们默默地陪伴着我，让我可以安心地一路向前。

这本书最终得以出版，还要感谢在文字上给予大力帮助的单丹老师，以及出版方的各位伙伴——肉肉、何寅老师，我们经常凌晨 2 点还在互传文件。谢谢各位。

人生的话题很多，不如谈谈生活吧；
生活的琐碎很多，不如谈谈爱情吧；
爱情的起伏很多，不如谈谈理财吧；
理财的方法很多，不如我们携手吧。

“任何人都能越来越富有吗？”

“是的！”

致谢

这些年我公司“7 分钟理财”在不断辅导用户理财的过程中，得到了很多行业专家和基金公司的支持和帮助，我们一起研究如何让用户赚到钱。也非常感谢在第二本书出版的时候，基金经理们给予的认可和推荐。

■ 招商基金

朱红裕　招商基金首席研究官，兼招商核心竞争力混合基金经理

侯　昊　招商基金量化投资部副总监，兼招商中证白酒指数（LOF）、招商中证消费龙头指数增强基金经理

陆文凯　招商瑞利灵活配置混合（LOF）基金经理

马　龙　招商基金专业总监，兼招商产业债券、招商安心收益债券基金经理

侯　杰　招商基金专业副总监，兼招商安华债券、招商瑞阳混合基金经理

景顺长城基金

汪　洋　景顺长城基金 ETF 与创新投资部总经理，兼景顺长城创业板 50ETF 基金经理

龚丽丽　景顺长城基金 ETF 与创新投资部副总经理

上投摩根基金

杜　猛　上投摩根基金副总经理兼投资总监，上投摩根中国优势基金经理

杜习杰　上投摩根锦程养老 FOF 系列基金、尚睿 FOF 基金经理

倪权生　上投摩根国内权益投资部均衡组组长、资深基金经理，兼上投摩根成长先锋基金经理

陈思郁　上投摩根高级基金经理，兼上投摩根双核平衡基金经理

建信基金

陶　灿　建信基金权益投资部总经理，金牛奖得主，兼建信改革红利基金经理

姜　锋　建信基金权益投资部副总经理，金牛奖得主，兼建信健康民生基金经理

邵　卓　建信基金权益投资部副总经理，金基金奖得主，兼建信创新中国基金经理

叶乐天　建信基金数量投资部副总经理，兼建信中证 1000 指数增强基金经理

黎颖芳　建信基金首席固定收益策略官，金基金奖得主，兼建信纯债基金经理

大成基金

苏秉毅　大成基金指数与期货投资部副总监，兼大成景恒混合基金经理

刘　淼　大成基金指数与期货投资部总监助理，兼大成中证红利基金经理

鹏华基金

梁　浩　鹏华基金副总裁，英华奖得主，兼鹏华新兴产业基金经理

刘　涛　鹏华基金债券投资一部副总经理，包揽金牛奖、金基金奖、明星基金奖、晨星奖，兼鹏华丰禄基金经理

孟　昊　鹏华基金研究部总经理，明星基金奖、金基金奖得主，兼鹏华环保产业基金经理

闫思倩　鹏华基金权益投资三部总经理，兼鹏华沪深港新兴成长基金经理

方　昶　鹏华基金债券投资一部总经理助理，海通 3 年、5 年期五星评级，兼鹏华丰享基金经理

诺安基金

陈衍鹏　诺安科技组成员，诺安益鑫灵活配置基金经理

宋　青　诺安基金国际业务部总经理，诺安油气、诺安全球黄金、诺安全球收益不动产基金经理

王创练　诺安基金首席策略师，诺安安鑫、诺安价值增长基金经理

浙商基金

向　伟　浙商基金智能权益投资部联席总经理兼首席 AI 负责人，浙商智能行业优选混合基金经理

胡　羿　浙商基金中证 500 指数增强基金经理

白　玉　浙商基金大数据智选消费基金经理

柴　明　浙商基金智选经济动能混合基金经理

■ 申万菱信基金

刘　敦　申万菱信基金量化投资部负责人，兼申万菱信中证 500 优选增强基金经理

夏祥全　申万菱信中证 1000 指数增强基金经理

赵　兵　申万菱信基金指数投资部负责人，兼申万菱信中证申万电子行业基金经理

王赟杰　申万菱信中证环保产业基金经理

廖裕舟　申万菱信中证申万医药生物基金经理

■ 国泰基金

彭凌志　国泰基金新经济灵活配置混合型证券投资基金经理

■ 长信基金

左金保　长信基金总经理助理兼量化投资部总监，金牛奖得主，长信量化先锋基金经理

傅瑶纯　长信基金国际业务部总监，兼长信全球债基金经理

宋海岸　长信基金量化研究部总监，兼长信国防军工基金经理

姚奕帆　长信消费精选基金经理

杜国昊　长信 30 天滚动持有短债基金经理

鹏扬基金

王　华　鹏扬基金总经理助理、固定收益投资总监

安信基金

张　竞　安信基金均衡投资部总经理兼国际投资部总经理，金牛奖得主，安信灵活配置基金经理

创金合信基金

尹海影　创金合信基金 FOF 投资一部负责人，兼创金合信增福稳健养老目标一年持有期混合基金经理

王一兵　创金合信基金固定收益部总监，兼创金合信双季享 6 个月持有期基金经理

董　梁　创金合信基金首席量化投资官，兼创金合信沪深 300 指数增强基金经理

黄　弢　创金合信基金权益投资部总监，兼创金合信鑫祺混合基金经理

王浩冰　创金合信基金数字经济基金经理，创金合信动态平衡基金经理

富荣基金

郎骋成　富荣基金研究部总经理兼富荣沪深 300 指数增强基金经理

邓宇翔　富荣基金权益投资部总经理，兼富荣福锦、福耀基金经理

李天翔　富荣基金中证 500 指数增强基金经理

李延峥　富荣基金信息技术基金经理

中航基金

韩　浩　中航基金权益投资部负责人，兼中航军民融合精选基金经理

龙　川　中航基金量化投资部负责人，兼中航量化阿尔法基金经理

■ 长盛基金

郭　堃　长盛基金副总经理，兼长盛同盛成长优选基金经理

吴　达　长盛基金副总经理，兼长盛沪港深优势精选基金经理

蔡　宾　长盛基金副总经理，兼长盛稳怡添利债券基金经理

■ 盈米基金

肖　雯　盈米基金 CEO

……